全国特殊师范教育专业课规划教材

全国特殊师范教育专业课规划教材编委会 编

行为改变技术

许华红 著

天津教育出版社

TIANJIN EDUCATION PRESS

图书在版编目（CIP）数据

行为改变技术/许华红 著.
一天津：天津教育出版社，2007.10 （2016年8月重印）
（特殊教育）
ISBN 978-7-5309-5033-3

Ⅰ.行... Ⅱ.许... Ⅲ.特殊教育—研究 Ⅳ.G760

中国版本图书馆CIP数据核字（2007）第157990号

行为改变技术

出 版 人	刘志刚
作 者	许华红
选题策划	张纪欣
责任编辑	张纪欣
封面设计	王 楠
版式设计	郭亚非

出版发行 天津教育出版社
　　　　　天津市和平区西康路 35 号
　　　　　邮政编码 300051

经 销	新华书店
印 刷	唐山新苑印务有限公司
版 次	2007 年 10 月第 1 版
印 次	2016 年 8 月第 3 次印刷
规 格	16 开(787×1092 毫米)
字 数	219千字
印 张	13.25
插 页	1
定 价	20.00 元

特殊教育师资培训工作需要大家关注
（代序言）

刘全礼

我国特殊教育的师资培训是伴随着我国特殊教育的发展而发展的。19世纪末叶，我国开始了现代意义上的特殊教育。但是，由于那时特殊教育的规模相对较小，还不可能出现大规模的专门的特殊教育的师资培训机构，自然也就谈不上大规模的师资培训工作了。

清末、民初以来，尽管国家开始关注、举办特殊教育学校，也进行了一些局部的或小规模的专门的特殊教育教师的培养工作，但由于灾难深重的中华民族一直处于战争和动乱的境地，特殊教育的师资培训也没机会大规模地发展。

1949年，中华人民共和国成立后，伴随着共和国各项事业轰轰烈烈的开展，特殊教育工作也呈现了前所未有的繁荣局面，特殊教育的师资培训工作开始提上政府相关部门的工作日程，并于当时举办了全国性质的特殊教育教师的培训班。在20世纪50年代后期，国家还派遣留学生到前苏联学习特殊教育，表现出国家对特殊教育工作的重视。

1978年以后，随着拨乱反正和对外开放政策的实施，特殊教育的各项工作才真正迎来了发展的春天。

1981年，黑龙江肇东师范学校开始招收专门的特殊教育的师资班，开了新时期特殊教育师资培训的先河；1983年，山东泰安师范学校也开始招收特殊教育师资班，并促成了1985年山东省昌乐特殊教育师范学校的建立；1984年，国家教育委员会在南京建立了我国第一所特殊教育师范学校——南京特殊教育师范学校；1986年，北京师范大学建立了我国第一个本科层次的特殊教育专业；之后，包括辽宁营口特殊教育师范学校在内的特殊教育师范学校或师范学校的特殊教育师资培训部相继建立，我国的特殊教育师资培训工作出现了第一个高潮。到20世纪80年代末、90年代初，我国仅中专层次的特殊教育的师资机构就达到了28所。

正是在这种好的局面下，当时国家教委颁布了特殊教育师范学校的教学计划，国家教育委员会师范司中师处还组织有关学校编写了特殊教育师范学校或特殊教育专业的21科专业课的教学大纲，并在20世纪90年代初、中期陆续编写了有关学科的教材。

我作为这些工作的参与者之一，见证了这一过程。同时，还有幸成为由北京师范大学教育系（现在的教育学院）朴永馨教授组织编写的、华夏出版社1991年出版的我国第一本特殊教育师范学校的专业基础课教材——《特殊教育概论》的作者,承担了其中的特殊教育教师章节的编写任务。

毫无疑问,从教育部到各个学校以及有关人员的这些工作,对我国特殊教育的师资培训做出了巨大的贡献。

然而,1999年以来,随着我国中专层次的师资培训机构纷纷升格为本科或专科机构,原先为中专学生编写的教材已经不能适应新的要求了。正是在这种需求下,我曾不揣冒昧,在总结自己十几年讲授特殊教育概论和思考特殊教育问题的基础上于2002年编写出了特殊教育专业本科生使用的专业基础课教材《特殊教育导论》(教育科学出版社2003年出版)。

但是,全国各地仍旧缺少各种相关的专业课教材。

几年前义方木铎公司的蒋丰祥先生了解到这个情况时,就曾建议我牵头全国的相关同志编写一套专业课教材。当时因为感觉自己没有能力完成这一工作,就没有动这个心思。

2006年春天,在与辽宁省特殊教育师范学校的潘校长会面时,她也提到同样的问题,我也是感觉自己没有这个能力,就没有敢应承这一事情。

2006年4月底,在山东潍坊见到山东潍坊幼教特教师范学校的梁纪恒校长时,他与他的一些同事也谈到类似的问题,当时,感觉事态有些"严重",就没有贸然做是否承担这个任务的决定。

回到北京之后,在与有关同志交换意见尤其是在蒋丰祥先生、张行涛博士的鼓励、支持下,决定6月或7月在北京召开一个教材的编写会议。这时我还只是抱着为大家提供一个说话的场所的朴素想法,没有想到其他。

然而,会议一开,情况就发生了很大的变化。在与会的新老朋友们的厚爱下,我不得不牵头做这个编写教材的重大工作。

也就是在这次会议上,大家决定成立编委会,成立教材编写的秘书处,并且制定了编写的计划和进程。

在秘书处的勤奋工作下,编写工作进展得非常顺利。8月15日前各位主编就拿出了编写大纲。①

我在对所有大纲粗略地阅读之后,在8月底全国特殊教育的一个会议上,参加会议的部分编委,包括河北唐健、南京王辉、潍坊李淑英、北京毛荣建、张行涛、蒋丰祥等人和我就收到的大纲进行了讨论,会后,由我集中大家的看法,提出了对大纲的意见和进一步的工作要求。

为了提高工作效率,编委会决定成熟一本(大纲)、编写一本,随之出版一本。

---

① 需要说明的是,在这之前,南京特殊教育职业技术学院、辽宁营口特殊教育师范学校(营口职业技术学院)以及北京联合大学特殊教育学院特殊教育系就有人牵头做有关工作,并且已经有了相当的成果。

值得说明的是,我虽为编委会主任,但工作是大家做的,成果是集体智慧的结晶,我只起了一个协调的作用,也只是对大纲和教材初稿提出了一些参考意见——例如 2007 年元月的教材初稿审定会上,对各教材提出了修改意见,但并没有时间仔细阅读各本教材,教材仍旧是由编委会和各书主编负责。

从时间上看,本套教材的编写是及时的。

按照规划,我们将陆续编完20余种专业课的教科书,同时,还将把一些与特殊教育师资培训有关的特殊教育的专著也纳入本系列,作为教学参考书。

应该说,这是我国新时期,乃至中国历史上高等特殊教育师资培训的第一套系统的专业课教材,是我国培养一线师资的老师们多年培养一线教师的实践经验的一次较大规模的、初步的经验总结。

从功能上说,我希望本套教材不仅能满足各特殊教育师资培训机构培养新师资——即职前培养的需要,也能满足特殊教育教师的继续教育的需要,还能满足普通师资培养机构新师资培养以及广大的中小学,乃至幼儿园教师的继续教育的需要。

实际上,在普通教育界开始注重并追求人的价值、开发人的价值的今天,我国特殊教育界率先开始的注重个别差异的想法与做法为普通教育实施上述理念提供了最为简洁的参照系。

例如,本人的《学业不良儿童教育学》《随班就读教育学》,即将出版的《因材施教教育学》和要修订的《个别教育计划的理论与实践》等著作就可能是一个解决普通教育问题的参照系,不仅是特殊教育师资培养所需要的,也可能是广大的普通教育工作者、科研、教研人员乃至所有的家长所需要的。

在历史上,特殊教育为普通教育的发展做出过巨大的贡献,蒙台梭利的幼儿教育方法、马卡连柯的思想教育体系都是源于特殊教育的实践。

因此,我们有理由相信,特殊教育能够影响,也应该影响乃至改造普通教育,尽管这种影响需要大家广泛的关注才能有效。

因为,今天的特殊教育已经不仅仅是盲、聋、弱智儿童的特殊教育了,而是所有有特殊教育需要的儿童的教育。在这种大特殊教育观下,任何一个人——包括智力超常儿童——在人生的某个阶段,都有可能有特殊教育的需要。

这样,也就有理由相信,本套丛书也能够在这个特殊教育影响普通教育的过程中发挥作用。

需要说明的是,由于时间仓促,加之编者的水平所限,丛书中不足甚至错误在所难免，渴望读者能够及时提出修改意见，以便修改，使之发挥更好的作用。

最后，要感谢各位同仁、尤其是教育部基础教育司谢敬仁先生，中国教育学会特殊教育分会、中国高等教育学会特殊教育分会的曲学利同志以及本书的编委会副主任陈志平先生、蒋丰祥先生、编委肖非先生、天津教育出版社的诸位编辑，是各位的努力才使得本套丛书得以顺利出版。

2006 年 9 月 16 日初稿于北京马驹桥

2006 年 9 月 28 日修改于北京师范大学塔四

2007 年 2 月 14 日定稿于北京芍药居

行为改变

技术

004

序　言

一、关于本书

本书的结构可以划分成两个部分，一是行为改变技术的基本方法，二是行为改变技术的研究方法。

在第一部分，即改变行为的基本方法部分，主要介绍了操作性条件反射所衍生的方法，包括正强化法、负强化法、惩罚法、塑造法、渐隐法等方法，也有由经典性条件反射所衍生的方法以及社会学习理论所倡导的模仿法。

第二部分的主要内容是行为改变技术研究方法，在这个部分特别强调了行为的功能评估。行为的功能评估是确定行为改变方案的非常重要的前提和基础，只有确定行为的功能，才能据此制订改变行为的适宜方案。在行为的功能评估这一部分，详细介绍了行为的功能评估的内容和方法，并修改了相关的问卷和评估表，希望对于理解行为、确定行为的功能并拟订合适的行为处理的方案有所帮助。

二、致敬和感谢

第一次知道"行为改变技术"这个词，还是在上大学时，恩师肖非老师在教学法的课上，用一节课的时间介绍了行为改变技术（彼时叫做"行为矫正"）。当时感觉耳目一新，于是在做毕业论文的时候，就选定行为改变技术作为论文的方向。

肖非老师为了我做好毕业论文，借给我一本书，是台湾学者陈荣华教授所著的《行为改变技术》。拿到这本书后，我如获至宝，花了很多生活费复印并一直保留至今。这本书全部是繁体字，看起来很费力，但是它使我对于行为改变技术有了更系统的了解。虽然与陈教授相隔海峡，从未谋面，但是对他一直怀有"粉丝"般的敬仰。

我的领导曲学利教授，拿出自己的研究经费让我编写讲义，在这个过程中我对行为改变技术的理解更加透彻。

当我工作多年，处在职业倦怠期的时候，许家成教授推广了正向行为支持这一新的理念，使我苦思多年的很多问题得以破解，也使我以一个全新的视角来重新审视行为改变技术。

我的系主任刘全礼教授，是我的学长和同事，他如兄长般的鼓励和支持，一直伴随着我的职业生涯。作为这套丛书的主编，他经常敦促我，使生性散淡的我抓紧时间完成此书的编写。

工作以后，有机会和麦进昭教授、吕静教授、梁纪恒教授、唐健教授和王辉教授等学者学习、交流和切磋，他们的学术观点给了我很多启发。

对于是否要提及上述的领导和前辈，心里一直游移不定，一是对他们的感激是用语言无法表述的，所谓的大恩不言谢；二是怕书的质量欠佳而累及他们的声名。但是最后决定还是要写下来，以表达对他们深深的感谢。

　　受学养和精力所限，本书还不尽如人意，衷心期望给予指教。

许华红

2007 年 8 月

行为改变技术

目

录

第一章 行为改变技术的相关理论

第一节 行为心理学及行为

一、行为的界定

对于行为的界定,学者们是见仁见智。

华生(Watson)和斯金纳(Skinner)等认为行为是可以观察测量的外显反应或活动。而持新行为论的学者如赫尔(Hull)或托尔曼(Tolman)等,认为行为除可观察测量的外显行为外,还包括内隐性的意识历程。认知论者,则把行为视为心理表征的历程,对于外显而可以观察测量的行为,反而不太重视。

在此,采用较为折中的界定:行为是有机体在环境影响下所引起的内在生理和心理变化的外在反映。

在行为改变技术中,行为是指一切可观察到的行为。可以用下面的公式来表示:

S(刺激)——O(有机体内的生理及心理因素)——R(行为反应)。如,小明哭闹时(刺激),母亲想安抚他(心理因素),于是就把小明抱起(行为反应)。

在行为的公式里,刺激(S)因素的变化可以引起行为发生改变。例如,人们在天气寒冷时(刺激)会添加衣服,而在天气炎热(刺激)时会减衣服。随着天气这个刺激发生变化,行为(穿衣服)会发生变化。这说明,在刺激发生变化的时候,行为会随之改变。

有机体的生理因素发生变化,也会引起行为的改变。

而在同样的刺激产生时,有机体的心理因素的变化也会引起行为的改变。回过头去看上面提到的小明哭闹,母亲把他抱起的例子。同样是小明哭闹这个刺激出现,当母亲认为小明的哭闹属于无理取闹而很烦的时候(心理因素),母亲就会到另外一个房间,不再理睬小明的哭闹(行为反应)。图1-1中所示的,就是行为的一因多果。

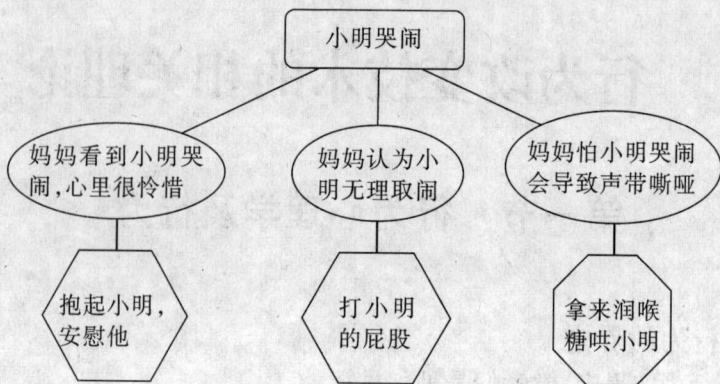

图1-1 行为的一因多果

对于同样的行为,也可由不同的刺激而引发,这就是行为的一果多因。例如,还是刚刚小明的例子。对于母亲抱小明这个行为而言,可以是在小明哭闹这个刺激出现时,母亲为了安抚他时发生,也可以在知道小明被评为优秀学生这个刺激出现时,母亲由于高兴而发生。图1-2显示了行为的一果多因。

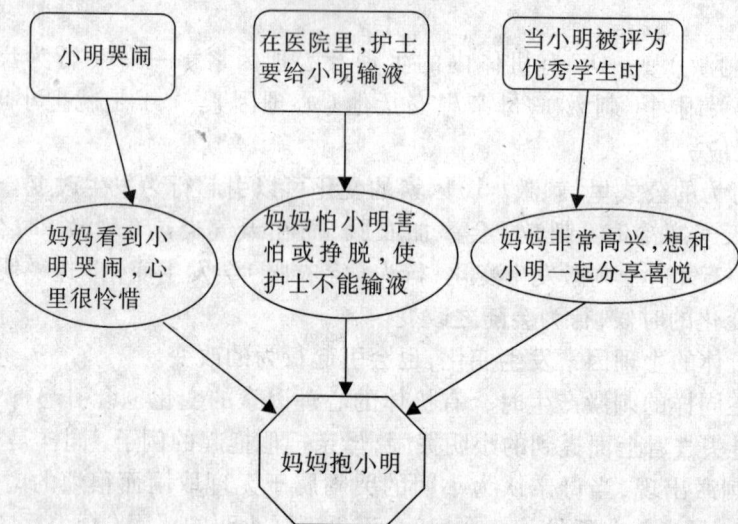

图1-2 行为的一果多因

因此,我们在观察一种行为的时候,应该因地、因时、因人来分析行为。

第二节　行为改变技术的概念及特点

一、行为改变技术的界定

对于一种具体的行为而言,如果是良好的行为,我们会希望它的发生频率越来越高,而对于一种不良行为,则是越少越好。因此,怎样控制行为的频率,即如何使良好的行为越来越多,使不良行为越来越少,需要了解什么在影响行为的发生,亦即行为的规律是什么。行为心理学就是研究行为的发生发展规律的一门学科。而行为改变技术,就是利用行为心理学的研究成果,去有效地控制行为,使行为沿着我们期望的方向发生。对于行为改变技术的界定,学者们各持己见。

毕吉武和瑞德认为行为改变技术,指行为原理在很多人类情境里的应用,这些情境,包括儿童教养、教育、心理治疗、职业准备、商业以及社会运动等。[①]

斯图尔兹等把行为改变技术看做是一种很明确而有系统的处理行为的方法,此种方法是应用来自实验心理学的原理与技术,特别着重于安排或改变与个人行为有关的环境因素。因此,不包括神经外科、电击治疗以及使用药物等方式来改变人的行为。

马丁和皮尔认为,行为改变技术是有效处理行为的各种技术的统称,其主要特点有五:1.专注于处理可观察的行为;2.着重于搜集和图表客观数据,并据此数据决定处理方案;3.奠基于来自心理实验室所获得之原理与技术;4.常用于促使个别化方案中的特定行为的进步;5.可应用于几乎所有的人类行为情境。

而米尔腾伯格则认为,行为改变技术属于对人类行为进行分析和矫正的心理学领域。分析是指识别环境和某一特定行为之间的相互作用关系,从而识别该行为产生的原因或者确定为什么一个个体具有他所表现出来的行为。而矫正是指开展和实施某些程序和方法,来帮助人们改变他们的行为。它包括通过改变环境影响行为的方法。[②]

上述学者的定义从各自的角度阐明行为改变技术的内涵。综合各家之言,行为改变技术是应用学习原理与实验心理学的原理去处理行为问题的

[①]　[United States] Bijou, S.W., and Redd, W.H.: *Behavior Therapy for Children, American Handbook of Psychiatry*, Vol.5, 1975.

[②]　[美国] 米尔腾伯格:《行为矫正原理与方法》,中国轻工业出版社,2004年7月,第4页。

系统而客观的方法,以改进人类行为,增进人类功能。

二、行为改变技术的主要特点

1.运用学习原理

个体的行为受生理因素和心理因素以及环境的影响,会发生改变。改变来自三个方面。

(1)成熟。个体的成熟是行为改变的一大诱因。例如,婴儿在出生后,随着生理的不断成熟,从仅会吮吸反射和抓握反射等原始反射到抬头、翻身、独坐、爬、走、说话,行为变化较明显。

(2)暂时状态。这是指由于疾病、疲劳、情绪紧张或药物造成的行为改变。个体的疾病除直接导致行为变化,也会间接引发由于疾病的痛苦所带来的行为变化。例如,摔伤下肢会直接导致一个儿童的步行行为减少,也会引发痛苦和烦躁的情绪,使他与同学争吵的行为增加。疲劳和情绪紧张会使个体的行为发生变化。药物也是改变行为的一个诱因,如多动症的儿童在服用利他林后,多动行为明显减少。

(3)学习。学习是经由练习而产生的较持久性行为改变的历程。肖贝尔认为,通过练习,个体可以改变行为。在上述三个因素中,个体的成熟和暂时状态都不是行为改变技术所涉及的范畴。只有由于学习而使行为发生的改变才是行为改变技术的研究范畴。

经由学习而导致的行为改变的特点是:

经过学习,行为产生了变化,而且这种变化是可以观察到的,例如,儿童通过学习,从不会书写"田"字到学会书写这个字。在有些情况下,这种改变不一定在学习之后就立刻发生,而是会在适当的时间和条件下才会发生。比如家长教会小敏如何沏茶和斟茶的行为,而家里平时很少有人喝茶。过了三天,家里来客人了,这时,小敏就给客人沏茶端水。

经由学习而导致的行为改变具有较持久的特征,而并非一过性的。例如,小芳学会了开车,她的"会开车"的行为会持续终生。而由于暂时的状态所造成的行为改变,不能称为学习。例如,由于服用利他林后,多动症患儿的多动行为会减少,这是药物的作用导致的行为改变,是暂时的,当药物过了半衰期后,多动行为会反弹。像这样由于服用药物而导致的行为改变,就不能视为学习的结果。这种行为改变是经验和练习的结果。有些行为是由于个体成熟或本能的原因所导致的,并非经验和练习的结果,如蜘蛛织网,是出自它的本能,婴儿到六个月的时候会独坐,是个体的成熟所致。这样的行为改变,就不属于学习的范畴。只有通过经验和练习的方式导致的行为改变才属于学习。

2.运用实验心理学的原理

行为改变技术中强调客观性和科学性，而客观性和科学性则是通过运用实验心理学的原理而体现的。在实际应用中，主要是通过实验者对个体实施行为改变策略（自变量），再观察、记录行为是否随着改变策略的实施而得到改变（因变量）。如果因变量（个体的行为）随着自变量（行为改变策略）而发生改变，则可以证明二者存在因果关系。当个体的行为以期望的目标发生时，就可以说明行为改变的策略是可行的。在实施行为改变策略的时候，行为的变化较明显；而在没有实施行为改变策略的时候，行为的改变不明显。

3.依据客观而系统的行为记录进行测量

行为改变技术是运用实验心理学的原理而得以实施的。当因变量（个体的行为）随着自变量（行为改变策略）而发生变化时，就可以说明自变量和因变量之间的因果关系。而因变量（个体的行为）的变化，要在客观而系统的行为记录的基础上才能推知。也就是说，客观而系统的行为记录是保证行为改变技术的客观性和科学性的重要因素。

从实验设计的角度，行为改变技术在实施时可分为三个阶段：基线阶段、处理阶段和跟踪阶段。基线阶段，只是观察和记录行为；处理阶段，对个体的行为用行为改变技术的策略治疗或处理；而跟踪阶段，对行为不做处理，只是记录行为经过治疗后的效果。在基线阶段，要对个体的行为进行准确的记录，为制订行为改变策略提供依据，也为处理阶段的行为改变策略的选择提供比较的数据。而处理阶段对行为的记录，可以通过与基线阶段的行为记录相对比，直接推断行为改变策略与行为变化之间的关系；而跟踪阶段的行为记录，可以看到行为改变策略的长期效果。

第三节 儿童常见行为问题及影响因素

一、儿童常见行为问题

有关儿童行为障碍的分类，纵观从早期海威特的分类到美国精神病学会所编的《精神障碍的诊断与统计手册》第四版（简称DSM-Ⅳ），基本上分为两类，即外化的问题和内化的问题，前者主要涉及与外部环境的冲突，后者则主要为自身的问题以及不易归为哪一类的混合性问题。海威特将儿童行为障碍分为三类：不适合社会要求的违纪行为，如偷窃、逃学等；缺乏社会教养的攻击性行为，如不服从、残忍或侮辱他人等；过度抑制行为，如害羞、焦虑、担忧等。另有60%的患儿为混合性。

路特则将儿童行为障碍分为：①反社会性行为，或称A行为，包括攻击性行为和违纪行为；②神经症性行为，或称N行为；③混合性行为。[1]

阿肖巴·赫收集了118条常见的儿童行为问题，分为内化性行为问题、外化性行为问题及混合性问题三大类。在1991年的修订版，分为退缩、躯体主诉、焦虑或抑郁、社交问题、思维问题、注意问题、违纪行为、攻击性行为等因子，前三个因子为内化性行为问题，末两个因子为外化性行为问题，其他为混合性问题。[2]

《精神障碍的诊断与统计手册》第四版，即DSM—IV也基本按这几个方面对儿童精神障碍进行分类。

（一）外化性行为问题

外化性行为问题以往称反社会性行为问题，在《精神障碍的诊断与统计手册》第四版中称破坏性行为障碍，包括多动、违抗、攻击性行为、违纪行为等。

1.多动。多动（hyperactivity）又称活动过度（overactivity），指自主或不自主的动作异常性增多。在幼儿，表现为不安静、活动量大、奔跑、蹦跳、见什么都要摸一下、看一看，在家里翻坛倒罐、破坏东西。上学后，不能安静上课，常做小动作，听课时与同学讲话。异常多动的儿童其行为往往唐突、冲动、不顾后果，这些性质也有助于区别正常或异常。在ICD—10、DSM—IV等诊断标准中都非常强调"与其年龄发展阶段不相符的、明显的活动过度"，精神发育迟滞儿童约有半数表现为多动，儿童孤独症患儿中多动性行为异常也很常见，脑器质性损伤、精神病及一些药物也可以引起多动。多动常见于儿童多动症。

2.注意力不集中。注意力不集中（inattention），注意不是一种单独的行为，而是心理过程的共同特征。我们的注意力分散是指随意注意的障碍，是注意力不稳定的一种表现，是对完成工作任务有不良影响的无关刺激缺乏抗干扰能力。注意有障碍的儿童表现为分心、不稳定，不能使注意力长久地集中在一个事物上，而是经常不断地由一个客体转移到另一个客体。注意障碍可见于多种情况，对事物的兴趣直接影响注意力，在出现心理应激、情绪问题、精神发育迟滞、其他精神障碍（如儿童期精神分裂症）或脑器质性损害时，也都会出现注意力不集中的现象。

3.攻击性行为。攻击性行为（aggression）是指对他人或其他目标采取的

---

① ［United Kingdom］Rutter, M.：*A Children's Behavior Questionare for Completion by Teacher:Preliminary Finding*, Journal of Child Psychology and Psychiatry, 1967, 8.

② ［United States］Achenbach, T.M.：The Child Behavior Profile:*I Boys Aged 6-11*, Journal of Consnlting and Chinical Psychology, 1978, 46, P478-488.

破坏性行为,可表现为具体行动,也可以表现为语言、文字攻击,客观上使别人受到躯体或心理的伤害。在幼儿表现为打人、冲撞、咬人、抓人、踢人、摔东西;学龄儿童多为争吵、斗殴、破坏物品、威胁、骚扰他人,虐待动物,至青少年期可发展成打群架及械斗、抢劫及性攻击等。男孩多表现为躯体攻击行为,女孩则以语言攻击为多。对这种行为如不及时纠正,或儿童通过攻击行为而获得满足,则形成一种处理事物的行为模式,儿童变得逞强好斗、动辄诉诸武力,易发展为品行障碍。

4.违抗。违抗(defiance)指儿童脾气暴躁、容易激怒、不服从、故意与父母或老师对抗,自己的过失却责怪别人,喜欢报复等行为。

5.违纪行为。违纪行为(delinquency)指一些不符合道德规范和社会准则的行为,如说谎、逃学、离家出走、纵火、偷窃等。

(1)说谎(1ying):一般说谎有两类原因,应区别对待。大多数儿童说谎是为了逃避惩罚。当他们做了一些不合社会或家庭规范的事,如打破了东西,学习成绩不理想或不愿克服困难去完成某事(如完成作业),他们就用说谎来应付。另一类说谎是为了获益,如欺骗家长说学校要交钱,而拿去玩电子游戏,这种说谎往往是从偶尔说谎获得好处而发展起来,形成了一种待人接物的方式,为获益的说谎才构成品行障碍的症状。

(2)逃学(truant from school):儿童开始逃学多为贪玩,忘了上学,或因作业未完成,怕老师批评,还有的因厌恶学习、反抗家长或老师等原因,而背着父母不去上学。发展下去形成习惯,觉得在街上玩比上课惬意,而故意不去上学在外游荡或玩电子游戏,发展成品行障碍。

(3)离家出走(running away):在童年早期,常出自对外界事物的好奇而出走,多数学龄儿童离家出走是因为在家自尊心受到损伤,学习成绩不好,害怕家长惩罚或愿望得不到满足。如第一次出走后获得满足,出走行为得到强化则可多次离家出走。

(二)内化性行为问题

内化性行为问题包括退缩、焦虑、抑郁、恐惧、强迫、躯体化症状等,过去称为儿童神经症。

1.焦虑(anxiety):波贝认为产生焦虑的原因有两类,一是逃避陌生事件;二是与依恋对象分离。

2.退缩(withdraw):当遇到陌生的环境或意外遭遇时,表现短暂的退缩、胆小、害怕、局促或焦虑。部分个性内向的儿童在社交场合较为退缩,是因为他们还未能学会如何与人和睦交往的技能,对人际往来感到焦虑。

3.恐惧(phobia):正常儿童在发育过程中会对某些事物发生恐惧、害怕。恐惧的对象可以是某些具体事物,如怕动物、怕陌生人、怕水,也可以是一些抽象概念,如:怕被丢失、怕死、怕被拐骗等。

4.强迫(obsessive and compulsive):2~8岁及青少年期是正常儿童出现一些强迫症状的高峰年龄,几乎每一个儿童在游戏时都可出现一些仪式性或强迫性行为,如认真地沿着人行道的缝线走、折手绢要对得整整齐齐、反复提问同一问题等。

二、影响儿童问题行为产生的因素

影响儿童问题行为出现的因素有儿童自身的原因和环境因素两个方面。

(一)儿童自身的原因

1.年龄。从发展心理学的角度来看,儿童在不同的年龄,行为模式会有不同。从发展顺序量表中,可以明显地看到各年龄段儿童的发展特点。当一个儿童的某种行为与同龄儿童相比,发展明显落后于同龄儿童时,就会认定该儿童的这种行为是不正常的。例如一个1岁大的婴儿,仅会叫"爸爸"是正常的,而对于一个3岁的幼儿而言,则是不正常的。儿童的行为问题在不同的年龄也有不同的类型。如在学龄前阶段,吮吸手指,遗尿等较多见;而多动,咬指甲则是学龄阶段儿童的多发问题。到了青春期,多出现情绪障碍。总体来看,9~12岁是行为偏异发生率最高的年龄段。[1]

2.性别。行为问题也表现出明显的性别特点。男孩的行为问题多为攻击性、多动,而女孩的行为问题多表现为胆小、焦虑等。

李志勇、宋平、马佳、何珊茹[2]对深圳市城区3所小学、2所中学共2 220名6~16岁儿童进行了行为问题现状的调查研究,结果表明:小年龄组(6~11岁)行为问题检出率性别间差异有显著性(男15.8%,女10.4%,$x2$=8.11,P<0.05);大年龄组(12~16岁)行为问题检出率性别间差异无显著性(男13.12%,女16.91%,$x2$=2.54,P>0.05)。

张迪、陈容、顾国家、王容君[3]为了解儿童多动症(ADHD)的流行病学特点及危险因素,采用Conners教师问卷,对1502名6~11岁儿童进行ADHD筛查,共筛查出74例具有多动倾向的儿童作为病例组,选择与病例组儿童的年龄、性别、年级和智力水平相同的74例作为对照组。对ADHD的危险因素进行单因素分析和Logistic回归分析。结果ADHD的患病率为4.93%,其中男生患病率为7.76%,女生患病率为1.92%,差异有显著性(P<0.01)。

---

① 杨晓玲:《儿童精神障碍及行为问题的矫正》,华夏出版社,1995年,第17页。

② 李志勇、宋平、马佳、何珊茹:《深圳市城区学龄儿童行为问题特征与国内外的比较分析》,《中国临床康复》,2006年第6期。

③ 张迪、陈容、顾国家、王容君:《儿童多动症危险因素分析》,《中国学校卫生》,2005年第9期。

卢林、施琪嘉、何汉武、徐松菊、陈吉安[1]采取整群随机抽样方式,在武汉市随机抽取2 400名4~16岁儿童,做了儿童青少年行为问题的流行病学调研,探讨行为问题发生的相关因素。结果显示:①男童行为问题发生率明显高于女童(P<0.01)。②4~5岁儿童行为异常的发生与父母的精神心理认知、家周围噪音污染和亲子关系无关,但与性别有关。

3.智力。儿童的智力高低也会影响行为。如智力落后儿童的语言、大动作及精细动作的发展速度要落后于正常儿童,表现为行为不足。

除此之外,智力落后儿童由于智力及病理的原因也会伴生不良行为。韦小满(2003)的调查显示:智力落后学生中不良行为出现率分别为:攻击行为,71.6%;情绪不稳定,69.1%;退缩,66.7%;反社会行为,62.6%;对抗行为,58.3%;不良的说话习惯,55.2%;不良的口腔习惯,50.4%;不适当的人际交往方式,47.7%;古怪的行为,41.2%;不可信赖行为,27.5%;刻板与自伤行为,30.3%。

祝丽玲、李兴洲、马燕、刘爱书、王明富[2]通过韦氏智商测试结果与儿童行为问题、精神运动功能测试结果进行的典型相关分析,在4所小学1~5年级2 000名学龄儿童中所做的研究中发现:韦氏全量表智商越低,儿童越有趋向于发生交往不良因子异常的可能。韦氏操作智商越低,儿童空间知觉和操作活动为主的智力水平就越低。这说明,行为也和儿童的智力的高低有关系。

4.营养状况。营养状况可以从多方面影响着儿童的行为发展,进一步可以影响儿童的学习过程。动物实验证明,营养不良可影响动物的认知能力、活动水平、情绪稳定性和社会适应能力。营养不良对行为影响要早于对体格发育的影响。严重营养不良的幼婴儿补充营养后,其社会适应能力的改善要先于体重的增加。

在营养状况中,研究发现与儿童行为关联较多的微量元素有铁、钙、铅、镉等。铁缺乏的婴儿给补铁剂治疗,测查时则可见患儿的精神发育指数有明显地提高,反应性及运动协调明显改善,易激惹性和对环境的淡漠症状可在数天内好转,而此时血红蛋白仍未增加。抚州医学科学研究所对智力超常及对照组儿童的调查表明:智力超常组贫血患病率为60.98%、对照组为81.71%,差异非常显著(P<0.001)。智力超常组儿童发生贫血的相对危险度较低,智力超常组血红蛋白的均值为,115.45+12.09,对照组为107.88+15.31,

[1] 卢林、施琪嘉、何汉武、徐松菊、陈吉安:《武汉市4~16岁儿童青少年行为问题发生情况的调查与分析》,《中国临床康复》,2005年第20期。

[2] 祝丽玲、李兴洲、马燕、刘爱书、王明富:《儿童行为问题的典型相关研究》,《中国校医》,2005年第2期。

两组差异非常显著（P<0.001）。铁营养不足引起的缺铁性贫血是当前相当普遍的营养问题。尽管缺铁性贫血是人体健康状况不良的标志，然而对人体许多功能的损害，如生化方面及其重要的含铁酶活性方面的有害变化，在贫血出现前就发生了。它的一系列生理生化代谢异常，影响着儿童身心的正常发展。其中包括铁缺乏儿童学习能力和某些行为的异常，这种损害常常是不可逆的。

锌缺乏儿童可出现智力行为发展的落后。动物实验表明，哺乳期缺锌可表现为小脑成熟障碍，断乳期缺锌则使大脑的海马区的苔状纤维电生理发生紊乱，而海马与记忆有关。据抚州医学科学研究所调查，智力超常儿童头发锌含量为138.21+39.14，显著高于对照组儿童120.67+40.24ppm，差异非常显著。

湖北医学院第一附属医院对一组确定为缺铁性贫血儿童及对照组的研究指出，以中国儿童发展中心粉能检测量表按发育分为智力指数（MDI）及运动指数（PDI）进行检测，缺铁贫血组儿童的MDI及PDI均落后于对照组，差异有显著性。再根据智力检测评分划分出7个不同等级观察，缺铁比贫血组儿童的MDI及PDI评分在中等以上的例次数均低于对照组，差异非常显著。在缺铁性贫血组用右旋糖酐铁肌肉注射治疗后3个月再进行检测，并做出MDI及PDI评分，将治疗前后评分进行比较，中等以上评分在治疗后高于治疗前，差异非常显著。

浙江省人民医院儿科的一项临床研究发现，高血铅、低血锌可能是儿童多动症发病因素之一。该科近年来共收治2 000余名多动症儿童，研究人员对其中300多名儿童进行血铅和血锌等微量元素水平测定。结果显示，血铅超标的孩子达六成。[1]

铅对儿童神经行为影响的常见临床表现为儿童多动行为。其机制是：铅中毒可使大脑兴奋抑制功能紊乱；铅中毒可使大脑活性蛋白失活变性，致使某些脑细胞死亡，使相关功能活动停止；铅毒可破坏血脑屏障，使血液中的水分和毒物过多进入脑组织，造成脑水肿；铅毒可使神经发育不能同步化，破坏大脑网络结构，使整和、协调功能紊乱；铅会阻碍儿童的发育和生长；铅可导致儿童体格生长缓慢；铅可造成锌、铁、钙营养状况低下；铅中毒可直接影响甲状腺素释放激素的反应，使甲状腺分泌紊乱，从而影响儿童的生理代谢活动。

朱中平、沈彤、杨永坚、俞翠莲、邹武庆、刘俊玲、姜玉屏、朱启星

---

[1] 张勤、王欣欣、朱海峤：《儿童注意缺陷/多动障碍与血铅、微量元素水平关系的探讨》，《浙江医学》，2002年第9期。

（2005）[1]抽取安徽省池州市某区2~3岁幼儿共206名，研究血铅、镉、钙、锌、铜、铁6元素对幼儿行为问题的影响及其关联程度。研究采用分层抽样方法对幼儿进行了体格检查、问卷调查（家长用）；采用2~3岁Achenbach幼儿行为量表（CBCL）对幼儿进行了行为问题测试；采集指血206份，运用PE-AA800原子吸收光谱仪进行了血铅、镉、钙、锌、铜、铁六种元素检测。结果显示：幼儿行为问题检出率为12.6%；多因素逐步回归分析显示幼儿血镉水平与攻击行为得分存在正相关（$\beta=0.178$，$P<0.05$）；血钙水平与忧郁行为得分存在负相关（$\beta=-0.173$，$P<0.05$）；幼儿血铅水平与睡眠问题（$\beta=0.151$）、破坏（$\beta=0.156$）、外向性行为（$\beta=0.179$）、总分（$\beta=0.156$）得分间均存在正相关（P值均<0.05），且高血铅组与正常血铅组幼儿在攻击、破坏行为、外向性等6个方面差异有统计学意义（P值<0.05）。由此项研究可以看到，血铅、镉、钙对幼儿行为问题有一定影响。

5.生物因素。现在越来越多的心理学家注意到儿童行为的异常与生物因素之间的关系。金真、臧玉峰、张磊、曾亚伟、王玉凤、王彦[2]研究了12名注意缺陷多动障碍患儿脑内可能存在的神经生化异常及呱甲酯对其的影响，得出结论：注意缺陷多动障碍患儿双侧纹状体存在神经元缺失或功能障碍，胆碱能神经系统可能有轻度失常。

马融、李亚平[3]对儿童多动症患儿脑电图的变化进行研究，发现：儿童多动症被认为是特殊大脑调节功能失调的外在表现，患儿整个环路，即脑干网状结构—丘脑非特异性核团—大脑皮质的调节能力不足，脑功能紊乱，适宜的调节不能被强化，不利的调节得不到抑制，从而表现出儿童多动症的诸多问题。每个行为都是皮质与皮质、皮质与皮质下的网络建立联系来保持一种启动状态。网络保持启动状态或抑制状态时，其刺激性与脑电图方面同步，皮质活动和控制情况可以通过皮质神经活动诸如脑电图波谱的密度、分布、波幅及波形等观察到。

在生物因素中，人们也注意到遗传因素对于儿童行为的影响。江三多、何玫、钱伊萍、汪栋祥、张野、李飞、田红军、忻仁娥、汤国梅、吴晓东[4]做了一项研究，应用基因组扫描技术探讨注意缺损多动障碍（ADHD）在X染色体上易感位点，研究资料提示X染色体上Xp11.4-p21和Xq23区域可能存在

① 朱中平、沈彤、杨永坚、俞翠莲、邹武庆、刘俊玲、姜玉屏、朱启星：《血铅、镉等6种元素对幼儿行为问题影响的横断面研究》，《安徽医科大学学报》，2005年第6期。

② 金真、臧玉峰、张磊、曾亚伟、王玉凤、王彦：《儿童注意缺陷多动障碍的脑磁共振氢谱研究》，《中华放射学杂志》，2002年第6期。

③ 马融、李亚平：《多动症儿童的脑电图变化机制》，《中国临床康复》，2005年第28期。

④ 江三多、何玫、钱伊萍、汪栋祥、张野、李飞、田红军、忻仁娥、汤国梅、吴晓东：《注意缺损多动障碍的粒染色体基因组扫描分析》，《遗传》，2006年第1期。

ADHD的易感基因。

（二）环境因素

在环境因素中，家庭对儿童行为的影响不容忽视。父母在儿童出生以后，不仅是儿童的养育者、监护者，还是儿童的模仿对象，也是儿童依恋的对象，更是儿童精神家园的缔造者和守护者。可以说父母的家庭教育观、教养方式、性格、文化程度等因素都会对儿童产生广泛而深远的影响。

赵光、白智泳、杜玉霞、李健梅、刘媛媛、袁宝强、耿德勤[1]对徐州市城区四所小学进行分层整群随机抽样，探讨小学生行为问题和情绪障碍形成的危险因素，结果发现行为问题和情绪障碍小学生58人，检出率为12.31%，集中出现的儿童行为问题有多动、分裂样、攻击性行为、社会退缩、任性、缺少锻炼等。而影响小学生行为和情绪障碍的主要因素可能为：孩子与父母间不良的依恋关系、家庭经济状况差、父母对子女的期望值过高、家庭养育方法不当等。

张迪、陈容、顾国家、王容君[2]采用Conners教师问卷，对1502名6~11岁儿童进行ADHD筛查，共筛查出74例具有多动倾向的儿童作为病例组，选择与病例组儿童的年龄、性别、年级和智力水平相同的74例作为对照组，对ADHD的危险因素进行单因素分析和Logistic回归分析。Logistic回归分析表明父母关系不良和教养方式不当（$P<0.05$）是ADHD的危险因素。

王素青[3]选择1996年1月到2004年12月鹤壁市第一人民医院儿科收治的行为偏异与情绪障碍患儿30例（男12例，女18例），研究儿童行为偏异与情绪障碍的临床特点及相关因素。结果发现：家庭环境不良和对学校不适应是儿童行为偏异与情绪障碍最常见诱因。

卢林、施琪嘉、何汉武、徐松菊、陈吉安[4]采取整群随机抽样方式在武汉市随机抽取2 400名4~16岁儿童，做了儿童青少年行为问题的流行病学调研，探讨行为问题发生的相关因素。结果显示：①12~16岁行为异常儿童中非父母照顾者所占百分比明显高于行为正常儿童（17.07%，3.64%，$x2CMH=15.7005$，$P<0.01$），说明12~16岁行为异常儿童中非父母照顾者多于由父母照顾的正常儿童。②行为问题发生率可能与儿童的生活照顾者、亲子关系、父母的精神心理认知及家庭周围的噪音有关。

---

① 赵光、白智泳、杜玉霞、李健梅、刘媛媛、袁宝强、耿德勤：《471名城区小学生行为问题和情绪障碍研究》，《中国校医》，2005年第4期。

② 张迪、陈容、顾国家、王容君：《儿童多动症危险因素分析》，《中国学校卫生》，2005年第9期。

③ 王素青：《儿童行为偏异与情绪障碍30例分析中国临床康复》，2005年第20期。

④ 卢林、施琪嘉、何汉武、徐松菊、陈吉安：《武汉市4~16岁儿童青少年行为问题发生情况的调查与分析》，《中国临床康复》，2005年第20期。

孔敏、翟静、宫爱华、盛永慧[1]采取整群抽样的方法于2001年3月5日抽取济南市某社区12~16岁的中学生2 392名进行调查，探究中学生行为问题的危险因素，分析家庭类型及父母因素对中学生行为问题的关系。结果显示：①作为中学生发生行为问题的危险因素，危险性由高到低依次为受惊吓、缺陷家庭、有颅脑损伤史、母亲患有精神疾病、父亲患有精神疾病、父亲酗酒、母亲教育方式为又打又骂、父亲为文盲、与父母双方关系都不好、有孕期不利因素、父亲性格内向，依次为14.79，9.73，9.30，8.16，7.35，7.08，4.57，3.67，3.13，2.18，1.93，P均<0.01。②在诸多家庭因素中中学发生行为问题危险性随父亲文化程度降低、父亲性格趋于内向、教育方式趋于不当和与父母关系变差而升高（趋势$x2$=16.62，8.60，48.18，34.85，P<0.01）。

由此得出结论：①受惊吓、缺陷家庭、有颅脑损伤史、母亲患有精神疾病、父亲患有精神疾病、父亲酗酒、母亲教育方式为又打又骂、父亲为文盲、与父母双方关系都不好、有孕期不利因素、父亲性格内向是中学生发生行为问题的危险因素。其中以受惊吓危险性最高，父亲性格内向相对最低。②中学生发生行为问题危险性随父亲文化程度降低、父亲性格趋于内向、教育方式趋于不当和与父母关系变差而升高。

从此项调查中，可以发现在中学生发生行为问题的11项危险因素中，有9项属于家庭环境因素，只有2项是与家庭环境无关的因素。弗里克发现在很多不良行为的案例中都存在父母婚姻不和谐、家庭机能不良、养育方式不当以及父母有精神疾病。

第四节　问题行为的确定

在行为改变技术中，问题行为是指需要干预和处理的行为。

一、问题行为的表现类型

1.行为不足（Behavior deficiencies），期望行为很少发生或从不发生。例如，一个2岁的智力落后儿童还不会叫"爸爸、妈妈"，这个行为从未发生，另外一个8岁的智力正常儿童自己穿、脱衣服的行为很少发生，均属于行为不足。

2.行为过度（behavior excess），某一类行为发生过多。如，一个儿童总是打其他同学，一天平均打16次，就是行为过度。

---

[1] 孔敏、翟静、宫爱华、盛永慧：《济南市某社区中学2 392人发生行为问题的相关调查》，《中国临床康复》，2005年第20期。

3.不适当行为（behavior inappropriateness），期望行为在不适宜的情景下产生，但在适宜的条件下却不发生。例如，一个10岁的儿童在说话时还大量用叠字。还有，一个儿童在上课时与同学说与课堂教学无关的话，这些行为是在不适宜的情景下发生的。

二、评量问题行为的维度

1.频率。

行为的频率是指行为出现的次数。

行为的一次出现是指它的一次开始和结束，如：吸烟一次是指从烟被点着到烟被掐灭的整个过程。一般地，对于行为的频率的观察应持续五天以上。

2.行为的反映强弱。

行为的反映强弱是指行为中所包含能量的总量。

测量强度时需使用工具或等级量表。如：父母可以使用从一到五的等级量表来测量孩子发脾气的强度。

3.行为的持续时间。

行为的持续时间是一个行为从开始到结束所占用的时间总量。如：一个学生每天学习多少分钟，一个人每天锻炼多少分钟，中风病人在不需要帮助的情况下站立多少秒。

4.行为的意义。

行为的意义是指行为所涉及的后果，即不适当行为究竟对谁造成伤害？

对于一个个体而言，他可能存在若干问题行为；对于一个老师而言，可能要面对诸多学生的诸多问题行为；对于一个家长而言，他可能对孩子的很多问题行为都较为头疼。究竟哪种行为需要最先处理，人们的看法并不一致。通常地老师常把不遵守课堂常规，反对权威和性行为视为严重行为问题，而心理学家则把社会不适应行为、抑郁、不快乐视为头等大事。这就涉及到了社会文化背景和心理卫生知识的不同造成的观念不同。

而究竟选择哪种问题行为作为目标行为，是必须要做取舍和排序的。

梅尔和伊文斯提出，对于问题行为的处理孰先孰后，可以遵循下列的顺序：

第一类是急迫行为，也就是说要立即处理的行为，这类行为如果不及时处理的话，会危及人的生命或健康。如有的自闭症儿童有撞头的行为，这样的行为如果任其发展，会对健康造成威胁，因此，应当把这个行为优先处理。

第二类是严重行为，严重行为有下列特点：行为干扰教学；如果不加处理,就会越来越严重;行为危及他人;照顾者关切的行为。

第三类是过度行为,过度行为的特点是行为没有改善或恶化;行为会破坏物品;行为会妨碍社区对个人的接纳;此行为的改善有助于其他行为的改善;行为在某个时间可能会造成问题。

根据这个标准,钮文英修订了行为问题的主观评量表[①]。

行为的主观评量表

是　　　否

1.此行为是否会威胁生命?

2.此行为是否会影响个体的健康?

3.此行为是否会干扰教学?

4.假如未予介入处理,此行为是否会越来越严重?

5.此行为是否会对他人造成危险?

6.教养人员是否关心此行为?

7.此行为是否愈来愈严重或未有任何改变?

8.此行为是否会破坏物品?

9.此行为是否会干扰社区对个体的接受程度?

10.假如此行为获得改善,其他行为是否也会获得改善?

【思考题】

1.你或你周围的人有不良行为吗? 如果有,试描述之。

2.试举例说明行为的一因多果和行为的一果多因。

3.对有攻击性行为的儿童小明大脑的杏仁核进行手术后,小明的攻击行为减少了,请问这是行为改变技术所致吗?

---

① 钮文英:《身心障碍者行为问题处理——正向行为支持取向》,心理出版社,2001 年 9 月,第 419 页。

行为改变技术的理论基础

第一节　经典性条件反射理论

一、巴甫洛夫的经典性条件反射理论

学习心理学的一些原理为什么能应用到人类行为的矫正呢？这是因为行为矫正学家假定：1.适应不良的行为是一些习得的、对付紧张状态的方法，而且认为良好的行为和不良的行为都是习得。2.有些从学习实验室工作中发展出来的技术方法，能够使人以新的、适宜的反应代替适应不良的反应。3.多数行为是可以传授、改变和塑造的。因为大多数行为都是习得的，因此，就可以传授新的行为，改变或塑造当前的行为。

行为改变技术就以这三个假设为起点，以四大理论为基石的。在行为改变技术的四大理论基石中，巴甫洛夫所做的经典性条件反射实验为行为的研究奠定了坚实的基础。

巴甫洛夫是俄国的生理和心理学家。1904年,他因研究消化现象而获诺贝尔奖金,在研究狗的消化液分泌时,他发现:狗在没有喂食前,只要看到盆子或喂食者,就会有唾液,狗好像预先知道将有食物出现似的,使巴甫洛夫不能进行原先的实验。这使他设计了如下的实验。

将狗的颊部割开，用一根玻璃管直通狗的唾腺，使狗的唾液流入玻璃管,并用记录器度量分泌量。实验者自折光镜观察狗的反应,并用遥控装置控制所有的光线音响以及食物的出现,让一只饿狗站在实验台上,并用绳索绑住身体,限制其活动范围。在喂狗食前几秒钟,发出铃声,接着再将肉末送入狗的口中。开始一两次呈现铃声时,狗会表现一些探索活动,但并不分泌唾液,只是吃到食物才流口水。但是铃声与肉末多次配对呈现后,只要一听见铃声,狗就分泌唾液。

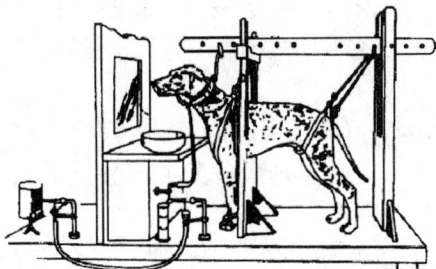

图2-1　巴甫洛夫条件反射实验装置

铃声对于分泌唾液来说属中性刺激,由于和食物配对出现,可引起唾液的分泌。这种反应是后天学习得来的,巴甫洛夫称为条件反射。下面就是条件反射的过程。

A.学习之前

食物(UCS)——分泌唾液(UCR)

铃声(中性刺激或无关刺激)——漠然反应

B.学习过程

铃声(CS)+食物(UCS)——分泌唾液(UCR)

C.学习后

铃声(CS)——分泌唾液(CR)

这里,UCS是无条件刺激uncontioned stimulus的缩写,UCR是无条件反射uncontioned response的缩写,CS是条件刺激contioned stimulus 的缩写,CR是条件反射contioned response 的缩写。

这个实验意义在于,说明行为是可以通过改变刺激因素而发生变化的。巴甫洛夫还区分了条件反射和无条件反射。

无条件反射(UCR)是在身体遇到非条件刺激(UCS)时的自然反应。无条件反射可以理解为只要有无条件刺激,就会引发相应的反应,而且这个相应的反应是在没有其他附加条件作用或学习的情况下发生的。例如对于一个发育正常的个体而言,对眼睛吹强烈的气流,就会眨眼;把手电筒照向眼睛,瞳孔就会收缩;嘴里有食物,就会分泌唾液;喉咙里有异物,就会引发干呕;突发的强烈的刺激会唤起自主神经系统的相关反应,如心跳、呼吸加速,肌肉紧绷,肾上腺素分泌流入血液,嘴发干,肠的蠕动减慢。这些都属于无条件反射。

无条件反射是人类进化的结果,因为这些反射对于个体的生存具有重要的价值:吹强烈的气流时眨眼可以防止异物落入眼中,避免失明;强光下瞳孔收缩有利于保护眼睛,进而防止失明;唾液分泌有助于咀嚼和消化食物;喉咙里有异物时干呕使人不至于窒息;自主神经系统的唤起能让身体机制对个体的行动(出击或逃跑)做准备,使个体能够逃离危险境地或采取相应的保护措施。

而条件反射是个体学习的结果,在学习过程中,条件刺激和无条件刺激反复配对出现,最后使一个中性刺激或无关刺激成为条件刺激,形成条件反射。

巴甫洛夫还提出了条件反射的三个定律:消退、泛化、分化。

所谓消退(extinction)是指在条件反射形成后,如果经常得不到相应的无条件刺激的强化,就会逐渐减弱或消失。这种现象叫消退。

泛化是指当一种无关刺激物已成为条件刺激物,引起条件反射后,以此刺激物相似的别的刺激,也能产生相同的反应,这就是泛化。

分化是指认识处于泛化过程中,刺激间的细微差别是分辨不清的。如果一再重复地对条件刺激进行强化,而对相似的其他刺激不予强化。那么,个体最后只对特定的条件刺激发生反应,而对其他相似的刺激不再发生反应,这种现象称作分化。

二、华生的恐惧反应实验

华生,师从杜威,但反对意识经验和内省法,主张客观性,采用观察法。1920年,华生与其研究生雷娜共同发表了"条件情绪反应"的实验报告。

他们的实验对象叫阿尔伯特,是个11个月的男婴。在实验之前,阿尔伯特对于小白鼠、白兔、小狗、小猴子等小动物并未恐惧,但对用铁锤敲打钢棒所发出的尖锐噪音有强烈的情绪反应,如哭叫、发抖、甚至改变呼吸速度。在实验时,把白鼠这个无关刺激与噪音这个无条件刺激反复配对出现,经过一周后,阿尔伯特在看见白鼠时,也会出现恐惧的情绪。

实验过程:

学习前:白鼠——漠然反应　　噪音——恐惧(无条件反射)

学习过程:白鼠+噪音——恐惧(一周七次)

学习后:白鼠——恐惧(条件反射)

华生于是从实验得出了重要的结论:不仅简单的运动习惯,而且重要的持久的人格特征,像情绪倾向性等也可通过条件反射在孩子身上培养出来。

阿尔伯特到实验的后期,还对条件刺激产生了泛化。他不仅害怕白鼠,对于和白鼠相似的物品如白兔、白狗、棉花、实验者的头发、圣诞老人的面具都产生了惧怕反应。后来,华生离开约翰霍布金斯大学,没有对阿尔伯特做消除惧怕反应的实验,这是他一直感觉遗憾的。

三、琼妮的反条件情绪反应实验

华生虽然没有进行消除惧怕反应的实验，但是他的追随者琼妮却深受他的实验启发，进行了反条件情绪反应实验。

琼妮对惧怕动物的儿童实施实验，在尝试了废弃法、诉诸语言帮助、抑制法、分心法等方法未奏效后，又使用了以下两种方法，对消除儿童的惧怕情绪较为有效，这两种方法分别是引导制约法和社会模仿法。

社会模仿法就是让儿童与不害怕动物的儿童在一起，并让不怕动物的儿童接近并抱着动物玩，让其观看，并模仿玩弄动物的动作及情绪流露。

引导制约法就是在儿童吃食物时，把害怕的动物放在笼内，由远及近地接近儿童。最后终于使儿童逐渐喜欢白兔，偶尔也会自行说："我喜欢白兔。"

琼妮所做的实验可以看做是对华生的实验的延续，它从反面印证了华生的论断：情绪倾向性不仅可以通过条件反射在孩子身上培养出来，还可以通过条件反射使其消失。

四、沃尔普的临床实验

受琼妮的引导制约法和社会模仿法的启发，沃尔普做了相关的实验，将其发展成为两个行为矫正最基本原理：交互抑制原理及系统脱敏原理。

实验1：对关在笼内的猫单独使用电击，以便引起焦虑反应，诸如愤怒、抗拒走入原先的实验笼，拒绝在笼子里吃东西。实验结果显示：猫表现出显著的焦虑反应，甚至在实验时未用过的笼子也不敢接近。沃尔普得出如下结论：实验性神经官能症，是个体在特定情境中受制约条件反射而形成的强烈的焦虑反应。

实验2：在猫走近食物时给予电击，引起其神经官能症而不敢吃东西。

根据这两个实验，沃尔普认为猫的神经官能症与"吃东西"可能发生关联。由这一事实可推知：吃东西可能会抑制焦虑反应。换句话说，"吃东西"与"焦虑反应"两项反应或许形成交互抑制。

沃尔普就利用交互抑制原理来治疗猫的神经官能症——把患神经官能症的猫放在笼子里，笼中有猫最喜欢吃的东西。在猫吃东西时，焦虑症状就会暂时消失。

交互抑制原理并不能治疗所有的焦虑症，沃尔普又设计了另一种实验：把有焦虑症的猫依次引入三套房间，这三套房间与曾经引发焦虑的实验室有不同的相似度，A最相似，B次之，C最不相似。先让猫在C室进食，直到猫所有的焦虑症状都消失了，再放入B室，再移至A室，最后再诱导其在实验室进食。一旦实验猫能适应实验室情境并进食，那么它的大部分症状即消失。这就是系统脱敏原理。

交互抑制原理和系统脱敏原理被广泛推广到临床，通过对210个个案的临床治疗结果的分析统计，用交互抑制原理及系统脱敏原理治疗焦虑症的治愈率高达90%，比心理分析更有效。

五、治疗遗尿症的方法

1938年，摩勒和摩伦创制了一种用来治疗儿童遗尿症的工具。它是应用应答性条件反射原理于临床的一种较著名的方法。以后许多人进行了修改，但其理论根据与应用方法都大同小异。芬林等人于1973年采用的电铃—电路方法是目前治疗遗尿症方法中的典型，也是行为改变技术中最可靠的治疗方法之一，其具体操作过程如下：

让尿床的患儿睡在一张特制的床单上，内设有两个电极，分别用纱布包好，电极的另一端用电铃或蜂鸣器与电池连接。当床单干燥时，电路不通，电铃也不响，而当患儿开始遗尿时，少量的尿液就会使纱布潮湿导电，因此使电路接通，铃响，唤醒患儿和其父母。若患儿未醒，父母应喊醒患儿起来小便，并重新接好装置。经过多次应用，患儿睡眠时，如果膀胱充盈，就会自动起床撒尿。

这个方法可以用应答性条件反射原理来解释。应答性条件反射的主要原理是一个刺激紧跟在另一个具有特定反应的刺激后出现，这两个刺激暂时配对，结果使第一个刺激诱发出和第二个刺激相同的反应。同样，这里的程序也是根据这个原理进行的。因为膀胱充盈和铃声多次配对出现，已形成了暂时联系，所以这里铃声成了唤醒患儿起床撒尿的条件刺激。多次应用后，患儿睡眠时，如果膀胱充盈，就会自动起床撒尿。这种治疗方法要求父母和患儿合作，并且在治疗期间孩子能和父母同居一室，这样父母可经常唤醒患儿。芬林等人在1977年，实地观察了5~14岁（平均8岁）的尿床患儿采用此法后的疗效，发现有94%的儿童从此不再尿床。但此法对年龄较小的儿童疗效较差。

第二节　操作性条件反射理论

一、斯金纳的操作条件反射理论

桑代克首先对强化现象进行了系统研究。他是强化理论的奠基人。在实验中他将猫关在一只笼里，在笼子外放一块鱼。在笼子的门上连有一根绳子,如果笼中的猫拉动这根绳子,就能打开笼门吃到鱼。实践发现,猫从被放入笼中到自己打开笼门的时间越来越短,桑代克认为其中起决定作用的是鱼这种强化物。

他还提出效果律:如果其他条件相同,那些对动物能产生或带来满足的反应,将会更加紧密地与这情境相连结。

桑代克的理论在斯金纳的研究中得到了充分应用。斯金纳是新行为主义的代表人物,对于行为改变技术的理论及方法均有深远影响。他所做的操作条件反射实验,奠定了行为改变技术的基石。他所做的实验是这样的:如图2-2所示,将饿白鼠关入箱内进行实验。实验要训练白鼠能压杠杆取食。引导步骤如下:A.先让白鼠乐意走进撒着食物丸的实验箱;B.每当食物丸自食槽中掉下来时,先发出音响;C.老鼠听到声响会走近食物槽取食物;D.白鼠碰到食物槽的杠杆即给予食物;E.白鼠压下杠杆即可得到食物;F.最后白鼠压杠杆的反应次数会增加。历经这一过程,白鼠学会了通过按压杠杆获取食物。

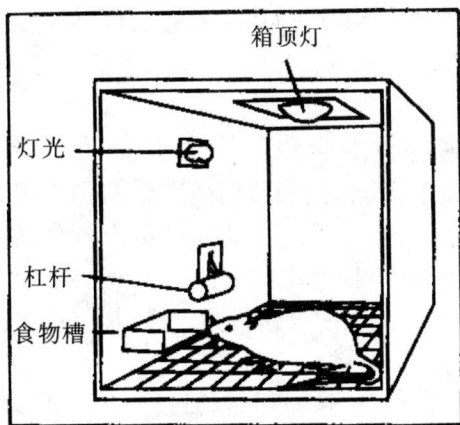

图2-2　斯金纳箱

斯金纳由此得出结论:行为受行为的结果所控制,也就是说,当个体获得对刺激的反应后,如果获得愉快的结果,那么,这个刺激——反应的联结就得到强化,以后会增加这个刺激——反应联结的出现。

斯金纳还总结出如下结论:“一个人干什么,不是因为他的行为将会有什么效果而是因为过去类似的行为已经有了什么效果。”“操作性条件反射也可叫做自发性条件反射,这种自发性的尝试错误学习,一旦经过愉快或不愉快的结果,就会得到强化。”

经过系统研究,斯金纳认为两类行为要区分,一是应答性行为

（Respondent behavior），它由特定的刺激，即无条件刺激所引发，强化在这种行为的形成中不起作用，只是无条件刺激本身可能强化条件刺激，这种行为本质上是通过经典条件反射形成的。二是操作性行为（Operant behavior），它受环境影响。如走路，是由想去某地的想法所引起的，但这个行为是否发生要取决于气候、社会因素以及该人对他目前环境的依附程度，此外，他也由奖赏来决定，如果预计走到目的地后，能得到美味食物，或见到令人愉快的朋友，走路这种行为比没有这些期望时更容易发生。

二、福拉的临床应用

继斯金纳之后，福拉在1948年把操作性条件反射应用于临床。他以一位18岁的重度智障青年为实验对象，使用加糖牛奶作为强化物，训练他能依照指示举起右手。实验开始前，先停止供应食物15小时，然后才鼓励他逐步举起右手，并随之逐量将加糖牛奶用吸管滴入受试口中，以作为举动右手的强化物。受试右手的动作起先由实验者用手测定，后来改用生理测量仪做记录，实验结果显示：受试右手的动作显然随着强化物的增加而增多，并随强化物的停止而减少。福拉的临床应用虽然较简单，但是此实验证实：人类行为也可随着强化物的呈现与否而有所改变，对于后人的相关研究鼓舞很大。

三、林德司与阿兹林的合作行为实验

林德司与阿兹林是斯金纳的两位门生。他们在哈佛大学完成了另一操作性条件反射的实验。受试为儿童，训练的终点行为是两个人的合作型反应。实验是让两位受试能够同时把唱针放入一个小孔，才能得到糖果。结果显示：儿童的合作行为与鸽子的合作行为一样，都可通过操作条件反射而得到培养。

除了福拉、林德司与阿兹林，贝尔曾做过一个实验，利用关掉卡通节目作为惩罚策略，去改变一位五岁男孩吮吸大拇指行为。实验结果表明：受试儿童吸吮大拇指的次数减少许多。另外，毕吉武（Bjiou）也进行了很多有关儿童行为，包括正常儿童与智力落后儿童的训练方案，探讨行为改变历程与操作性条件反射的关系。

而亚伦将操作性条件反射应用于精神病患者的行为改变上。他在精神病院用弹珠作为代币（可换取食物或用具）来矫正19位精神病患者的不良行为——擅自进入护理室给护士捣乱、粗暴行为以及异常话语等，结果显示，这19位精神病患者的不良行为逐渐减少，而良好行为（如自己吃饭）逐渐增加。

四、经典性条件反射与操作性条件反射的比较

1.经典性条件反射与操作性条件反射的区别

经典性条件反射与操作性条件反射的区别在于改变行为的方式不同。行为心理学派认为：行为主要是由一种或多种刺激与某一或多重反应因素的联结，即S→R。如果想改变行为，可以控制行为的刺激因素、反应因素以及反应后的再刺激因素。

经典性条件反射理论以控制刺激因素（S）来改变行为，而操作性条件反射则以控制反应后的再刺激因素即行为的结果使行为发生改变。这是经典性条件反射与操作性条件反射最大的区别。这种区别可以从两种反射建立过程中显示出来：

经典性条件反射过程：

条件反射形成前：UCS（吃到糖果）→UCR　流口水（无条件反射）

条件反射的形成过程：CS （看到糖果）+UCS （吃到糖果）→R （流口水）

条件反射的形成后：CS（看到糖果）→CR（流口水）（条件反射）

可以看到，在经典性条件反射中主要是由于刺激发生了变化：在无条件反射中，只有无条件刺激UCS（吃到糖果）；在条件反射的形成过程中，无条件刺激UCS（吃到糖果）与无关刺激CS（看到糖果）的同时或递次出现，才使无关刺激（看到糖果）引发了同样的反应（流口水），从而会形成经典性条件反射：CS（看到糖果）→CR（流口水）。因此，经典性条件反射通过刺激因素的改变使行为发生变化。

操作性条件反射过程：

S（看到糖果）→R（把糖果放在口中吃）→S^{R+}（糖果香甜的口感）

结果：再次看到糖果（S）时，把糖果放在口中吃的行为（R）会增加。

S（看到苦瓜）→R（把苦瓜放在口中吃）→S^{R-}（苦瓜苦的口感）

结果：再次看到苦瓜（S）时，把苦瓜放在口中吃的行为（R）会减少。

这说明，当面对一个刺激时，是否会再次出现一个行为，起决定作用的是这个行为以前得到的结果。如果行为的结果是愉快的或满足需要的，行为会再次发生；如果行为的结果是不愉快的或不能满足需要的，行为就会较少发生或不再发生。所以，操作性条件反射是靠反应后的再刺激因素，即行为的结果来改变行为。

2.经典性条件反射与操作性条件反射的联系

在日常的行为里，可能既包括经典性条件反射，也包括操作性条件反射，只是分析的角度不同而已。

例如，2岁的小贝在听到冰糖葫芦的叫卖声后，会央求妈妈买来吃。在吃过酸甜适口的冰糖葫芦后，在小贝再次听见冰糖葫芦的叫卖声后，就会流口水，并且会要妈妈再去买来吃。

在这个行为系列中，包含了经典性条件反射的成分：

条件反射形成前：UCS（吃到冰糖葫芦）→UCR　流口水（无条件反射）

条件反射的形成过程：CS（听到冰糖葫芦的叫卖声）+UCS（吃到冰糖葫芦）→R（流口水）

条件反射的形成后：CS（听到冰糖葫芦的叫卖声）→CR（流口水）（条件反射）

结果是听到冰糖葫芦的叫卖声就会流口水。

其中也有操作性条件反射的成分：

S（听到冰糖葫芦的叫卖声）→R（央求妈妈买冰糖葫芦）→S^{R+}（冰糖葫芦酸甜可口）

结果：以后再听到冰糖葫芦的叫卖声后，行为（央求妈妈买冰糖葫芦）会趋向于再次发生。

因此，在看到一个行为时，可以根据不同的角度，剖析行为中所包含的经典性条件反射的成分和操作性条件反射的成分。

第三节　认知行为改变理论

经典性条件反射是通过改变刺激因素（S）使个体的行为发生改变，操作性条件反射主要通过调整行为的结果来改变行为，而认知行为改变理论则是从个体的认知入手，强调只有个体的认知发生变化，才能使行为得到改变。

认知行为矫正理论不同于一般的行为疗法，它不仅重视不良行为的矫正，而且更重视病人认知方式的改变以及认知—情感—行为者三者的和谐；同时它也不同于精神分析，它重视病人目前的认知对其身心的影响即重视意识中的事件而不是潜意识中的事件，而精神分析法则注重以往经验对当前的影响（重视潜意识而忽视意识）。

一、何梅的想象操作控制法

1.针对目标行为想出一套厌恶的后果。（例如针对烟瘾，让患者想到抽烟易生癌症等后果）

2.引进一套具有正强化作用的想法，以免一直停留在厌恶想法上。（例如让患者想象不抽烟的好处：可省一笔钱用于其他娱乐，吃东西更香美）

3.想象改正目标行为所得的奖赏后果。（如想象喝茶的滋味或乐趣等）

何梅最大的贡献是提出控制内隐事件的途径以及改变行为的自我控制能力。

二、苛替拉的想象减敏法

苛替拉（J.R.Calltela）1966年创用想象减敏法（covert sensitization），对于治疗同性恋、肥胖症以及酒精中毒症等患者发生奇效。

方法：让患者每想到特定刺激时（如让肥胖者想到吃甜饼），然后引导患者想象一连串的厌恶反应，以便让患者逐渐对于那些特定的刺激感到厌恶。

例如：让肥胖者逐渐厌恶甜点。"请你想象你用叉子去拿甜饼时，你突然感到肚子不舒服。当你用叉子把甜饼拿到眼前时感到一阵恶心，吃下的食物反刍到口中，你强忍着把这一口食物吞下去；当你把甜饼放入口中时，突然开始呕吐，一阵一阵的脏东西弄脏了你的双手，甚至整个桌面。一股酸味四溢，让周围的客人不约而同掩鼻皱眉，以惊讶的目光注视着你，害得你无地自容，只好赶快离开宴席，走入洗手间。处理干净之后，心里也舒服多了，你会觉得离开那些甜点愈远，就愈觉到快乐。"

三、艾里斯的理性情理治疗法

1.理论概要。情绪困扰是由于个人的不合理信念所引起，所以要教导患者学习"理性的治疗方法"代替"非理性的想法"，以消除患者的情绪困扰，他的理论分为A B C D E五个连锁阶段。

A.患者所面对的外界事情；

B.患者对A事物所反应的想法，即对这一事件的想法、解释和评价；

C.由B段引发的情绪或行为的结果；

D.治疗者企图帮助患者改变或驳斥在B段的非理性想法；

E.经由D段所形成的行为。

2.不合理信念的主要特点

（1）绝对化强求；

（2）过分概括化（以偏概全、以一概十）；

（3）糟糕至极。

四、贝克的认知疗法理论

贝克（A.T.Beck）创立认知疗法（cognitive therapy）。他认为：患者的感情和行为大部分取决于患者本人对于周围世界的解释、想法和认知模式，治疗的目的是改变患者不良的或歪曲的认知和观念。

贝克的认知疗法中,首先要辨别认知歪曲。贝克总结了认知歪曲的主要形式:

1.任意的推断。

2.选择性概括:根据细节对整个事件做结论。例如人们通常会以貌取人,犯的就是选择性概括的错误。

3.过度引申:在某一事件的基础上做出关于能力、操作或价值的普遍性结论。

4.夸大或缩小:对客观事物的重大意义做出歪曲的评价。

5.“全”或“无”的思想,即要么全对,要么全错。

贝克认知疗法的基本技术:

1.识别自动化思想。尤其是识别那些在愤怒、悲观和焦虑等情绪之前出现的特殊思想。矫正医师可以采用提问、指导病人想象或角色扮演来发掘和识别自动化思想。

2.识别认知错误。为了识别认知错误,治疗医师应该听取和记录病人诉说的自动化思想以及不同的情境和问题,然后要求病人归纳出一般规律,找出其共性。

3.真实性检验。在治疗中鼓励病人将其自动化思想作为假设看待,并设计一种方法调查、检验这种假设,结果病人可能发现,95%以上的调查时间里他的这些消极认知和信念都是不符合实际的。

4.去中心化。在对病人的错误信仰进行驳斥的同时,消除病人认为自己是别人注意中心的想法。

5.监测紧张或焦虑水平。患者对自己的焦虑水平进行自我监测,促使病人认识焦虑波动的特点,增强抵抗焦虑的信心,是认知治疗的一项常用手段。

五、梅晨保的自导训练法

梅晨保（P.H.Meichenbaum）提出一套自导训练法（self-instructional training）。对于儿童的冲动、焦虑、愤怒及痛苦等行为,以成人精神分裂患者的注意力异常的矫正颇具成效。对于减弱考试焦虑、人际关系焦虑、演讲焦虑也颇有效。

自导训练法的步骤:

1.训练患者能确认不适当的想法。

2.有治疗之示范适当的行为,并口头说明有效的活动方式及策略。口头说明包括:指定作业的评论,让患者自行宣称自己能打消挫败念头,以及对成功的作业在想象中自我强化。

3.患者配合口头说明,先自导自演几次,然后再经过想象,在内心里重复演练几次,这个时候,治疗者要适时给予反馈。

第四节 社会学习论

经典性和操作性条件反射的基本论点是:人的行为受内驱力的影响;而认知行为改变论者则认为:人的行为是受内心的自我观念的影响。

社会心理学派则认为:人的行为受内驱力、知识因素和环境影响交互作用形成的,而且认为个体是行为改变的主宰者,具有自行导向行为改变的潜在能力。

社会学习理论的创始人是班都拉(A·Bandura),他的核心理论是观察学习的理论。

一、观察学习

观察学习是通过观察他人(榜样)表现的行为及其结果而进行的学习。观察学习与刺激反应学习的区别在于:刺激反应学习是学习者通过自己的实际行动,同时直接接受反馈(强化),即学习者通过直接的反应受到直接的强化而完成的行为;而在观察学习中,学习者不必直接对刺激做出反应或直接体验强化,他只是通过观察和模仿他人的行为使行为发生改变。

学习者可经过观察而学得他从未表现的行为,但他是否能表现该行为,就要看他是否具有一定的运动技能,如一个小男孩看他父亲使用斧子,但由于孩子没有那种体力,就不能模仿得很好。班都拉由此认为,运动技能是精确地学习新行为的基础,只有具备了一定的运动技能,观察学习中才能少发生错误,才能进行自我修正和调整,进一步形成熟练的运动技能,从而达到同楷模一致的正确反应。

观察学习和尝试错误学习相比,可以使个体在没有错误的情况下做出正确的行为,节约了时间,个体可以在短时间内掌握前人几百年、几十年所积累的知识和技能,使人类的文明进程加快。

观察学习也避免由于尝试错误学习而带来的伤害和负面情绪。当个体在用尝试错误的方式进行学习时,不可避免地要受到伤害,同时也会有负面情绪产生。例如,当幼儿在看到一把小刀时,由于不知道小刀很锋利,就用小刀划伤了自己的手指,随后就会大哭。虽然通过尝试错误,幼儿学习到一个常识:小刀很锋利,会伤人,但是也为此受到了伤害。观察学习就可以避免这样的伤害和负面情绪,例如家长或老师可以通过一些安全教育的录像来使儿童学习到正确的行为，避免由于直接尝试错误学习而带来的身心伤害。

二、观察决定学习的观点

班都拉做了下列实验，来研究观察学习。[①]在实验中，把66名幼儿园儿童随机分为三组。观看示范者对玩偶娃娃表现的攻击行为的录像。攻击行为有三种后果：①奖赏，②惩罚，③无强化。三组儿童观看不同的录像，然后带到一个与录像情境相同的实验情境中，观察儿童的行为表现。接着实验者给予诱因，告诉儿童如果模仿录像中的行为表现，就予以奖赏。同样也记录儿童的行为表现。实验结果显示：①示范者的攻击行为所受的强化，明显地影响着儿童的自发反应；②示范者的攻击行为是否受到强化，不影响模仿行为的获得。

班都拉还区分了模仿与强化的关系：在观察学习中，外部强化不影响模仿行为的获得，但影响表现（出现次数的多少）。实验证明：在观察学习中，认知因素比强化更重要。他还强调：任何性质的强化均不影响模仿反应的获得，只影响其表现出现率。他否定了斯金纳的强化在行为获得中的绝对地位的强化观。

三、观察学习的心理过程

1.注意过程：学习者感知到刺激的重要特征。

2.保留过程：将观察所得印象留在记忆中，即学习者切实地辨别示范者的行为，并通过中介过程，经过语言的译码作用，将观察所得化成为符号化的表象，经重复长期保持。

3.动作重现过程：将符号表征转化为实际动作的过程。这个转化过程，必须有一个学习和尝试错误的阶段。例如在学习新的广播操时，首先对榜样的模式有一个概括的理解，而后才能通过联系，依靠自己有关行为的信息反馈进行自我修正和调节，并在其他人的指导下，完成所学动作。

4.动机过程：班都拉把动机归于强化的作用，但是他区别了外在强化、替代性强化和自我强化，认为在观察学习中主要是替代性强化和自我强化。

所谓外在强化是指强化由其他人所给予，例如，家长在看到儿童的行为达到了期望的标准，便给儿童糖果。

而替代性强化则是在观察榜样的行为的结果时所诱发的。替代性强化

---

① [United States] Bandura, A., Ross, & Ross, S.: *Imitation of Film Mediated Aggressive Models*, Journal of *Abnormal and Social Psychology*, 1963, 66, P601~607.

有三种效果：

（1）环境的辨别：当榜样曾经得到奖励时，观察者倾向于在和榜样行为一致的情境下表现出和榜样一致的行为；而在榜样的行为受到惩罚时，则不愿意模仿。

（2）诱因动机效果：就是在看到榜样得到非常好的奖赏时，会产生模仿榜样行为的动机。

（3）情绪唤起效果：榜样对行为的奖惩出现的情绪反应，也会唤起观察者的情绪反应。所谓自我强化，是指个体能够自发地预测自己行为的结果，并依赖反馈进行自我评价和调节，以此来控制自己的行为。

【思考题】

1.用经典性条件反射理论解释下面这个故事。

揖驴的故事

明朝有位徐文长，他的叔叔每次来到他家里，都会指责他行为放荡不羁，多次后他心里非常不舒服。于是他溜到屋后，对着叔叔骑来的驴子作一个揖，然后重重地鞭打它一顿，如此连续几次，驴子一见作揖，就惊跳起来。待他叔叔临走，骑上驴子，徐文长很恭敬地对他叔叔深深一揖，那只驴以为又要挨打，忽然暴跳起来，把叔叔摔了下来，跌得鼻青脸肿。

2.生活中的哪些行为符合经典性条件反射原理？

3.举例说明操作性条件反射。

第三章　正强化原理

第一节　正强化的含义

在斯金纳所做的实验中，为了得到食物和水，小白鼠反复按压杠杆。食物和水这种刺激对于诱发小白鼠按压杠杆行为起到了至关重要的作用。

如果一种刺激是人们所喜好的，能够满足人们的需求，那它就可以增加行为的出现率，这种刺激就叫正强化物（positive reinforcer）。由于正强化物具有这种特点，就可以利用它来增加行为的频率。而有目的地使用正强化物，以使行为的出现频率增加的行为改变技术的方法就是正强化。

对于正强化，学者各有自己的观点。

斯金纳认为，正强化是在目标行为发生之后相关联地提供刺激物，它可以导致目标行为的增加，或者维持目标行为发生的频率、持续时间以及强度。

林正文则把正强化定义为：个体行为倾向因获得增强物而增加其强度的过程。[①]

当一操作性行为在某种情境或刺激下出现后，立即给予正强化物，以使该行为在这种情境或刺激的出现率增加的行为改变技术的方法，叫做正强化。

正强化可以用如下公式来表示：$S——O——R \rightarrow S^{R+}$

很多家长在教育儿童的时候都会有意或无意地利用正强化原理，使儿童的良好行为得以增加。例如，历历在玩完玩具后，从来都是随意乱丢，今天他没有像往常那样随意乱丢玩具，而是把玩具放到柜子里。妈妈看到后，高兴地亲了历历，并且还向爸爸夸奖历历，最后给历历做了他最爱吃的炸春卷。从此，历历只要有时间，就会把玩具放整齐。这里，妈妈可能并不知道她使用的是正强化，但是她的无心之举，却增加了历历良好的行为。

正强化原理包括四个要素：1.情境。2.行为或反应。3.正强化物。4.长期效果。

在下面的表3-1中，就是用正强化原理的四个要素来分析一些日常生活中常见的行为。

---

① 林正文：《儿童行为的塑造与矫正》，北京师范大学出版社，1998年4月，第61页。

表3-1　正强化的例举

情境	行为或反应	正强化物	长期效果
小和的父母去加班	小和把家里的地板擦干净	父母对小和大加表扬	小和在父母忙的时候,还会帮忙擦地板
妈妈在和一岁的小宝玩	小宝第一次说出"妈妈"两字	妈妈高兴地把小宝举了起来	小宝会更多地说"妈妈"两字
小晨听到电视台的主持人说今天是母亲节	画了一幅画给妈妈	妈妈激动地说:"这是我收到的礼物中最好的。"	小晨会给妈妈画更多的画
孤独症儿童小亚在学校遇见李老师	小亚说:"老师好!"	李老师给了小亚一块巧克力	小亚会更多地向李老师问好
有人来敲门,妈妈出去开门	小丽逗8个月的弟弟玩	妈妈说:"小丽真是个好姐姐。"还给小丽买了一本书	小丽会更多地看护弟弟
许佳参加全市的少儿钢琴比赛	许佳得了冠军	爸爸给许佳买了她喜欢的歌手的唱片	许佳会更努力地学习钢琴

　　事实上,在生活中还有大量的行为是通过正强化而得以增加的,如果家长和老师善于观察和强化,相信可以使儿童的行为更加规范。

　　正强化并非特指良好行为,实际生活中,只要满足正强化的四个条件,不良行为也会得到正强化,这是正强化的误用。例如,在家里来客人后,5岁的小微跟爸爸要10块钱去买冰激凌,若在平日爸爸是不会给小微钱的,也反对他吃冰激凌,但是怕自己不给他钱客人会给,爸爸只好给了小微10块钱。爸爸这样做的后果是:小微以后会在客人来的时候向爸爸提非分要求。

　　一般地,正强化的误用有两种类型:一是对不良行为实施正强化,使不良行为增加。上述的例子就是属于这一类;第二类是在良好行为出现时,没有给予正强化,使刚刚出现的良好行为由于得不到正强化物而无以为继。

第二节　影响正强化效果的因素

一、正强化物

正强化物按照不同的分类方式,可以分成不同的种类。

1.马丁和皮尔按内容把正强化物分为五类:

(1) 消费性强化物:使用以后会逐渐减少或消耗掉的正强化物。如糖果、饼干、饮料、水果等一次性消费物品,均属于消费性强化物。

（2）活动性强化物:指个体可以参与的休闲和娱乐的活动,如看电视、看漫画书、郊游、娱乐晚会等,都属于活动性强化物。

（3）操作性强化物:可以提供给个体玩弄的正强化物。如玩具、画图、跳绳。

（4）拥有性强化物:在一段时间内个体可拥有和选择的正强化物。如衣服、刷子、指甲刀、皮带等。

（5）社会性强化物:根据马斯洛的需要层次说,爱和关怀是人类的一项基本需要,这种需要只有在人际交往中才能体现。社会性强化物是指在人际交往中个体所喜欢接受的言语刺激和身体刺激,包括关怀或赞美的动作、语言及表情,如微笑、感谢、点头、拥抱、简单的一瞥、拍肩膀及赞许等。

2.根据性质把正强化物分为三类:

（1）原级强化物:本身具有强化作用的自然强化物,它包括食物性、操作性、拥有性强化物。因为都直接或间接的和集体的基本需要有关,所以被称为"原级强化物"。

（2）次级强化物:又叫类化强化物,条件强化物。指一个刺激原初不具备强化作用,通过和其他的"原级强化物"的联系才获得强化力量的刺激物。一般地,学校里惯用的分数、奖状、奖牌、毕业证书都属于次级强化物。钱也是次级强化物。次级强化物的主要特点:一是不容易受某一短缺状态的影响,即个体对这些强化物的需要程度较为一致,不为训练环境所左右（与牛奶蛋糕不同）;二是由于次级强化物的强化价值由原级强化物的强化价值累积而成（在得到钱时）,是一次正强化,用钱买东西是又得到一次正强化,其吸引力比单独的原级强化物大得多。

（3）社会性强化物。

3.按照强化物给予的主体分,可以划分为两种:环境或外在强化物;自动或内在强化物。

环境或外在强化物指的是由其他人给予个体的强化物,例如,家长的称许对于很多孩子来讲,就属于环境或外在强化物。

自动或内在强化物是指由行为本身给予个体的强化物。换言之,就是个体从行为本身就会获得愉快和满足,无需再借助外物,就可以维持行为。例如,小丹在小学四年级时突然对数学发生了兴趣,每天研习一些难题的解法,当破解一道难题后,心里的满足和喜悦无法言说。这就是自动或内在强化物。对于学习及遵守公共道德等行为来讲,家长和教师希望孩子能够从行为本身获得自动或内在强化物,也就是达到"慎独"的境界,即不需要别人的奖赏和赞美也能使行为得以维持。

而有的自动或内在强化物就不是所期望的。例如，小娜贪食巧克力，也是获得了自动或内在强化物，她吃巧克力不会在乎其他人的喜恶，而是为了享受巧克力给她带来的感官上的满足。有些成瘾行为，如吸烟、吸食大麻、大多是由行为本身给个体带来的感官上的满足和愉悦来维持的。

二、正强化物的剥夺和满足

在正强化原理应用前，必须使个体对正强化物产生需求感，从而使正强化物发挥作用。怎样使正强化物产生需求感呢？这就要人为制造剥夺情境。

所谓的剥夺就是在使用某种正强化物之前的一段时间内，不给予该强化物，以使个体产生对该强化物的需求感。

在斯金纳的操作条件反射中，要事先对小白鼠实施24小时的食物剥夺，以使其产生饥饿感，这样，食物才能成为压杠杆行为的有效的强化物。在福拉的实验中，同样要对重度智障的青年实施食物剥夺，使他产生对食物的需求，牛奶这种食物才能作为他举起右手的强化物。因此，在正强化中，正强化物的剥夺是必不可少的一个步骤，它决定着正强化物的有效性。

在社会生活中，也有一些剥夺的实例，例如有些不法商人囤积居奇，对某种商品实施剥夺，即在售卖之前的一段时间内，使消费者买不到该商品而对这种商品产生强烈的需求感，当把该商品投放到市场后，必然会使消费者趋之若鹜，这是不法商人利用剥夺为自己牟利。

一般地，剥夺时间越长，强化物就越有效。糖果对于一个刚吃过一袋糖的儿童来说没有吸引力。但在使用消费性强化物，尤其是食物时，剥夺的时间不宜过长，要以保证个体的身体健康为标准。

和剥夺相反的另一面是满足。在实施正强化时，个体会得到正强化物，到了一定程度，个体对正强化物已不再需要，从而产生满足感，叫做满足。因此，正强化物的有效时段是在剥夺之后，在满足之前的这段时间。

为了避免个体对正强化物出现满足感，可以控制正强化物的数量，例如，在发放糖果时，只发给一颗而不是一盒，以避免出现满足。还可以变换不同的正强化物，例如，如果选择糖果作为正强化物，可以在每天变换不同的口味，使个体不至于产生满足感。

三、指导语

指导语是为了控制行为而呈现的言语刺激，在实施正强化时，指导语也是影响正强化有效性的一个因素。

指导语在使用时，应该遵循下列原则：

1.指导语应该在个体的理解范围之内，而且保证是在个体的注意力集中的状态。

2.指导语应明确规定所从事的行为,规定什么该做或什么不该做,而且应该坚持始终如一。指导语应该明确规定所从事的行为,如果是一个系列的行为,应该对行为系列的每一步都有清晰的描述。在描述时,不仅要描述行为本身,还要对行为发生的情境也加以描述,例如,在教儿童燃气安全知识时,应该说下面的指导语:"不论你在什么地方,只要闻到刺鼻的天然气的气味,都不要开灯、接听电话,应该打开门、窗,切断气源,并且要迅速离开现场。如果你能够做到的话,父母和老师都会以你为荣。"这个指导语不仅对行为发生的前提情境和正确行为都做了解释,也对行为的结果进行了描述。

3.复杂的指导语应分成若干简明易懂的小步子说明。

4.指导语应该是有次序且连续的,以便每个被矫正者都能逐渐地从较为简单容易的行为过渡到困难复杂的行为。

5.指导语应该以一种愉快的、有礼貌的方式表述。

6.如果要用其他刺激控制行为,必要时可用渐隐法除去指导语。受训个体应该重复指导语,以保证已准确地听到了指导语。

第三节　有效运用正强化原理

一、正确选择行为

选择行为包括目标行为和终点行为。

目标行为是在行为处理方案中要改变的问题行为,也叫靶行为(Target behavior)。在确定目标行为时,应该注意的是所选定的目标行为应该是一个具体的行为,而不是一个行为的类别。例如,表3-2就是具体行为和行为的类别的例举,从中可以明显地看到它们之间的区别。

表3-2　行为和行为的类别

具体行为	行为的类别
小张在喜欢的足球队失分的时候破口大骂,并把饮料瓶扔向球场	缺乏体育道德
小李在看足球时,把运动鞋脱下,在球赛结束的时候把杂志丢在座位上	缺乏体育道德
小明把碗扔向地板	发脾气
小红在该吃饭的时候把自己反锁在房间	发脾气
小禾在上课时看漫画书	不遵守课堂常规
小娜在课上和同桌的同学互发短信	不遵守课堂常规

从表中可以看出,同样类别的行为,每个人表现出的具体行为是不一样的,因此,在确定目标行为时,要描述的是一个具体的行为,而不是一个行为的类别。

终点行为是一种训练前所拟订的预期达到的行为标准,也就是期望被试的问题行为在经过干预后应达到或改善的标准。[①]经过行为干预以后所要达到的行为。

终点行为的确定,除了要求行为的具体性外,还要求具备适切性。所谓的适切性是指终点行为应该是符合个体的身心发展水平的,不能太容易做到,也不能过难。"跳一跳,摘桃子",就是适切的指标。

终点行为可以用频率、持续时间、百分比等方式表示,下列就是终点行为的列举。

小强在每天放学后,完成10道十以内减法题,正确率至少在90%以上。

张力在每天的全部课间休息时间内,打其他同学的频率降低到2次以下。

小影每天早晨至少要做15次俯卧撑。

二、正确选择正强化物

在选择正强化物时,可以采用观察法和调查法,确定对个体最有效的正强化物。在选择时,要避免下面的主观臆断:

首先是按照个体的年龄、性别甚至地域特点来推测,以普遍性代替特殊性。例如在饮食习惯上,有南甜北咸的说法,由此便认为籍贯是南方的阿郎应该喜欢吃甜味的饼干,而实际上,阿郎喜欢吃咸味的饼干。还有,认为女孩都会喜欢毛绒玩具,男孩都喜欢枪和车,这都是被普遍性所迷惑,忽略了个体间的特殊差异。根据对个体的了解,简单地以此类推,即从一个特殊性推知另一个特殊性。

另一种主观臆断的表现形式是:根据对个体的一些观察和了解得出的一个结论,推测与这个结论有关的另一结论。例如,刚好看见小芳和同学在课间玩游戏,认为她生性活泼,便推知她定是喜欢唱歌、郊游等活动。这就像管中窥豹,看见一个斑点是圆形,便推知另外的一个斑点是椭圆形一样。

在选择正强化物时也应该避免首因效应。首因效应是指在认知过程中,通过"第一印象"最先输入的信息对客体以后的认知产生的影响作用。首因效应也称为第一印象作用,或先入为主效应,它在本质上是一种优先效应,当不同的信息结合在一起的时候,人们总是倾向于重视前面的信息。即使人

---

① 吕静:《儿童行为矫正手册》,浙江教育出版社,1992年1月,第257~258页。

们同样重视了后面的信息,也会认为后面的信息是非本质的、偶然的,人们习惯于按照前面的信息解释后面的信息,即使后面的信息与前面的信息不一致,也会服从于前面的信息,以形成整体一致的印象。

在确定个体的正强化物时,如果受到首因效应的影响,就不会找到个体所喜欢的正强化物。例如第一次在看见小言时,老师是在篮球场上,即使后来观察到小言是喜欢读书的,老师还是认为小言喜欢打篮球。这就是首因效应的作用。

因此,在为个体选择正强化物时,应该避免首因效应的影响。

正强化物之所以使行为的出现频率发生变化,关键在于它跟个体的需求和偏好有关。

个体的需求和偏好是有差异的,例如有人视摇滚乐为天籁之音,而有人却当做噪音,避之惟恐不及;同样是老师的表扬,有人喜欢老师在大庭广众下给予赞誉,而有人却喜欢老师私下拍拍肩膀。个体的需求和偏好是由于个体的性格、阅历、学养、年龄等因素造成的。只有"投其所好"才能真正使正强化物发生作用。

确定正强化物的方法主要有两种:观察法和调查法。

在平日留意观察,就可以了解个体的兴趣和爱好,这就是观察法。在日常的学习和活动中,只要稍加留意,就可以了解个体的需求和偏好,例如在课间休闲时间,可以观察到个体喜欢什么活动,是看漫画书还是下象棋,喜欢跳绳还是荡秋千,喜欢踢足球还是踢毽子;还可观察个体是喜欢独处还是喜欢集体活动,最喜欢的玩伴是谁等。例如,有个实习老师发现:班级里的孤独症儿童小东最喜欢吃西红柿,而且不论生吃或炒熟都喜欢,那么,就可以把西红柿作为小东的正强化物。

调查法就是向相关的人员发放调查问卷,以确定正强化物的方法。这里的相关的人员,可以是当事人,也可以是当事人的家长、监护人或过从密切的人员。

一般说,较实用的调查问卷有两种,一种要当事人回答的,即直接对当事人提问:最喜欢什么?但是对于有些个体,往往一时不能把自己喜欢的物品全部回忆出来,或没有口语能力,对于这类个体,就可以采用强化物调查表的方式来进行调查。对于有书面语言能力的个体,强化物调查表可以用文字方式进行;而对于幼儿、智力落后儿童或没有书面语言能力的个体,可以把强化物以图形甚至实物的形式展示,只要个体辨认出即可。

下表是根据马丁和皮尔的调查表修正的小学学童的正强化物调查表,供参考。

小学学童的正强化物调查表

指导语:小朋友,如果要你选择,下面的哪种物品或活动是你最喜欢的?请在你喜欢的事物后面画√。

1.你最喜欢吃什么?

①水果

②饼干

③坚果

④酸奶

⑤汽水

⑥冰激凌或冰棍儿

⑦糖果

⑧北京风味小吃

⑨薯片

⑩肯德基或麦当劳餐厅的食品

你特别喜欢的其他食品还有_____。

2.你最喜欢做什么?

①玩计算机游戏

②看电视

③郊游

④购物

⑤滑旱冰

⑥游泳

⑦公园活动

⑧看漫画书

⑨听音乐

⑩和同学聊天

你特别喜欢的其他活动还有_____。

3.你喜欢哪种游戏或玩具?

①玩具汽车或卡车

②洋娃娃

③吹气球

④吹口哨

⑤跳绳

⑥着色或画图

⑦拼图

⑧积木

你特别喜欢的其他游戏或玩具还有_____。

4.你喜欢哪件东西?

①刷子

②指甲剪

③手机

④梳子

⑤香水

⑥皮带

⑦拳击手套

⑧名牌运动鞋

⑨mp4

⑩影碟或CD

你特别喜欢的其他东西还有＿＿＿＿＿＿。

5.你喜欢哪些鼓励？

①好孩子

②工作努力

③负责尽职

④很好

⑤真懂事

⑥抱到膝上

⑦抚摸

⑧拥吻

⑨目光注视

你特别喜欢的其他语言或动作还有＿＿＿＿＿＿。

　　通过观察或调查,个体喜欢的强化物可能不只一个,最后还要从这些强化物中再次筛选,经过筛选后就可以确定正强化物。所确定的正强化物还要符合以下几个特点：

　　1.易用,能立即呈现在所需要的行为发生之后。

　　就是要求正强化物便于使用和发放, 不需要用很长的时间来准备和发放。例如,在学校中可以使用糖果,贴纸,但是如果在夏季用冰激凌作为正强化物,还需要有冰箱等冷藏设施。

　　2.可以多次使用不致引起迅速满足。

　　3.不需花费大量时间。

三、正强化的实施

　　1.在正强化实施前,把计划告诉被矫正者,以取得其积极配合。

　　2.在所需要的行为出现后立即给予正强化物,不要延搁很长时间。这样做的目的是让个体使行为和正强化物之间建立联系,如果延搁的时间过长,这种联系就不会建立。

　　3.给予正强化物时,要向被矫正者描述被强化的具体行为,使行为与正强化物之间发生联系。如:在给予正强化物时应说"你把房间打扫得真干净",而不是说"你是一个好孩子"。

4.分配正强化物时,最好能和社会性强化物一起使用,最好经常更换社会性强化物。

5.为了防止满足现象,每次只给予少量的强化物。

6.使用普瑞马克法则。

将个体对各种事物或活动的态度从喜欢到不喜欢排成序列,则排在前面的事物称做高频行为,排在后面的事物称做低频行为,那么高频行为就可以强化低频的行为,这就是普瑞马克法则,也叫祖母法则。

例如,把A、B、C、D按照喜欢的程度排列:

高频A——B——C——D——低频

那么,A可强化B、C、D,B可强化C和D;C可强化D。

例如,对于小燕来说,她的正强化物的等级是:

(高频)滑旱冰——看动画片——看童话故事——写日记(低频)

按照这个等级,就可以让小燕在写日记(低频行为)后可以看动画片(高频行为),用看动画片这个高频行为来强化写日记这个低频行为。

四、让个体逐渐脱离程序

1.当一个行为多次以所期望的频率发生时,应消除可见强化物而用社会性强化物来继续维持这个行为。社会性强化物最大的优势在于可以随时给予,因此,在行为稳定以后,可以把消费性、活动性、操弄性或拥有性这些可见强化物撤除,改用社会性强化物来维持。

2.寻找环境中的其他自然强化物,一旦行为达到期望的水平,用自然强化物来继续维持行为。例如,当小明按时到校的行为经过一段时间的处理后,可以用妈妈送上学这个自然强化物来代替原来给予的贴画,使这个行为在没有特殊的干预时也能够由妈妈送上学这个自然强化物保持下去。

3.在程序结束后,周期性地对行为做出评价,确保行为在达到目标后仍能间歇性得到强化并保持下去。程序结束并不是意味着就此不关注这个行为了,应该定期对行为进行观察和评量,如果发现行为又回到基线的水平上,应再对行为进行干预。

五、正强化的案例

1.卡兹顿和克劳克①曾经对中度智障学生的课堂上的注意行为进行正

---

① [United States]Kazdin,A.E.& Klock,J.:*The Effect of Nonverbal Approval on Student Attentive Behavior, Journal of Applied Behavior Analysis*,1973,6,P643~654.

强化,所使用的正强化物是非言语性强化物——微笑。从图3-1可以看出,智障学生在得到老师的非言语性赞许后,集中注意的行为增加了50%到60%左右。

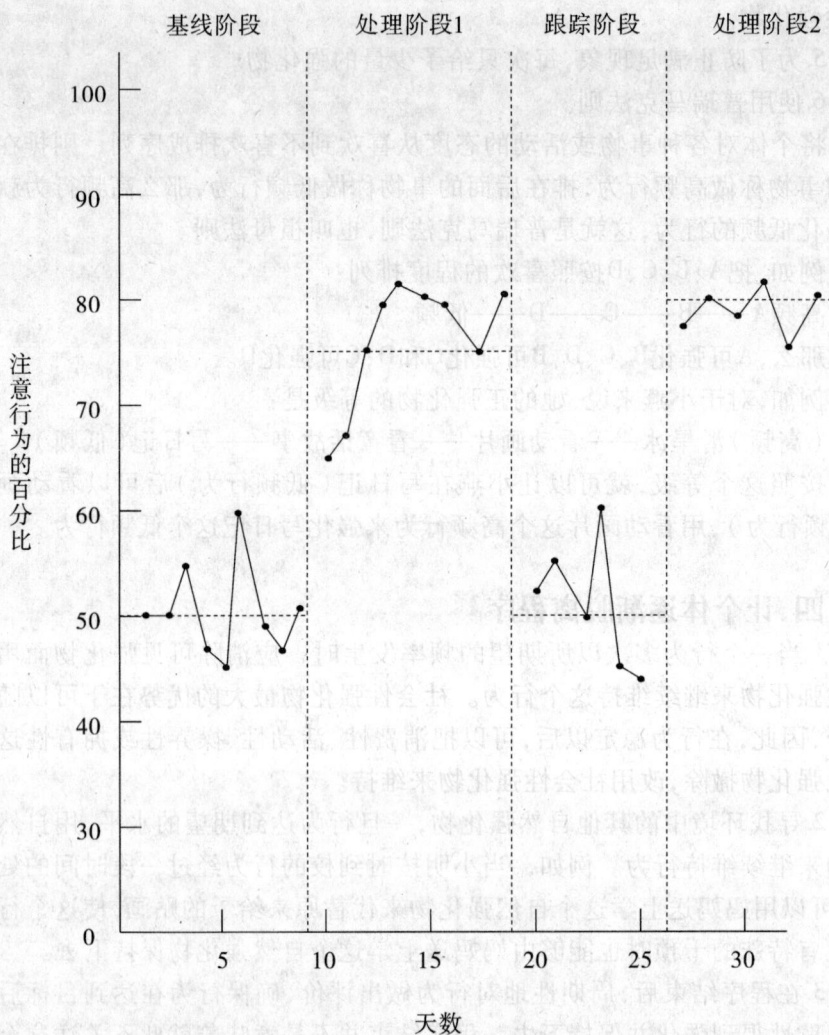

图3-1 对智障学生实施正强化后注意行为的变化图

2.里勃曼等对精神病患者实施了正强化[①]。为了提高精神分裂症患者理性的谈话的时间,在精神病患者与护士进行理性的谈话时,精神病患者得到

① [United States] Liberman,R.P.etc,:*Reducing Delusional Speech in Chvonic Paranoid Schizophrenics*. *Journal of Applied Behavior Analysis*,1973,6,P57~64.

的是两种社会性强化物——护士对患者的关心；与患者进行一对一的谈话。实验设计采用的是跨越不同行为的多项基线设计。图3-2就是这个正强化方案的结果。从图中可以看到：在一个月的时间内，四位患者的理性的谈话的时间均高于基线阶段。

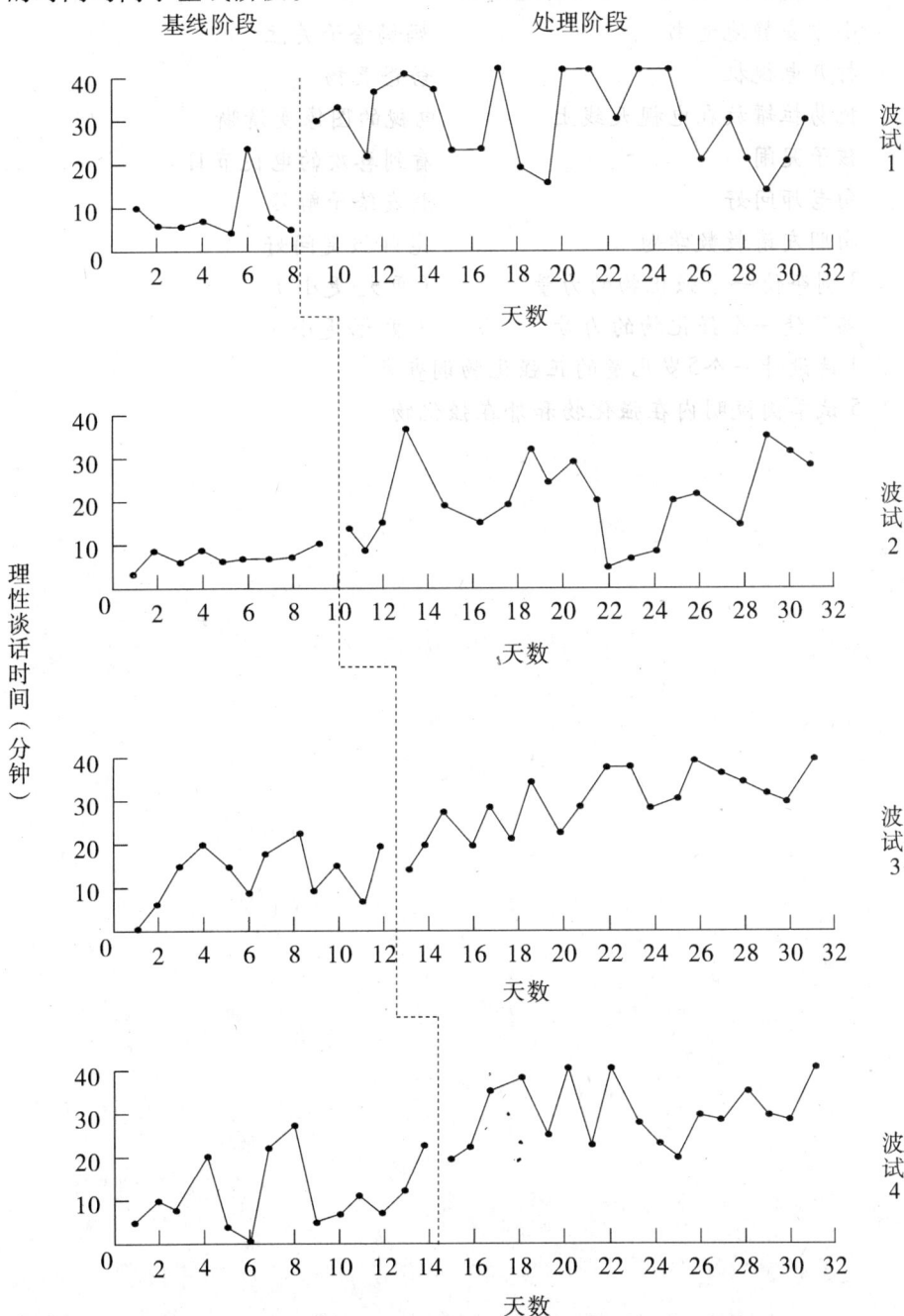

图3-2　四位精神病患者受到正强化后理性谈话时间改变图

【思考题】

1.用正强化的四个要素来分析你日常生活中经历的正强化的实例。

2.匹配题:把行为和强化物连起来。

小方安静地看书　　　　　　　　妈妈给予关注

打开电视机　　　　　　　　　　爸爸表扬

把易拉罐放在电视天线上　　　　电视的图像变清晰

孩子哭闹　　　　　　　　　　　看到喜欢的电视节目

向老师问好　　　　　　　　　　朋友给予解答

向朋友请教数学题　　　　　　　老师微笑问好

3.剥夺使一个强化物的力量　　　(更大/更小)

满足使一个强化物的力量　　　　(更大/更小)

4.试设计一个5岁儿童的正强化物调查表。

5.试举例说明内在强化物和外在强化物。

第四章　惩　罚

第一节　惩罚的含义

一、惩罚的定义

在社会生活中,惩罚是无所不在的。如果一个人脱离了法律和道德的约束,就会受到惩罚——法律的制裁和道德的谴责。试想,如果缺少惩罚,不法分子就会肆意妄为,汽车在街道上横冲直撞,人们的生命和财产就得不到保障。从这个角度来说,社会是离不开惩罚的。

说到惩罚,会使人联想到不人道,缺乏人性等词语。很多人曾经被惩罚,也惩罚过别人,但对于这一点往往不能坦然面对。尤其是老师和家长很避讳提及惩罚这个词,因为惩罚往往会让人和虐待儿童联系起来。事实上,如果运用得当,惩罚可以规范人的行为,使不良行为减少。

斯金纳曾经做过相关的实验,他把已经接受训练的小白鼠分成两组:一组在按压杠杆后不再给予食物,另一组在每次按压杠杆后不但不给予食物,而且在杠杆上放一个装置,使其在按压杠杆后受到电击。实验结果显示:在受到电击后,按压杠杆的行为会减少。在这个实验里,使小白鼠的按压杠杆的行为减少的重要因素就是电击这个不愉快的刺激。

惩罚是指行为者在一定情境或刺激下产生某一行为后,及时给予厌恶刺激(惩罚物)或撤除正在享受的正强化物,以使其以后在类似情境或刺激下,该行为的发生频率降低。

可用公式:$S \rightarrow R \rightarrow +S^{R-}$

　　　　或$S \rightarrow R \rightarrow -S^{R+}$

S代表一种刺激或情境,R代表在这种情境或刺激下的反应,+表示给予,-表示撤除。

$+S^{R-}$为反应发生后得到了负强化物,$-S^{R+}$为反应后撤除了正强化物,因为负强化物的得到或正强化物的去除都会产生不愉快或不喜欢的结果,根据操作性条件反射"行为受行为的结果所控制"的理论,在下一次遇到相同或相似的刺激或情境时,这个反应的频率会降低。

在这里,厌恶刺激是指个体不喜欢或不需要的刺激。也叫负强化物或惩罚物。

在日常生活中,厌恶刺激比比皆是,例如,刺鼻的气味,拥挤的人群,到医院输液、打屁股等。如果在某个行为发生后,得到一个厌恶刺激,那以后这个行为就不会或很少发生。例如,小李骑车时在十字路口闯了红灯,和一辆自行车发生了碰撞,身上出现了蹭伤,从此以后小李就不会闯红灯了。这是惩罚的一种方式。

辛格曾经对9位重度精神发育障碍者实施惩罚,当他们的自伤行为出现时,研究人员就向他们短时间地喷雾。结果表明,这种方法可以使这些重度精神发育障碍者的自伤行为减少。①

有研究人员还对3位精神发育障碍的女孩的自伤行为给予处理。这3个女孩经常撞头、打自己耳光、捶打头部。辛格给每个女孩带一个厚的绒布兜,当自伤行为发生时,就把布兜罩到女孩的头上,盖住脸5秒钟。这种惩罚方法使3个女孩的自伤行为几乎消失。需要注意的是,因为是布兜,在罩到女孩的头上时并不会影响呼吸。

莱普设计了一个装置,它分为两部分,一部分戴在手腕上,另一部分夹在衣领上。让一位有严重揪头发行为的女性带上这个装置,当她伸手揪头发时,这个装置中的闹铃就响了起来。直到她的手从头上拿开,闹铃的声音才会停止。②

惩罚的另一种方式是在行为发生后,正在拥有或享受的正强化物被撤除了,正强化物被撤除也会使个体产生不愉快的体验,因此,也起到和给予厌恶刺激同样的效果。

例如,在和小朋友玩丢手绢的游戏时,小弟在经过小方身后时,推了小方的腰,老师知道后,让小弟回到教室。以后小弟就对其他小朋友不实施恶作剧了。在这里,老师采用的是撤除正在拥有或享受的正强化物的方式,也就是不让小弟享受丢手绢的游戏这种活动性强化物,达到了使小弟的不良行为减少的目的。

二、惩罚的要素

惩罚原理包括要素:1.情境。2.行为或反应。3.厌恶刺激的得到或正强化物消失。4.长期影响。

---

① [United States] Sigh,N.N.,Watson,J.E.,& Winton,A.S.:*Treating Self-injury:Waster Mist Spray Versus Facial Screening or Forced Arm Exercise*.*Journal of Applied Behavior Analysis*,1986,19,P403—410.

② [United States] Rapp,J.,Miltenberger,R.,Galensky,T.,Ellingson,S.,Long,E.,Stricker,J.,Garlinghouse,M.:*Treatment of Hair Pulling Maintained by Digital-tactile Stimulation*,*Behavior Therapy*,2000.

表4-1　惩罚原理中所包含的四个要素[①]

情境	行为或反应	厌恶刺激的得到或正强化物的消失	长期影响
艾德正沿着街道骑着十速自行车	他一边蹬车一边看着脚下的地面	他撞上了一辆停着的轿车,从车上弹起来,脸撞在汽车的顶棚上,把门牙撞掉了	骑车的时候不再光低头看地面了
阿尔玛在日托幼儿园,别的孩子玩她的玩具	她就会打小朋友	老师就让她停止玩耍并在另一个房间的一把椅子上坐两分钟	阿尔玛不再打别的孩子了
暑假里查尔顿每周为邻居修剪草坪挣些零花钱	有一次,他推着割草机压过花园的橡胶水管,把水管弄坏了	邻居看见了损坏的水管,要他赔偿	在修剪草坪的时候,再也不推着割草机压过水管或者放在草地上的任何其他东西了
海伦在一个为行为障碍的孩子特设的学校中学习,老师使用扑克牌筹码作为代币	海伦未经老师允许就离开座位	老师会取走一个筹码	海伦停止了不经允许就离开座位的行为

第二节　惩罚的类型

　　惩罚的方式从本质讲有两种:一是直接给予一个厌恶刺激,另外一种是撤除正在享受的正强化物。但是在实际使用时,有下列五种类型可以选择。

一、体罚

　　体罚是最常见的惩罚类型,也是被滥用的一种手段。体罚是在不良行为出现后及时给予一种厌恶刺激,以收到阻止或消除这种不良行为发生的功效。

　　在体罚中所给予的厌恶刺激(负强化物)是指能启动痛觉感受器的疼痛刺激或使其他感受器产生不舒适感的刺激。如鞭打和电击是启动痛觉感受器从而产生疼痛刺激;噪音是启动听觉感受器而产生耳鸣的不舒适刺激;甲醛是启动嗅觉感受器而产生异味的不舒适刺激等。

　　科尔特(Corte)曾经使用体罚来减少一位智障青少年的打自己耳光的自伤行为。在她每次打自己耳光时,研究者就使用一种手持装置对她实行短

---

　　① 〔美国〕米尔腾伯格:《行为矫正原理与方法》,石林译,中国轻工业出版社,2004年7月,第95页。

第四章　惩　　罚

暂的电击。电击时的电压是在安全的范围内的。通过惩罚,她打自己耳光的行为从每小时300~400次立刻降低到几乎消失。

如果运用得当,体罚可以使问题行为的出现频率降低。但是在我国的未成年人保护法中明确规定,对于未成年人不能使用体罚,因此,在对青少年使用体罚时应慎之再慎。

在体罚中,有一种特别的方法,叫做饱足策略。对于一些难以矫正的不良习惯,如咬指甲、乱撕衣服、囤积物品、不雅的口头禅、抽烟等,均可用此策略。

由于个体对某些事物有一定的需求(例如儿童为了满足好奇心而看黄色小说),如果对于这些行为一律采取禁止的策略,会更激发个体的好奇心理。历史上的禁毁小说虽一再禁毁而没有销声匿迹,文革时的"手抄本"小说在民间广为流传,就是一味地采用"兵来将挡,水来土掩"的禁止策略,造成了屡禁不止的相反后果。

而饱足策略则是反其道而行之,对于个体追求的刺激,大量地给予,直到个体对其满足而不再需求或喜欢,就会放弃对这种刺激的追求。

饱足策略是指在治疗过程中,由治疗者主动提供大量的案主所追求的目的物,使案主享受到极限之后,产生生理上的不适感(使其疲劳,产生一种伤痛或是厌恶的反应),因而解除不适当要求,或消弱不良反应。叫做饱足策略。

亚伦治疗了一位女患者,她喜欢偷取毛巾并且大量囤积在病房里。每天搜集19至29条毛巾。为治疗此行为,采用饱足策略。第一星期每天由护士小姐主动给她7条毛巾,到第三星期每周给予60条。当她囤积毛巾到625条时,吵着要把这些毛巾拿走(开始治疗后的第13周),并主动把毛巾搬出室外;第26周以后,只剩下几条毛巾。[①]

麦克米兰利用饱足策略改善了一位听障女孩乱撕衣服的行为。这位听障女孩有撕其他孩子衣服的行为,而且很难纠正。因为受害孩子有强烈反应(向老师告状,或者哭叫),这种反应又增加了案主乱撕别人衣服的行为。于是研究人员采取了饱足策略,准备了一大箱破衣服,包括一些不易撕开的破衣服,有一天这个女孩又撕破其他孩子衣服,教师让她坐在堆满破衣服的大箱内,要她尽情去撕开这些衣服。开始她很开心,但时间一久,手掌开始发痛,新鲜感逐渐减少,可是这时仍要她继续撕衣服,一直到她投降为止。从那一天到学期结束(约3个月),她再也没有发生撕衣服行为。

---

① [United States] Ayllon,T.:*Intensive Treatment of Psychotic Behavior by Stimulus Satiation and Food Reinforcement,Behavior Research and Therapy*,1963,1,P53–61.

饱足策略实际上就是欲擒故纵的方法，对于有的儿童喜欢看动画书的行为，可以利用节假日，让他尽情地看，直到他头昏眼花，没有兴趣再看，就会主动放弃。

二、从事厌恶活动

这种惩罚方式是当问题行为出现后，让行为者从事厌恶活动。

1.矫枉过正

矫枉过正是在问题行为发生以后，让行为者从事与该行为有关的费力活动。它有积极练习和过度补偿两种形式。

积极练习是指在问题行为发生以后，当事人必须从事和问题行为有关的正确行为，这种正确行为要在一定时间内重复数次，必要时可以使用身体指导。例如，当老师发现了了的很多生字没写正确，就让了了在每个错别字改正以后抄写15遍。经过这种积极练习，了了在以后的作业中写错别字的频率就会减少。实际教学中，很多老师都采取这种方法。

过度补偿是指在每次问题行为发生后，当事人必须纠正问题行为造成的环境影响，并把环境恢复到比问题行为发生前还好，并在必要时辅以身体引导。例如，小倍把房间翻得乱七八糟，妈妈看到后，不仅要求小倍把房间里的物品放回原处，并还要他把桌子和地板也擦干净。这样，小倍以后就不会轻易地弄乱房间了。

福克斯和阿兹林用过度补偿来处理儿童的问题行为。一个8岁的智障女孩有咬东西的行为。当她咬东西的行为出现后，就让她用防腐剂溶液刷牙和用布擦嘴2分钟。在实施4个多月的过度补偿后，他咬东西的行为减少直至消失。[①]

2.身体限制

身体限制是指在问题行为发生后，控制个体参与行为部分的身体，限制他不能做出问题行为。例如，在一个儿童出现打同座同学耳光这种攻击行为后，老师摁住他的胳臂1分钟，使他不能再打人。

三、隔离

隔离是指当个体表现出某种不良行为时，及时撤除他正在享用的正强化物以阻止或削弱此种不良行为的再现，或把个体转移到正强化物较少的情境中去，这种行为改变的策略称做隔离，也有的翻译为"罚时出局"。

隔离是将个体与正强化物隔离的意思。按照在问题行为发生后是否离

第四章 惩 罚

---

① ［美］米尔腾伯格：《行为矫正原理与方法》，石林译，中国轻工业出版社，2004年7月，第307页。

开强化环境（问题行为发生的环境），隔离可以分为两种：

1.非排斥性隔离

问题行为发生后，立即停止强化活动，但是个体还在强化环境中。例如：当全班同学正在音乐教室里玩乐器时，小明若表现他惯用的恶作剧（把邻座儿童的鼓槌藏起来），教师就拿走他所使用的乐器，并让他在音乐教室的一角看同学玩。这里，小明的问题行为发生后，虽然被停止了玩乐器，但仍然留在音乐教室这个强化环境里。

有一个研究是针对几个母亲的1岁大的孩子们实施的隔离。当孩子表现危险行为（如触摸电源插头或电器）的时候，就把儿童带出游戏区并放到婴儿床上，直到孩子在5~10秒内保持安静。图4-1是这个研究的结果，这是个跨越不同个体多基线设计，从中可以明显地看到非排斥性隔离使幼儿的危险行为减少了。

2.排斥性隔离

问题行为发生后，立即把个体从强化环境（问题行为发生的环境）移送至另一个环境，如隔壁的房间，也可以是隔离室。隔离室的房间不易过大，室内也不放任何物品，是一个正强化物较少的环境。

米尔腾伯格曾使用排斥性隔离减少两个4岁女孩的不服从行为，这两个女孩对于妈妈的要求总是拒绝。在使用排斥性隔离时，当母亲提出要求，女儿在20秒内没有服从时，就把女孩带到另一个房间，让她在椅子上坐10分钟。结果表明这两名女孩的不服从行为大大减少。

克拉克使用排斥性隔离（罚时出局），减少一个唐氏综合症的8岁女孩的侵犯行为和破坏行为。只要这个女孩出现问题行为，就被带到一间休息室独自坐3分钟。这个排斥性隔离的程序非常有效，从图4-2可以看出，这个跨越不同行为的多基线设计方案使这个女孩的三种问题行为均迅速减少。

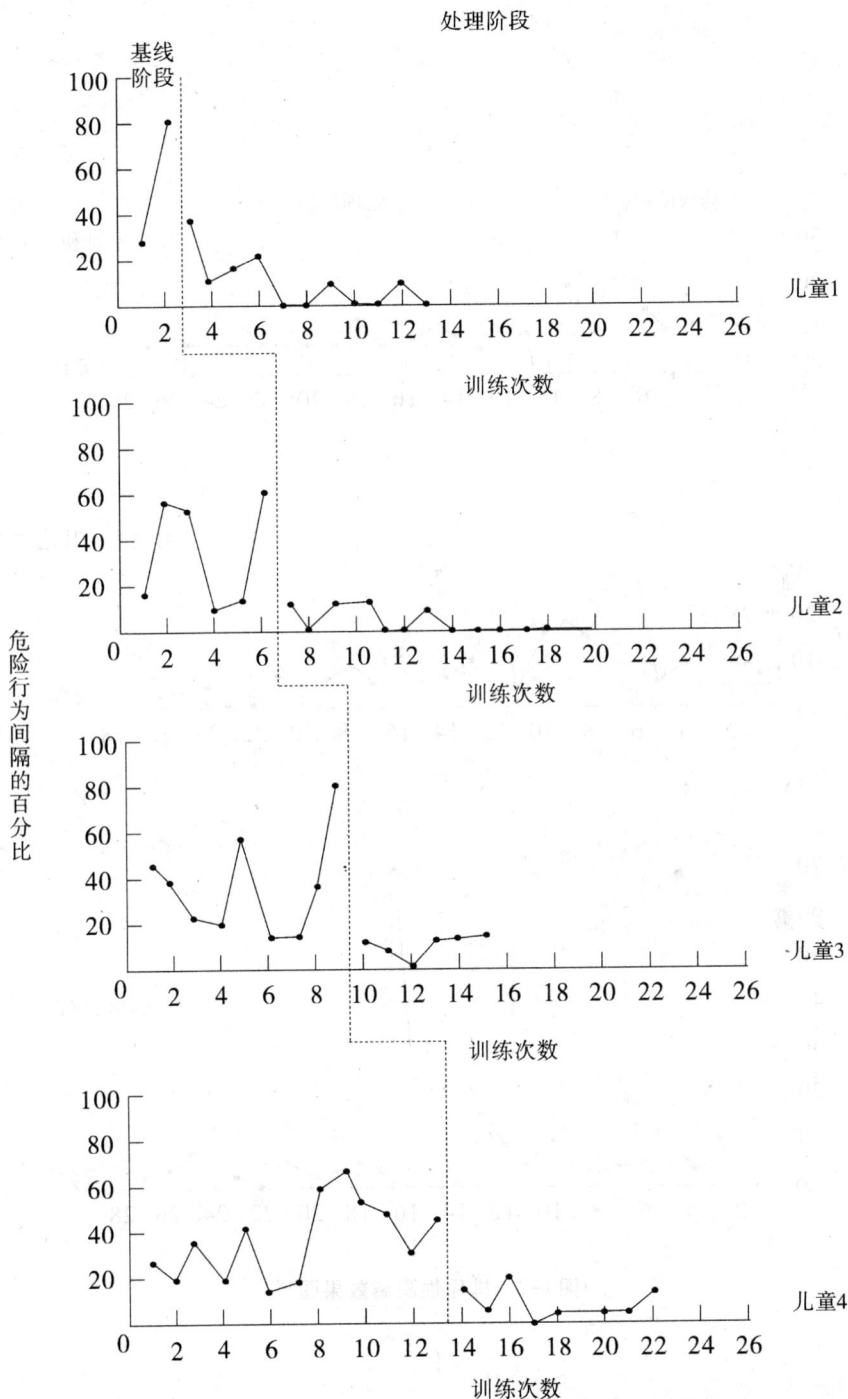

图4-1　对四个幼儿实施非排斥性隔离后危险行为变化图[1]

① ［美国］米尔腾伯格：《行为矫正原理与方法》，石林译，中国轻工业出版社，2004年7月，第295页。

每小时中有破坏行为的10秒钟间隔的数目（次）

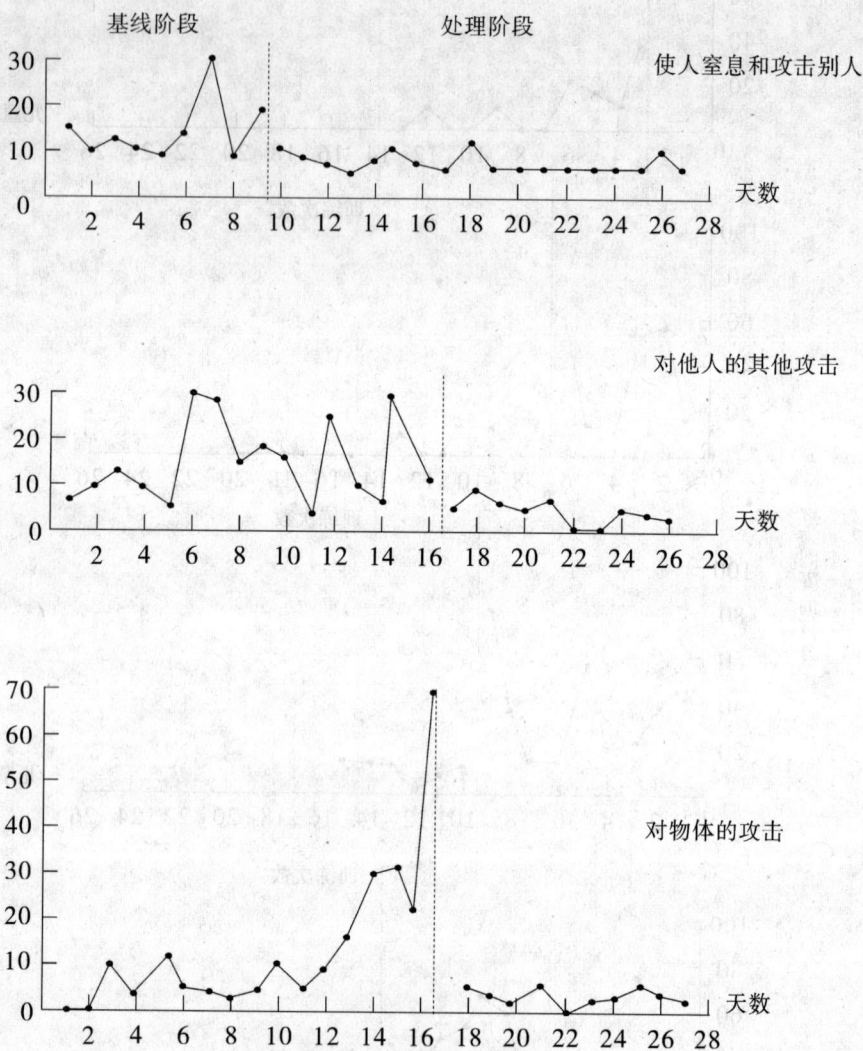

基线阶段　　　　　　　处理阶段

使人窒息和攻击别人

对他人的其他攻击

对物体的攻击

天数

图4-2　排斥性隔离效果图[①]

① ［美国］米尔腾伯格：《行为矫正原理与方法》，石林译，中国轻工业出版社，2004年7月，第98页。

用隔离室能减少不良行为的发生,但使用时也有若干限制。如有自伤行为的患者,不宜单独进隔离室,以免发生危险;孤独症的儿童,喜欢单独活动,隔离室对他来说,不是惩罚物而是强化物,因此不宜使用。另外,隔离室必须设窗口或单向玻璃,以随时注意儿童的反应,防止意外情况发生。

四、反应代价

反应代价就是在问题行为发生以后,拿走一定数目的正强化物,可以是钱、代币、快餐、玩具,或看电影、玩游戏、旅游的机会等。

例如,8岁的小艾有个不良行为——经常毁坏家里的物品,如杯子、书、杯垫等。妈妈屡次管教不管用,于是就告知小艾,每次毁坏家里的物品,就从他的50元零用钱中扣除一定的钱,扣除的金额是毁坏的物品的价格,在每个月的月底把剩余零用钱发给小艾。当有一天小艾又打碎一个7元的漱口杯后,妈妈就告诉小艾这个月的零用钱扣除7元,还剩下43元。经过一段时间后,小艾毁坏物品越来越少,三个月后就能拿到全部的零用钱了。

反应代价被广泛应用于社会管理系统中,例如偷税漏税,税务部门会处以罚款;图书馆的书逾期不还,会处以不等的罚款。

例如,小王有一天中午开车回到单位,由于单位的车位较少,停车场空间狭窄,而且想到过半小时后就会开车去开会,所以就把车停在单位前面的非机动车道上了。等他出来时,发现车子的挡风玻璃前赫然贴着一张罚单——罚款200元,扣3分。(北京市规定:每名司机在一年之内被扣满12分,就要重新接受交通法规培训)小王从此再也不会在非机动车道上乱停车了。这是交通管理部门使用反应代价来减少违章行为。

五、谴责

谴责是在当个体出现不良行为时,及时给予强烈的否定性的言语刺激或警告语句,以阻止或消除不良行为的出现。谴责不仅包括通常的言语刺激或警告语句,也包括瞪眼、用力抓住等动作。

谴责从本质上属于条件惩罚物,如果一个刺激后紧接着一个惩罚,那么这个刺激本身也成为惩罚物,这个刺激就叫条件惩罚物。惩罚就是和体罚或隔离等惩罚方式相联系的一个条件惩罚物。

谴责只是惩罚的信号,必须在别的惩罚方式相随的情况下才完全有效。例如,儿童发现在妈妈几次瞪眼后就会打屁股之后,在妈妈刚刚瞪眼后,就会停止玩网络游戏,瞪眼就成了打屁股的条件惩罚物。

第三节　惩罚的副作用

惩罚虽然可以减少问题行为的发生,但是由于它是一种负性的方法,会使个体的身心受到伤害。归结起来,惩罚的副作用及弊病有六点。

一、强烈的惩罚会引起不良的情绪反应

强烈的惩罚会引起不良的情绪反应,如哭叫、焦虑等,或迁怒于他人。对猫进行的实验表明,猫在受到电击后会发生神经官能症。而对儿童实施惩罚后,被惩罚者会变得胆大妄为或者胆小怕事。美国儿童虐待预防全国委员会（1995）指出:受到体罚的个体更容易出现酗酒、抑郁和自杀观念。

林正文认为,对具有强烈自尊心的孩子实施惩罚会引发反抗的反应,有些孩子甚至会转移反抗的情绪,把怒气发泄在别人身上。而对于弱小畏缩的儿童实施惩罚会引起逃避反应,并且借由哭泣、自我封闭方式来发泄。①卡兹顿认为, 由体罚所引起不良的情绪反应可能会影响到学生的学业学习和正常的社会技巧的发展。

二、易产生条件惩罚物

在受到惩罚后,不仅对惩罚物产生害怕和抑制的反应,和惩罚物相联系的其他人和事物也会引发个体的害怕和抑制反应,变成了条件惩罚物。

例如受到教师强烈惩罚的学生,以后不但会厌恶和回避老师,而且会对教师、学校、同学都产生厌恶感,引起厌学及逃学行为。已故的台湾作家三毛在自传体小说《逃学记》中描述了她由于受到老师的误解受到当众游行的惩罚后,不仅对惩罚她的老师,而且对学校、校园和同学这些无关的人和事也具有了惩罚的作用,使其每天瞒着家长逃学到墓地。

某位大学生有一次和她的大学老师说起了在小学时,有位男教师经常对她体罚。而且在以后很长的时间里,她对初中和高中的男老师都较畏惧,实际上,初中和高中的男老师虽然没有对她体罚,但是由于是同样的性别,形成了条件惩罚物。在十几年后回忆时仍不能自持。

三、易导致儿童模仿成人的惩罚行为来对付别的儿童

惩罚的另一个弊病就是会让儿童模仿,使惩罚这个行为代代相传。

---

① 林正文:《儿童行为的塑造与矫正》,北京师范大学出版社,1998 年 4 月,第 493 页。

四、惩罚可能导致使用者上瘾

由于惩罚的效果显著,有时甚至只施行一次就可见效,使惩罚的使用者忽略了惩罚效果的短暂性和不良行为在惩罚后的易重复性,逐渐就会形成习惯乃至上瘾。

五、只是抑制旧行为,并不建立新的行为

虽然惩罚是一个比较有效的减少不良行为的方法,但是它只是能够减少旧的不良行为,而不会建立新的良好行为。

六、会使孩子学会撒谎

那些对自己的行为没有悔意的孩子,为了逃避惩罚,会采取说谎的方式来掩饰自己的不良行为。

综上所述,在对面对一个问题行为时,对于是否采用惩罚作为处理策略,应充分考虑到惩罚的副作用,在没有他法的时候再考虑使用惩罚。

第四节　惩罚的误用

惩罚如果运用不当,会适得其反。通常,惩罚的误用有下面六种情况。

一、嘲笑、讽刺他人,事实上是在施行惩罚

嘲讽的语言和表情对于儿童来讲,比体罚和隔离更能伤害儿童的自尊心。因此,在面对儿童的问题行为时,切忌嘲讽。对于生理上有缺陷的个体,如果措辞不当,会伤害其自尊心。

北京某个斜视的初中男生,在把足球踢到一位女老师身上后,女老师无意中说了一句"眼斜心不正",这句话对该生的打击特别大,他想不通他的眼斜怎么就会心不正,并从此每天闷在家中不出门,并拒绝上学。

二、谴责后没有惩罚跟上

谴责实际是条件惩罚物,它应该和其他的惩罚方式结合才具有惩罚的功效。一般地,谴责的语句或表情后面必须地跟随别的惩罚,否则谴责将失去其惩罚的作用。例如,妈妈总是威胁小为,如果不完成作业,就不能和爸爸妈妈睡在一个房间,要自己睡在客房。但是小为不完成作业后,妈妈每次都担心小为的安全,依然让小为睡在爸爸妈妈的房间。最后,妈妈的威胁的语言就不具备惩罚的作用了。有些家长的话对儿童不起作用,多是由于家长

"言而无信"造成的。

三、惩罚不够及时

当不良行为发生后,就应该及时给予惩罚,如果惩罚不及时的话,会使儿童,尤其是幼儿,不能把不良行为和惩罚之间建立直接的联系,不能达到应有的效果。

四、滥用惩罚

由于惩罚的效果是立竿见影的,因此容易导致使用者上瘾,造成惩罚的滥用。还有很多人信奉"棍棒底下出孝子"的错误的教育观,对儿童的问题行为一律采用惩罚,使儿童形成了要么胆大妄为、要么胆小怯懦的性格,也会诱发像说谎、逃学、离家出走等新的问题行为。滥用惩罚也会造成惩罚者和儿童之间的隔阂,这些都不利于儿童的健康成长。

五、惩罚过于轻微

一旦决定使用惩罚来处理问题行为,就要使惩罚具有相应的强度,如果惩罚的强度不够,像隔靴搔痒一样,不痛不痒,问题行为不会减少。这样,在后面的处理时惩罚的强度不断累加,使不良行为一再发生,耽误了宝贵的时间。例如,小亮的妈妈发现他在客厅里玩打火机,就说"玩打火机危险,别再玩了",这轻微的责备使小亮没有感到这件事情的严重程度,仍然玩打火机;当小亮在客厅点燃纸的时候,妈妈警告说:"小亮你再玩打火机,我就打你了。"实际上妈妈也没有打小亮,只是希望小亮就此罢手,但由于没有挨打,小亮依然在玩打火机;直到有一天,小亮在玩打火机时把卧室的窗帘点着了,妈妈才打小亮的屁股。如果妈妈在第一次发现小亮玩打火机的时候就给予最高强度的惩罚,就不会使小亮的玩打火机的行为一而再,再而三地发生,也不会造成严重的后果了。

六、对不良行为不给予惩罚,使不良行为形成不良的行为习惯乃至犯罪

在不良行为出现后,可以视情节的轻重或是否故意,给予适当的惩罚。例如很多儿童到别人家做客后,想把别人的书拿回自己家里,这是因为儿童对这些书感兴趣或好奇造成的。如果家长发现儿童在未经别人同意的情况下把书带回自己家,就可以通过轻微的责备这种方式,告知儿童这样做是不允许的,并且要把别人的书给送还回去。这样做的目的是要让儿童知道是非观念,即什么是对的,什么是错的。

有些家长和教师在发现儿童的不良行为后,不给予应有的教育和惩罚,使儿童的是非观念不能建立起来,儿童的不良行为会形成不良的行为习惯,最后还有可能走向犯罪之路。这种误用惩罚的方式在现实生活中也较常见。

在中国民间有一个故事广为流传:有一个男孩的母亲,在发现儿子拿了别人的物品后,非但没有责备或体罚,还对孩子大加赞赏,称他是个聪明的孩子。于是孩子从小偷小摸到成为一名江洋大盗。在被行刑之前,他追悔莫及,并对母亲当年的纵容心怀怨恨。这是一个极端的例子。在一些家庭中,大量的家长对儿童的生活上的"小节"不加管束,使儿童的生活自理能力和年龄不相称。

例如,六岁的小莉在早晨为了找袜子,把衣橱翻得很凌乱,妈妈看到后,没有对小莉的行为责备,只是自己把衣服整理好以后放在了衣橱里。以后,小莉在找完衣服以后,就不可能整理好衣橱,也就养成了随意丢放衣服和其他物品的不良行为习惯。而这个不良的行为习惯,是由于妈妈没有对小莉的"弄乱衣服"的行为加以管束和惩罚而造成的。

第五节　有效运用惩罚的原则

一、确定目标行为

目标行为的确定原则和方法请参考第一章,不再赘述。

二、尽量减少不良行为的发生

环境是诱发不良行为产生的重要因素,应尽量控制情境,使不良行为的诱发因素降到最低。例如,可以在多动儿童的房间内放置塑料的而不是瓷的水具,家具的摆放也要以宽敞为主,这样就避免多动儿童在房间内打碎物品。一两岁的幼儿,好奇心较重,喜欢把自己拿到的东西都放在嘴里尝尝,家长就应该把家中的药品锁起来或放在儿童无法得到的地方,避免由于好奇而产生吞食药品的危险行为。有个孤独症的儿童如果发现书包中书的顺序被打乱,不是按照惯常的方式摆放,他就会尖叫。为此,家长应按照这个儿童习惯的顺序去整理书包,以减少尖叫这一问题行为的发生。

三、选择适当的惩罚物和惩罚方式

1.惩罚物的选择。惩罚物选择后应符合两个条件:有效和易用。

选择惩罚物的原则是投其所"恶",也就是所选择的惩罚物应该是能够引起个体的不愉快的体验和刺激。在选择时,应考虑到个体之间的巨大差异,使选择的惩罚物能够减少个体的不良行为。

《庄子·秋水·惠子相梁》中,有个著名的故事,说的就是个体间厌恶刺激的差异。南方有一种鸟叫凤凰,它非甘美的泉水不喝,非梧桐树不栖息,非竹子不吃。当一只猫头鹰叼着一块腐烂的肉时,凤凰从它面前飞过,于是猫头鹰就仰头对凤凰说:"吓!不要抢我的食物。"

这个道家思想较浓的故事本意是比喻庄子的志向高远。梁国的宰相对于惠子是毕生的追求,对于庄子而言只是一块腐肉,他是不会和惠子争夺梁国的宰相的。这个故事说明人各有志,也表明彼之最爱,有可能是我之最厌,腐烂的肉是猫头鹰的最爱,但却是凤凰最讨厌的和鄙视的。如同有人视金钱如粪土,而有人却嗜钱如命;有人看到有辣椒会欣喜若狂,而有人却避之如洪水猛兽。个体之间的厌恶刺激的差异相差甚远。

因此,在选择厌恶刺激的时候,应该做观察和访谈,找到个体最厌恶的刺激,以便在实施惩罚时能够减少不良行为。

2.惩罚方式的选择。对一般的儿童和一般的行为,可采用一般性的方法,如矫枉过正。

对特殊儿童或特殊行为,可以运用原级厌恶刺激,即令人厌恶的刺激如喷水、胡椒粉、恶心药等,也可以采用身体束缚,如把自伤儿童绑在床上、椅子上或给他穿上紧身外套等。还可以运用谴责法。

在选择惩罚方式时,也应该注意到个体的差异。同样是惩罚,对于性格敏感内向的个体,可以选择强度较弱的责备这种轻微的谴责方式,而对于性格外向的个体,应选择强度较大的体罚或隔离等方式。这样既能够减少不良行为的出现,又不会伤害到自尊心。

四、正确施予惩罚

1.惩罚应及时。惩罚该在不良行为发生之后立即或尽快给予,目的就是为了要个体在不良行为和惩罚物之间建立联系,以达到使不良行为减少的目的。

2.成人执行惩罚的态度应一致。在决定实施之前,和个体有关的成人就应该达成一致的态度。如果态度不一致,就会使惩罚的效果受到影响,甚至会形成儿童阳奉阴违的两面派行为。

3.在实施惩罚时保持平静。实际上,惩罚对于实施者和接受者都是不愉快的,但是对于实施者来说,平静的语气和心态可以使惩罚的实施更客观,避免由于实施者情绪波动对惩罚的效果产生影响。

五、利用自然惩罚

自然惩罚,就是在个体出现问题行为时,不加以干预,让个体自己去体验问题行为所带来的不愉快的后果,从而使问题行为减少。

自然惩罚和卢梭的自然教育观有着异曲同工之处,卢梭也曾强调要让儿童享受到其行为的"自然结果"。例如儿童想玩脏泥巴,就让他去玩,当他闻到脏泥巴的气味后,就不会再去玩了。自然惩罚使儿童建立起问题行为和结果的之间的关系,即使结果是不愉快的,也是自己选择的,这样,儿童的行为改变会更彻底。

在中国历史上,有一个著名的自然惩罚的例子。

《左传·隐公元年》曾经记载,郑庄公在出生时难产,他的母亲为此受到惊吓,所以为其取名为寤生,认为他是个不祥之人。因此,母亲就讨厌他而喜欢他的弟弟姬段。由于被母亲溺爱,姬段跋扈专断,并且还准备篡位。大夫祭足劝庄公对弟弟的扩军掠地的行径加以讨伐,但是庄公说"多行不义,必自毙。子姑待之。"等到姬段真正起兵谋反的时候,郑庄公的"正义之师"把姬段打败。这里郑庄公利用了自然惩罚——任其母亲的溺爱行为和弟弟的谋逆行为发展,"子姑待之",当母亲和弟弟多行不义,再请君入不义之瓮,将其一举打败。虽然最后使用的是直接的惩罚,但是,在其间20多年的时间里,使用的都是自然惩罚的策略,最终郑庄公保住了自己的王权。

当然,在对问题行为的处理上,老师和家长的目的不像郑庄公那样为了使儿童"多行不义"后"自毙",而是要儿童自己体验到问题行为的恶果,达到使问题行为减少的目的。

需要注意的是,有些行为是不适于用自然惩罚的策略,关乎儿童的生命安全的行为、关乎法律的问题就不适宜用自然惩罚。例如,儿童的不遵守交通规则的行为,如果采用自然惩罚的策略,任儿童自己去街道上随意奔跑,最后付出的有可能是儿童的生命代价。再如,有的儿童喜欢把手伸向电源插座,对于这样的行为,如果不加制止,儿童就可能受到很大的伤害。有些行为是和法律紧密相连的,如偷窃行为,如果任其发展而不予处理,就会使儿童从最初的好奇演变为犯罪。

六、惩罚应该对事不对人

在决定使用惩罚时,应该只针对事件本身,使被惩罚者知道是因事情做错而受到惩戒,而不影响对他本人的评价。如果在惩罚时附带人身攻击,会造成儿童负性的自我评价,使他的自尊心和自信心受到伤害。

【思考题】

1.你曾经受到过惩罚吗？如果有,请分析属于惩罚中的哪种类型以及对你的影响。

2.小华有在家里的墙上涂鸦的行为，请为她的妈妈设计几种惩罚的方案。

行为改变技术

第五章 负 强 化

第一节 负强化的含义及范例

一、负强化的含义

由于厌恶刺激如强烈的噪声、寒冷、炎热、电击、隔离、捆绑、鞭打等,使行为者产生较大的不舒服或不愉快的感觉, 严重时甚至威胁行为者的生存或安全,因此这些厌恶刺激的移去或撤除能满足,就会满足个体的安全和舒适的需要。

负强化就是这样一种方法,在一辨别性刺激或情境下,行为者发出一种行为,结果可引起厌恶刺激(或负强化物)的移去或取消,则以后在同样情境下,该行为的出现率会提高。

由于厌恶刺激(或负强化物)被撤除了,行为的结果是愉快的,根据斯金纳的操作性条件反射理论,最终行为的出现频率会增加。

负强化实际上分为两个阶段:

可以用公式表示为:

$$S_1 \text{——} O_1 \text{——} R_1 \rightarrow +S^{R-} (惩罚)$$
$$S_2 \text{——} O_2 \text{——} R_2 \rightarrow -S^{R-} (负强化)$$

这里,S^{R-} 指的是厌恶刺激,$+S^{R-}$ 给予厌恶刺激,$-S^{R-}$ 表示厌恶刺激的撤除。R_1 是指不期望的行为,R_2 指期望的行为。

从负强化的公式可以看到,在负强化之前,还包含一个惩罚的过程。也可以说惩罚是负强化的一个先行程序。

与正强化一样,负强化能增加个体行为的出现率。

小娜是个娇小的女孩,当她走出家门后才发觉天气特别冷,于是她又回家把皮衣换下,穿上一件羽绒服,于是她就感觉不到冷了。在这个日常生活常见的行为里,冷空气是一个厌恶刺激,小娜采用的策略是负强化——穿羽绒服的行为,这样就不会感到像刚才出门时那么冷了。以后,在遇到寒冷的天气时,小娜还会穿羽绒服这样保暖的衣服而不是皮衣。

日常生活中负强化的例子有很多。例如学生为了不遭受教师的指责而按时交作业,为了不被留级而按时上课,驾驶员为了不受罚而遵守交通规则,商人为了不遭到罚款而按时交税,等等。

二、负强化与正强化、惩罚的比较

1.负强化和惩罚的比较。

负强化和惩罚都使用厌恶刺激，但是两者的区别在于，惩罚是施加厌恶刺激，而负强化是除去厌恶刺激。一般情况下，两者的区别主要包括以下三方面：

（1）施行目的不同。惩罚给予厌恶刺激的目的只是阻止不良行为出现，不一定要形成良好行为。负强化则是通过厌恶刺激来抑制不良行为，并达到建立良好行为的目的。

（2）实施的程序不同。惩罚是当儿童表现不良行为时及时施以厌恶刺激，以便阻止不良行为产生。负强化是先给予厌恶刺激，当个体表现良好行为后，就会解除厌恶刺激。采用的是"先抑后扬"的策略。例如，犯罪嫌疑人王某由于涉嫌行贿被公安机关拘捕，这是惩罚。但是在拘捕期间接受了公安人员的教育和律师的提醒后，他主动交代犯罪事实，并把自己知道的其他行贿的人员也揭发出来，使公安机关很快破案。在判刑时，按照王某的行贿金额，本应判死刑缓期执行，鉴于王某有主动交代的行为，判为有期徒刑。这是负强化（撤销了一部分刑期）。

（3）施行的后果不同。惩罚由于给予厌恶刺激，所以后果是不愉快的，而负强化由于在期望行为发生后解除厌恶刺激，因此效果是愉快的。例如，孤独症儿童小刚有一个刻板行为——把右手放在自己的上衣兜里，这样就会影响写字和活动。以前老师曾采用正强化法不见效。最后决定采用负强化。在小刚的上衣兜里放一块红色的手绢，因为小刚最讨厌红色。（这是先行惩罚）如果仅用此策略，红色的手绢会使小刚不愉快。但是老师告诉小刚，只要把右手从上衣兜里拿出来，就可以把红色的手绢拿走。（这是负强化）为了避免看到红色的手绢，小刚就听从老师的指导，右手再也不放在上衣兜里了，这时，厌恶刺激——红色的手绢被拿走，所以会使小刚感到愉快。四周以后，在没有红色的手绢作为惩罚物情况下，小刚也能把右手伸出来了。

2.负强化与正强化。

负强化与正强化的共同之处是都可以增加行为发生率，但是在具体使用时有着天壤之别。首先，正强化使用正强化物，但负强化使用负强化物即厌恶刺激。其次，在实施时也有着较大的区别。正强化是在行为发生后给予正强化物，而负强化是在个体没有出现良好行为时需要给予厌恶刺激，当个体发出期望行为后就撤除厌恶刺激，以建立被矫正者的良好行为。

3.正强化、负强化、惩罚的比较。

美国心理学家霍尔兰和斯金纳把正强化、负强化和惩罚列成下列简明表格来区分：

表5-1 正强化、负强化和惩罚的关系表

	给予	撤除
正强化物	A．正强化	B．惩罚
厌恶刺激	C．惩罚	D．负强化

从表5-1来看：当个体从事一种行为时，给他以喜爱的强化物，这就是正强化（A）；当个体发出一种行为时，立刻给予以厌恶刺激，这是惩罚（C）；当某人发出一种行为时，立刻取消他原来享有的正强化物，这也是为惩罚（B）；当某人发出一种行为时，立即撤除原来给予他的厌恶刺激，这是负强化（D）。

三、负强化的例举

美国临床心理医生吉尔和沃尔夫[①]曾使用负强化法训练一组重度智障儿童，培养他们养成解大小便的习惯。开始他们采用正强化法训练，但是没有见效。因此又设计了负强化的训练方案。

在实际训练时，训练人员先用一条约四五米长的布带，一端绑在患儿的腰部，另一端绑在厕所里。在腰间绑布带实际就是惩罚方式中的一种——身体束缚。只要儿童出现期望的行为，就把布带松开，也就是撤除厌恶刺激。

在第一个阶段，实验者仔细地观察这些孩子，耐心地等待孩子们出现想上厕所的意愿。当他们一发现孩子有上厕所的意愿时，一方面立刻松散所绑腰带（即撤除厌恶刺激），一方面给以奖赏，并说："很好。"

第二阶段，要求儿童不仅有上厕所的意愿，还能自动走向厕所，方给他解开布带，并给予奖赏。

第三阶段，要等儿童有上厕所的意愿并且走进厕所，坐在马桶上，才松开布带并给以奖赏。

第四阶段，要儿童解好大便，并穿好裤子，才能把布带松开，并给以奖励。

经过使用负强化，训练人员培养了这些重度智障儿童形成了良好的行为——到厕所里大小便，收到较好的效果。

① ［United States］Giles,D.K.,and wolf,M.M.:*Toilet Training Institutionalized,Severe Retardares:An Application of Operant Behavior Modification Techniques,American Journal of Mental Deficiency*,70,1966,P766-779.

第二节 逃避和回避

一、逃避的含义

负强化法包括逃避和回避两个过程。下面穿梭箱实验1是逃避反应的实验。

穿梭箱实验1。穿梭箱是由两个隔间组成，其间隔有一道门，此门平常是关闭的，可以向上或向下打开。每一隔间的地板由两块金属板组成，每一块金属板都以电线接通到一个配电盘。如图5-1所示。当配电盘的电极转向A点时，白鼠在左隔间就会受到电击，此时如果它跑向右隔间，就不会遭到电击。同理，配电盘的电极转向B点时，白鼠在右隔间会受到电击，必须逃到左隔间才会避开电击。

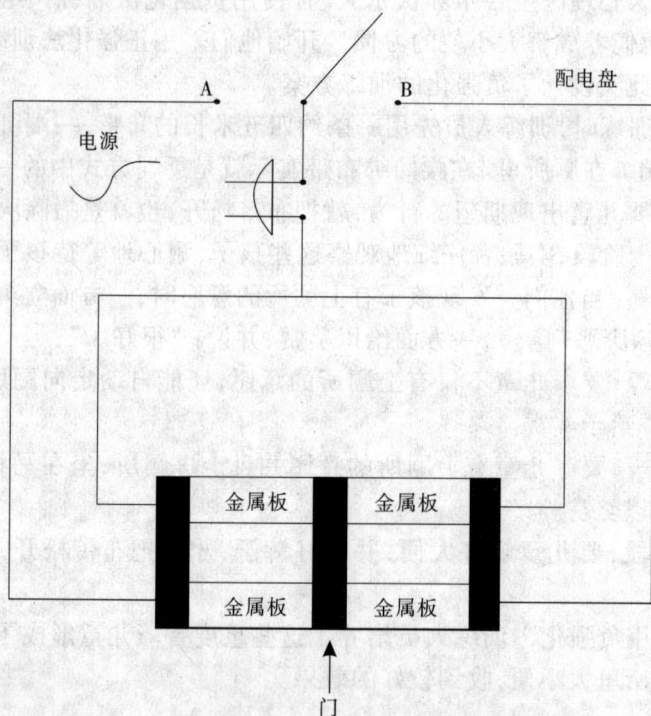

图5-1 穿梭箱的电路设计示意图

在穿梭箱实验1里，白鼠学会了逃避反应。

逃避是指行为者承受厌恶刺激后，只有从事某种特定的良好行为，该厌恶刺激才能终止。

逃避条件反应可以表示为:厌恶刺激(先)→出现需要建立的良好行为(后)→可终止厌恶刺激(如终止电击)。

也可以用公式表示为:

1.先行惩罚S_1——O_1——R_1→+S^{R-}(厌恶刺激)

2.逃避反应 S_2(+S^{R-})——O_2——R_2→-S^{R-}(终止厌恶刺激)

例如,小李第一次炒菜时,在菜炒好以后直接用手去拿起铁锅,由于铁锅的把手非常热,小李的手被烫了,于是在下次炒完菜拿铁锅的时候,他就会用手套垫着,这样就避免了手被烫伤。

可以表示为:

手被烫——戴上手套——终止被烫

用公式表示就是:

S_1(第一次炒菜)——O_1(不了解铁锅的传热速度较快)——R_1(直接用手端铁锅的把手)+Sr^-(手被烫)

S_2(手被烫)——O_2(手疼,不舒服)——R_2(戴上手套)→-S^{R-}(避免手被烫伤)

二、回避的含义

回避反应的实验——穿梭箱实验2:在这个实验里,穿梭箱上面有一个信号灯。首先,白鼠被放置在任一隔间,停留一段时间后,信号灯开始点亮并打开中间的门,经过几秒钟后就会出现电击,此时白鼠必须跑到另一个隔间,才可以免受电击。如此的穿梭训练后,白鼠就学会在信号灯出现之后,电击出现之前,就逃到另一隔间。在穿梭箱实验2里,白鼠学会了回避反应。

经过逃避过程,行为者逐渐知道当某种厌恶刺激的信号出现后,必须立即从事某种特定的良好行为,才能免受厌恶刺激的伤害。

回避条件反应可以表示为:听到信号 (先)→出现需建立的良好行为(后)→可免受厌恶刺激(如免受电击)。

也可以用公式表示为:

1.先行逃避S_1——O_1——R_1→-S^{R-}(终止厌恶刺激)

2.回避反应S_2(+S^{R-})——O_2——R_2→-S^{R-}(免受厌恶刺激)

在二次世界大战期间,中国的民众遭受了战争的洗礼。他们在听到防空警报的声音后,就会迅速跑到防空洞或是掩体中,以回避炸弹的袭击。这是典型的回避反应的例子,可以用公式表示为:

1.先行逃避:

S_1(防空警报后敌人的飞机来轰炸)——O_1(害怕被炸到)——R_1(跑到防空洞或是掩体中)→-S^{R-}(不会被炸到)

2.回避反应

S_2（防空警报）——O_2（害怕随后的敌机轰炸）——R（跑到防空洞或是掩体中）→$-S^{R-}$（免受厌恶刺激）

三、逃避和回避的关系

1.逃避和回避的区别

虽然都使用厌恶刺激,但是逃避中的厌恶刺激是原级的厌恶刺激,即本身就是个体所不喜欢或不需要的刺激,例如责打,向脸上喷雾等。

在回避反应中,只有厌恶刺激的信号出现,回避所使用的厌恶刺激是一种条件厌恶刺激,条件厌恶刺激本身是个中性刺激,由于和其他原级厌恶刺激反复出现后,也具备了厌恶刺激的功能——使个体不喜欢或不需要。

在实施的时候,在逃避过程中,个体体验到厌恶刺激后,就会从事良好行为来免除厌恶刺激对自己的伤害。而在回避过程中,只要厌恶刺激的信号出现,个体就会出示良好行为,以免受厌恶刺激对自己的伤害。

2.逃避和回避的联系

在逃避和回避中,都使用厌恶刺激,这是由逃避和回避都属于负强化所决定的。两种反应同样是建立良好行为、消除不良行为,但是逃避只是一种手段,目的是为了建立回避反应。

尽管逃避和回避紧密相联,但对于人类来说,因为有语言这个第二信号系统,所以不必事事都经过直接经验才学会良好行为。换言之,不必都亲身经历逃避过程,可以通过语言这一中介,直接获得回避反应。例如社会大众在了解国家的法律以后,就会约束自己的言行,以防止被法律制裁,而不必以身试法、锒铛入狱后才知道要做守法公民。

司机在学习了相关的交通法规以后,就会按照限速指示等交通指示牌行驶,以避免被罚款,而不必等接到超速罚单后才知守法。

日常生活中逃避反应的例子不如回避反应的实例多。但人在儿童时期,由于缺乏知识经验,经常产生逃避反应以后再转向回避反应。例如,小雨喜欢看电视,但是在看电视时有个不良的行为——经常边看边卷自己的衣角,长时间后衣角就破损而无法穿着。妈妈于是决定要改变小雨的这个行为。在发现小雨卷自己的衣角后,妈妈就关上电视（这是一种非排斥式隔离）。等到小雨不再卷自己的衣角了,妈妈就打开电视。这样小雨建立起了逃避反应。

经过多次以后,小雨发现妈妈在关电视前会把拿电视遥控器的手向前伸一下,于是小雨在每次妈妈把拿遥控器的手向前伸的时候,就不再卷自己的衣角,这样就避免了电视被关上。在这里,妈妈把拿遥控器的手向前伸,是关电视这个惩罚的信号。这时,小雨已建立起了回避反应。

四、逃避和回避的误用

一些缺乏教育知识经验的父母和老师,常会不自觉地误用逃避和回避反应,以致维护或形成了儿童的不良行为。逃避和回避的误用通常可以分为三种方式:

1.对于儿童不良行为的后果,采取逃避或回避的态度,从而使不良行为增加。

在购物中心和超市等公共场所,经常可以看到这样的场景:儿童看到某件心仪的玩具,就会要妈妈买,当妈妈不同意时,儿童就会哭闹。在公共场所,儿童的哭闹通常都会引来别人对妈妈的怀疑或不解的目光,妈妈为了逃避别人怀疑或不解的目光这个厌恶刺激,就会屈从儿童的要求,给儿童去买玩具。久而久之,使儿童哭闹行为增加。这是很多妈妈通常会犯的错误。

其实在这个例子里,从妈妈的角度分析,是逃避的误用。可以用公式表示为:

(1)先行惩罚

S_1(孩子想买玩具)——O_1(家里玩具较多)——R_1(不给孩子买玩具)→$+S^{R-}$(别人怀疑或不解的目光)

(2)逃避反应

S_2(别人怀疑或不解的目光)——O_2(心理不舒服)——R_2(给孩子买玩具)→$-S^{R-}$(不再有别人怀疑或不解的目光)

而从儿童的角度分析,是正强化的误用,即不良行为得到了正强化物——玩具。

S(在购物中心看到喜欢的玩具,妈妈不给买)——O(不高兴)——R(哭闹)→$+S^{R-}$(得到玩具)

孩子的母亲为了逃避吵闹而屈服于儿童的要求,使儿童在哭闹以后得到了自己喜欢的玩具,所以儿童以后就会用这种方式来达到自己的目的。从而不自觉地培养了儿童的不良习惯。

2.轻信儿童的谎言或口头承诺。

有些儿童在知道自己做错事以后,为了回避成人的惩罚,就采取撒谎的方式来欺骗父母和老师。例如,小华放学后和同学追打,把妈妈给买的新鞋踢脏了。他知道新鞋很贵,是妈妈跑了很远的路才买到的。如果妈妈看见第一天新鞋就穿弄脏了,肯定会责备小华的。为了回避妈妈的责备,小华在妈妈询问时谎称,是在体育课上同学给踢脏的。妈妈听了以后,果真没有责备小华。于是小华以后再做错事时,还可能说谎,以回避妈妈的责备。

由此看来,家长应该多了解孩子的情况,如果不经核查就相信了儿童的谎言而不再对孩子施行惩罚,则就会不自觉地误用回避反应,助长儿童的撒谎行为。

　　还有一些孩子在不良行为后会使用口头承诺,例如会在老师惩罚前很快地表示:"我以后再不做了,我会改的。"老师见态度诚恳就不再追究,轻易地饶了他,不予惩罚,以后孩子就会逐渐学会口头承诺而行动不改的坏习惯。

　　上述误用会造成孩子欺骗撒谎等不良行为,对孩子的成长很不利。因此,父母和家长必须警惕这一点,不要轻信孩子的话,轻易撤除对孩子的惩罚。

　　3.惩罚过重,使儿童逃避和回避厌恶刺激及其条件厌恶刺激。

　　有些家长和老师在儿童出现不良行为时会过分地使用惩罚,会使在儿童逃避和回避厌恶刺激的同时,也逃避和回避相关的条件厌恶刺激。

　　条件厌恶刺激是一种中性刺激,由于和厌恶刺激有关,也产生了和厌恶刺激一样的不愉快的结果。如家本身是个中性刺激,但由于爸爸在家责打孩子,会使家也成为和爸爸一样的厌恶刺激。儿童受到责打后,离家出走,就是在逃避爸爸的责打这个厌恶刺激时,也同时逃避了家这个条件厌恶刺激。

　　由于惩罚过重,这样就无意中使某些和惩罚有关的让许多中性刺激成为条件厌恶刺激,使儿童对这些中性刺激产生逃避和回避的态度。

　　儿童受到老师过于严厉的批评后,会使学习材料、课堂和校园这些中性刺激变成条件厌恶刺激,使儿童产生厌学甚至逃学的逃避反应,使儿童的学习受到影响。

四、有效地运用逃避、回避的原则

　　1.逃避是回避的先行程序。从上一节可以知道,逃避是回避的先行程序。在进行回避反应前,常会先凭逃避反应建立期望行为,在逃避反应形成以后,回避反应的建立更加容易。

　　2.如果可以选择,回避优先。在回避反应中,没有厌恶刺激只有厌恶刺激的信号,所以,也避免厌恶刺激给个体带来的伤害。因此如果在逃避和回避之间可以选择,应该选择回避反应。

　　3.回避中的信号应该和厌恶刺激有关联。在回避反应的建立中,较重要的一点是要保证,所使用的条件厌恶刺激必须是强力惩罚物的信号,这个信号可以使个体知道:若不表现期望行为,将会受到惩罚。因此,信号就是一种"警告",使个体表现期望行为,以回避和信号相联的厌恶刺激。

　　4.慎用逃避和回避。尽管逃避和回避在最后都会使个体远离厌恶刺激,结果是愉快的,但毕竟在使用中还要运用厌恶刺激,会令人感到不适并容易发生副作用,也容易产生条件厌恶刺激,从而消除了某些良好行为,得到适得其反的效果。

5.逃避和回避应和正强化一起使用。在期望的行为出现以后,在撤除厌恶刺激后,才可以结合正强化一起使用,尤其是使用社会性强化物,这样做的目的,一是可以使期望的行为增加,二是可以抵消厌恶刺激及其信号对个体的伤害。

五、逃避和回避实施案例

这是一个典型的借助逃避反应形成回避反应的案例。

斯蒂科是一名7岁的智障儿童,在美国一所特殊学校读书。他有一个极为严重的自伤行为,整天不停地打自己的头,以致教师和工作人员不得不将他的手捆在腰上,而且给他带上一个足球做的头盔,并整天把他关在一小房间内。为了矫治他这种严重的自伤行为,工作人员设计了一个运用电击惩罚的治疗程序。经过电击治疗,斯科蒂很快地消除了打头行为,但是一旦停止使用惩罚,坏习惯很快会恢复。因此工作人员认为,必须使他形成一种取代打头的良好行为,以彻底除去其打头行为,于是设计了一个负强化程序。具体是这样实施的:

工作人员把斯科蒂放在一张高椅上,在他面前的盘子内放一个金属做的小卡车,一个电子钟电线串联着小卡车,用来测量孩子接触卡车时间的长短。开始时孩子根本不会自动地将手放到小卡车上去。很显然,这需要有一个特定的程序去教会他。

程序开始时,一个蜂鸣器发出声响后,立即在斯科蒂的小腿上给予轻微的电击,这时实验者引导孩子的手接触小卡车,每当斯科蒂的手接触金属卡车时,蜂鸣器和电击就自动消失。大约经过12次的试验后,当以上两个刺激呈现时,斯科蒂会自动将手放在"卡车"上。并且在每一次的试验开始前及试验后,都要将斯科蒂的手从金属卡车上拿开。这就是说斯科蒂已建立了逃避反应;如果将自己的手放在卡车上,就可以逃避电击厌恶刺激。

1.先行惩罚:

S_1(在实验室)——O_1(没有经过指导)——R_1(没有用手接触金属卡车)→$+S^{R-}$(蜂鸣器和电击)

2.逃避反应:

S_2(蜂鸣器和电击)——O_2(经过逃避训练指导)——R_2(手接触卡车)→$-S^{R-}$(撤销蜂鸣器和电击)

经过多次训练后,只要蜂鸣器一发出响声(3秒钟后电击出现),斯科蒂根据经验就会很快地将手放到小卡车上以躲避电击,这就是回避反应。因为他的手一离开小卡车,蜂鸣器就响了,而且3秒钟后电击就会发生。这样斯科蒂为了躲避电击,不得不把他的手放在金属卡车上。

1.先行逃避:

S_1(蜂鸣器出现3秒后出现电击)——O_1(经过指导)——R_1(手接触金属卡车)→-S^{R-}(撤销蜂鸣器和电击)

2.回避反应:

S_3(蜂鸣器)——O_2(建立多次逃避反应)——R_2(手接触金属卡车)→-S^{R-}(电击不会出现)

从整个程序来看,实验开始时,斯科蒂不会去接触金属卡车;经过训练后,他几乎能持续地将手放在金属物品上而不去打头。这样这个程序就使斯科蒂从打头的不良行为转移到拿金属物的良好行为上去。上述整个过程就是负强化,而且是一个完整的经过逃避和回避两个连续的训练过程建立良好行为的。

【思考题】

1.逃避和回避的区别是什么?

2.请分析在下列的情况中,哪个属于正强化,拿个属于负强化?

下雨了,小刘撑开伞后,可以不被雨淋。

小宁在家里玩伞,把伞撑开后,妈妈夸奖他聪明。

小李在做饭时,把抽油烟机打开。

爸爸对小力的哭闹无法忍受,答应了小力的要求,给小力钱去买玩具。

第六章 消 退

第一节 消退的含义及范例

一、消退的含义

在回避的误用的事例中，有一种是由于家长为了回避儿童的不良行为所带来的后果，屈从于儿童的要求，从而使儿童的不良行为的出现频率增加。如儿童在想买玩具未果时就哭闹，使妈妈逃避哭闹这个厌恶刺激，来获得玩具。面对同样的行为，有一些家长采取了这样的策略：在儿童哭闹时任其哭闹，装做没有听见，结果儿童在哭累了以后，就不再继续哭闹了。当孩子不哭也不闹时，家长再拉起孩子的手。这就是家长在无意中使用了消退的策略使儿童的哭闹行为减少的。

消退是指在一确定情境中，行为者产生了以前被强化的反应，如果此时这个反应之后并不跟随着通常的正强化、负强化，那么当他下一次遇到相似情境时，该行为的发生频率就会降低。

由于正强化和负强化的最终结果是愉快的，所以在行为发生以后，如果不跟随着通常的正强化、负强化，那么行为的结果就是不愉快的，因此行为的发生率就会降低。

费尔斯特和斯金纳用动物实验说明了消退现象：当实验室的鸽子不再因为啄击钥匙而得到食物后，鸽子啄击钥匙的行为就停止了；当实验鼠不再因为压动杠杆而得到小块食物时，按压杠杆的行为就逐渐减少或消失了。

消退的四个要素是：①情境。②行为或反应。③正强化物的移出或厌恶刺激不再减少。④长期效果。

表6-1　按照四个要素来分析消退的例子

情境	行为或反应	正强化物的移出或厌恶刺激不再减少	长期效果
历历的计算机的光驱不能工作	把光驱向上托一下	以前这样做时，光驱就正常运行，但是这次光驱还是不能工作	不再把光驱向上托一下
8个月大的小可想和妈妈玩，但是妈妈在熨衣服	撇嘴	以前这样做，妈妈会赶快跑过来陪小可，但是今天妈妈没有理会，仍在做家务	不再用撇嘴这种方式来表示让妈妈和自己玩

续表

情境	行为或反应	正强化物的移出或厌恶刺激不再减少	长期效果
家里有一只野猫	前来觅食	小嘉忙于做家务,没有像通常那样给野猫食物,野猫没有得到前两天得到的食物	到小嘉家来觅食的行为会减少
老师要求每个人都要写一篇作文	小月尖叫	以前小月尖叫时老师会让小月休息,但今天老师没有让小月休息	在下次老师要求写作业时,小月不尖叫了

威廉曾面对一名21个月的幼儿夜间哭闹行为。此儿童每天晚上当父母将他放在床上离去时,就大哭大闹或大发脾气无法中止,孩子的父母不得不在孩子睡觉前陪伴他一两个小时,直到他安然入睡后,才能离去。威廉分析,患儿父母的关注、安抚显然成了患儿大发脾气的强化物,他以哭闹作为胁迫父母、得到父母爱抚的手段,因此在治疗时,让父母还是像平时一样把孩子放到床上,但不再关心或理睬他,只是告诉他,让他自己睡觉,父母不会再进屋,然后离去。第一天,患儿大哭大闹持续达50分钟,以后每晚如此施行,第二晚哭闹缩短为15分钟,到第十晚,哭闹行为完全消失。不久,由于小孩的姨妈偶尔插手进行安抚,而使其哭闹症状又有反复。以后继续治疗,疗效巩固。追踪2年表明,不良行为没有复发。[①]

在这个案例中,孩子在哭闹后,并没有得到以前得到的父母的关爱这种社会性强化物,哭闹行为自然会减少。

第二节　消退的类型及影响因素

一、消退的类型

由于消退是通过削弱强化效果来减少行为的发生率,因此强化性质的不同,就形成了不同的消退类型。

1.由正强化建立的行为的消退。

$$S\text{——}O\text{——}R \rightarrow +S^{R+}\uparrow \quad S\text{——}O\text{——}R \rightarrow -S^{R+}\downarrow$$

这类行为的功能是为了获得外在强化物,如为了得到妈妈的关爱和注意以及食物等消费性强化物。也就是说,行为是靠正强化物来维持的。在消退时,只要把以前曾经得到的正强化物撤除,行为的结果是不愉快的,行为

① [United States] Williams,C.D.:*The Elimination of Tantrum Behavior by Extinction Procedures*,*Journal of Abnormal and Social Psychology*,1959,59,P269.

的频率就会减少。

表6-1中,小可撇嘴这个行为的目的是为了得到妈妈陪自己玩这个活动性强化物,撇嘴是靠妈妈和自己玩这个活动性强化物来维持的,当妈妈撤除了这个活动性强化物而不再理睬小可时,他的撇嘴就会减少。

2.由负强化建立的行为的消退。

$$S——O——R→-S^{R-}↑$$
$$S——O——R→--S^{R-}↓$$

由负强化建立的行为的功能是为了逃避或回避厌恶刺激,行为是靠厌恶刺激的逃避或回避来维持的。在消退时,阻止厌恶刺激的逃避或回避,行为的结果也是不愉快的,因此行为的出现频率会降低。

卡尔等人曾经用消退来处理由负强化建立的行为。有两名智障儿童在接到指令后,就会侵犯他人。经过分析,他们的侵犯行为就是为了逃避指定的任务。后来,卡尔和他的同事们决定采用消退策略,使这两名智障儿童在出现侵犯行为后,无法再逃避指定的任务。通过阻止逃避指定的任务,使两名智障儿童的侵犯行为有所减少。[①]

二、影响消退有效性的因素

1.消退和正强化相结合的效果较好。

在不良行为消退的同时,对良好行为进行正强化,这样,不仅可以消除不良行为,同时也积极地建立并强化了所需要的良好行为,取得较好的消退效果。此外,这两种程序的结合使用,比单独采用消退法来抑制不良行为见效更快。

2.严格控制要消退行为的强化物。

在使用消退法时,要在实施消退期间确保维持问题行为的强化物是可以控制的。在实施消退前,都要告知所有的相关人员,求得他们的支持。做不到这一点,消退程序大多要失败。例如,当老师决定对儿童的问题行为采用消退法时,把对儿童的社会性注意撤除掉,但是由于没有告知其他同学,所以儿童的问题行为虽然没有得到来自老师的社会性注意,但是却从同伴那里得到了。这样,问题行为就不会消失。

3.确保所有的相关人员的配合。

上面提到,如果相关人员没有配合消退的实施,问题行为的消退效果就要打折扣。因此,要确保所有的相关人员的配合,才能使问题行为消失。通

① ［United States］Carr,E.G.,Newson,C.D,＆,Binkoff,J.A.:*Escape As a Factor in the Aggressive Behavior of Two Retarded Children.Journal of Applied Behavior Analysis*,1980,13,P101-117.

第六章 消 退

常,相关人员可以是同学或同伴,也有父母或监护人,必要时还包括社区里的人员。

4.连续强化的行为容易消退。

卡兹顿曾经针对两个轻度智障个体的社会交往行为进行过研究,结果表明:连续强化的行为和间歇强化的行为相比,连续强化的行为容易消退。

在间歇强化中,强化时有时无的,这时引进消退,要比连续强化的情况下引进消退需要更长的时间来消除行为。这是因为偶然得到报偿的个体,对付没有报偿更有韧劲。因此,间歇强化维持的行为,比连续强化维持的行为消退时间要长。

第三节　消退的误用

消退的误用,可概括成以下几种典型类型。

一、对于维持行为的强化物没有正确区分

孤独症儿童小小有一个刻板行为——身体左右摇晃,老师用了惩罚法干预后不见效,就决定采用消退法——在小小摇晃身体后,撤除注意这种正强化物,结果发现小小的刻板行为一点都没有减少。这个老师犯的错误在于,小小的刻板行为经过评估是为了获得内在强化物——感官刺激,而老师在消退时撤除的是外在强化物——社会性注意。

内在强化物就是个体从行为本身就会获得愉悦和满足,无须再借助外物,就可以维持行为,它不需要通过其他人或事就可以建立强化力。小小的摇晃身体行为是一种带有自我刺激和自我娱乐性质的行为,不是靠老师的注意和理睬维持的,所以即使老师把"注意""理睬"这些正强化物撤除掉,行为仍然继续存在。所以老师运用消退时,对于维持行为的强化物正确区分,造成了南辕北辙的效果。

还有儿童贪吃甜食的行为,也是由内在强化物维持的行为,如果父母想通过不予理睬这种撤除外在强化物方式来使行为消失,是不会见效的。因此,在进行干预前,应该确定行为的功能。行为的功能评估的方法,可以参考第十七章的内容。

二、无意中对儿童的良好行为实施了消退

在生活中,有些人由于忙碌等原因,对儿童的良好行为熟视无睹,从而使良好行为由于没有得到奖赏而消失。

老师教育学生要帮助家长做家务,小因回到家就帮妈妈沏好茶。当妈妈

下班后,小因说:"妈妈,我给您沏好茶了,您先喝茶吧。"妈妈特别高兴,并夸奖小因聪明懂事。受到夸奖的小因每天放学都会给妈妈沏茶,妈妈也会高兴地夸奖小因。一周后, 小因放学后又给妈妈沏好茶,但是妈妈由于比较累,就说:"放在那吧。"以后的两天也没有夸奖小因。这样,小因慢慢就不给妈妈沏茶了。

如果儿童的良好行为很少受到注意或没有得到任何外来的强化,它最终将消退。对于任何已经建立的行为,要想保持它就必须继续强化它。因此良好行为建立后,不再给予强化,这是消退法的第二种误用。

三、不了解消退的规律——消退爆发而中断消退程序,前功尽弃

消退有一个基本的规律就是消退爆发。它是指在消退治疗期间,行为开始减少以前反而有增加,即在事情开始变好之前反而变得更坏。这叫做消退爆发。

例如,电视机的图像不清晰,以前出现这种情况时,小华都会拍拍电视机,拍完后电视机的图像就清晰了。今天小华还是如法炮制,但是拍了几下以后,图像还是不清晰。在重重地拍了几下后,图像依然不清晰,于是小华就不再拍打电视机了。这是一个消退爆发的现象。

如果不了解消退爆发而中断消退程序,就会前功尽弃。

例如,李老师班级中的小志在课堂上会不停地做鬼脸,通过观察,李老师认为小志的行为是为了吸引老师的注意。李老师采用消退程序,对他做鬼脸的行为不予注意,开始的三天,小志的不良行为由于没有受到原来的关注而减少,但是在第四天,小志在课堂上做鬼脸的行为比没干预之前还要多。加上李老师最近工作比较忙,就对小志的不良行为消退没有坚持下去。从此,小志在课堂上做鬼脸的行为就越来越多了。

在上述的例子中,李老师由于不了解消退爆发这个规律,而中断消退程序,没有坚持将消退进行下去,因此使小志的不良行为非但没有减少,反而变本加厉。

第四节　有效运用消退的原则

在运用消退法来减少特定的不良行为时,必须遵循以下几个原则。

一、正确选择行为。选择一个具体的目标行为,并通过观察,建立目标行为的基线。

二、对目标行为的功能进行评估。在运用消退法时,行为的功能评估是

一个重要的、必不可少的程序,因为行为的功能评估直接决定问题行为是否适合用消退法,以及如何实施消退法。

对行为的功能进行评估的主要目的是为了确定行为的功能:获得社会性正强化;获得社会性负强化;获得自动正强化;获得自动负强化。前两种是为了获得外在强化物,后两种是为了获得内在强化物。

在用消退法时,可以针对问题行为的功能,进行不同的处理。

三、为消退做准备。在进行消退之前,应做好下列准备工作:

1.找出个体能从事的良好的替代行为。

2.确定良好行为的有效强化物。

3.在程序开始之前,确保所有的有关人员都知道什么行为正在被消退或什么行为正在被强化。确保所有的有关的人员学会对不良行为消退的原则和方法,而对替代的良好行为予以正强化。

四、实施消退程序。实施过程中应注意以下几点:

1.在实施之前,将计划告诉给被矫正者,以取得积极配合。

2.了解消退爆发这个规律,在出现消退爆发后,也要把消退程序按计划执行。

3.按照行为功能评估的结果,对问题行为进行不同的处理:如果问题行为的功能是为了获得社会性正强化,如为了得到其他人的奖赏或注意,那么在消退时把维持问题行为的正强化物撤除掉即可。

如果问题行为的功能是为了获得社会性负强化,如为了逃避来自老师交给的任务这个厌恶刺激,在消退时就可以阻止这种逃避。而如果问题行为是为获得自动正强化,如为了获得感官的刺激,就可以采用感官消退法。感官消退主要是对于感官刺激进行改变或消除,是个体的问题行为得不到原来获得的感官刺激,从而使问题行为消失。

而如果问题行为是为获得自动负强化,如为了逃避身体的厌恶刺激,也可以采用感官消退,使身体的厌恶刺激消除,来达到问题行为消失的目的。例如,在班级中,小丽和小微都经常在上课时搔痒,经过功能评估后,老师认定小微的行为是为了让他的同桌开心,行为是为了获得社会性正强化。而小丽的搔痒行为是为了逃避身体的痒这种厌恶刺激,即为了获得自动负强化。

在功能评估后,老师就决定对小微的搔痒使用消退法来处理——当小微搔痒后,不让同桌同学笑,这样,小微的搔痒行为就慢慢消失了。

而小丽的搔痒行为是为了让自己的皮肤摆脱痒的不舒服感,而皮肤发痒的原因在于小丽没有良好的卫生习惯,平均每10天洗一次澡,而且爱出汗。为此,老师采用了感官消退法,让小丽每两天洗一次澡,让痒这个厌恶消除,小丽的搔痒行为自然就减少了。

4.对良好的替代行为给予正强化。

五、消退失败的原因。消退程序失败可能有三种原因:

1.问题行为的功能混淆,导致处理的策略不对。

2.相关人员的处理态度不一致。

3.良好行为没有被适当地强化。若消退程序需要经历较长时间,那么应该仔细地检查这些原因,及早做好防备。

六、脱离程序。问题行为经过消退法干预后,如果处在较为稳定的状态,就可以逐步脱离程序,进入自然情境。可以用社会性强化物或自然强化物,使行为保持在期望的状态。

第五节　消退法实施案例[①]

瑞奇有一个不良行为——他经常在桌面上转动盘子或其他东西。研究人员通过观察,推断瑞奇的不良行为的功能是为了获得自动正强化——盘子在坚硬的桌面上转动的声音。于是决定采用感官消退法。

感官消退法主要是对于感官刺激进行改变或消除,是个体的问题行为得不到原来获得的感官刺激,从而使问题行为消失。

由于盘子转动的听觉刺激是维持问题行为的强化物,所以研究人员通过改变声音刺激来使问题行为消失。采取的策略是在瑞奇的桌子上铺一块桌布,当瑞奇转动盘子时,就不会发出原来的声音了。图6-1显示了治疗结果。

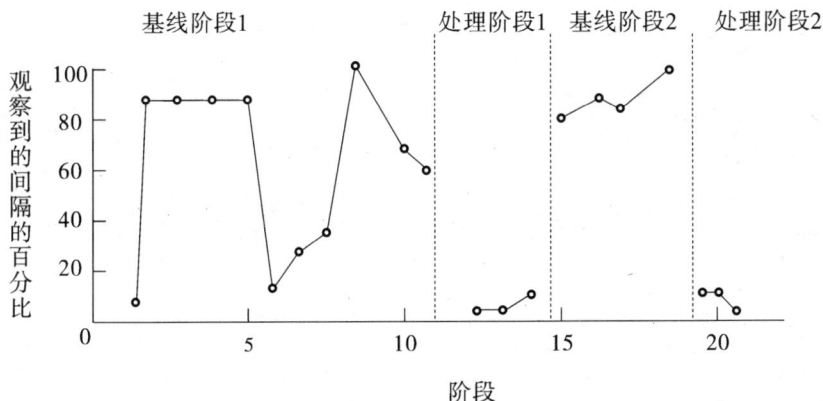

图6-1　感官消退法效果图

---

① 〔美国〕米尔腾伯格:《行为矫正原理与方法》,石林译,中国轻工业出版社,2004年7月,第240页。

从图6-1可以看出,通过感官消退法,瑞奇的自我刺激行为在第一个处理期锐减,第二个处理阶段,研究人员在进行感官消退的同时,还提供产生听觉刺激的玩具——八音盒和竖琴。让玩玩具的良好行为来替代瑞奇的自我刺激行为。通过良好的替代行为来减少问题行为。

【思考题】

1.请将下列的正强化的例子变为消退的例子。

小方安静地看书　　　　　　　妈妈给予关注
打开电视机　　　　　　　　　爸爸表扬
把易拉罐放在电视天线上　　　电视的图像变清晰
孩子哭闹　　　　　　　　　　看到喜欢的电视节目
向老师问好　　　　　　　　　朋友给予解答
向朋友请教数学题　　　　　　老师微笑问好

2.什么是消退爆发?试结合你的经验说明。

3.小佳和小未都有攻击行为,石老师通过行为的功能评估,认为小佳的行为是为了获得外在正强化,即老师和同学的注意,而小未的行为是为了获得外在负强化,是为了逃避较难的数学作业,请问对小佳和小未应该采取何种策略?

<table>
<tr><td>第七章</td><td># 增加行为的间歇强化</td></tr>
</table>

增加行为的间歇强化

第一节　间歇强化的含义及范例

一、间歇强化概述

斯金纳曾经做过一个实验，把8只挨饿的鸽子分别放进8个特制的箱子里，不管当时鸽子是什么情况，每隔15秒钟，就自动给予谷粒做强化物。一连几天后，其中有6只鸽子的表现出现了变化。

第一只不断逆时针方向打转，犹如陀螺旋转一样；第二只频频扣头如捣蒜；第三只频繁举首引颈如撞钟；第四和第五只头部颈部连上身，左右摆动如钟摆；第六只则装模作样做洗澡擦喙状。

在这个实验中，发生在第一次得到谷粒这个强化物之前的行为就受到了强化，而且如果这种行为恰恰发生在下次奖励之前的话，那么强度就更进一步得到增加。如此这般，纯粹是由于偶然事件，鸽子最终可能消耗很多时间去从事于一种特殊的刻板不变的行为，斯金纳把这种行为称做迷信行为。而鸽子的迷信行为得到的是间歇强化。

从给予正强化物方式划分，可以把正强化分为连续强化和间歇强化两种。连续强化是指每次期望行为发生后都给予一次正强化物的方式，而间歇强化是一种偶然地（或间歇地）而不是每一次都对所发生的行为进行强化的方法。

在日常生活中有许多行为都是被间歇地强化着。例如，小明特别想得到可口可乐公司的促销奖品——有可口可乐公司logo的精美书包，于是他就到超市去买可口可乐。他在买到第67罐饮料的时候，终于得到了梦寐以求的精美书包。

小刘每天坐公交车上学。他每天都在7:30分从家里出发，坐39路公交车到学校，但是每天在车站等待公交车时间都不完全一样，从最短的1分钟到最长的35分钟不等。

小培喜欢从网站下载歌曲，由于歌曲的长度不一，网络的速度也时有不同，她每次下载一首歌曲的时间不一样。最快的速度是25秒钟，而最慢的需要2分钟。

上面的几个日常生活中的行为都受到了间歇强化。当一个行为被间歇强化,就意味着强化的是此行为反应的部分而不是全部。

二、间歇强化与连续强化、消退的比较

正强化有两种类型:连续强化和间歇强化。连续强化在所需要的行为一旦发生,就予以强化;而且行为每次发生,每次都给予强化(实时强化)。例如儿童不肯吃药,就告诉他,一吃完药,就可以得到一颗他喜爱的巧克力糖。以后儿童吃药的行为就会增加。这就是连续强化。

连续强化的反面是消退。对行为进行消退时,对行为不给予强化。如果我们把连续强化和消退串在一条直线上,那么连续强化处于直线的一端(行为每发生一次,就强化一次),消退就处于直线的另一端(行为发生,不予以强化),介于这两端之间的一种强化方法就是间歇强化——在某种场合下对已确定的行为进行强化;而在另一场合下不予以强化。因此,间歇强化处于连续强化与消退这两种极端方法的中间。与连续强化和消退相比,间歇强化有以下四方面优点:

1.由间歇强化所增加的行为比由连续强化所增加的行为保持得更好、更巩固;反过来说,由间歇强化所增强的行为更不易消退。因为在间歇强化中,行为必须发生多次,才能得到一次强化,这种强化实际上是一种延缓了的强化(延迟强化),所以行为不容易削弱。

2.间歇强化法也可用于减少行为,与消退法相比较,由间歇强化削减行为的效果更好,而且还能根据需要使行为削减到一定的水平。

3.间歇强化能克服连续强化中正强化物的满足现象的产生。由于连续强化是行为每发生一次就强化一次,所以个体有可能因接收了太多的正强化物而产生满足现象。如当儿童在一天之内由于表现良好行为而吃了妈妈给的7块巧克力派后,对巧克力派的需求已得到满足而不再需要了,这时巧克力派就失去了增加良好行为的作用。当强化物只有一种类型的情况下如食物、饮料等,这种满足现象出现得更为迅速。而间歇强化能延迟这种满足的产生。因为与连续强化相比,相同数量的行为反应在间歇强化中所能得到的强化物更少。

4.间歇强化比连续强化更容易操作。这一点可从两方面来看分析。首先,间歇强化便于维持已建立的行为。对于一个已很好建立了的行为来说,连续强化不再是一个有效的方法。因为连续强化需要花费过多的注意和精力,而且对于已经很好地建立的行为,每次反应都给一次强化的方法也不再必需,这时间歇强化对于已建立的行为来说,最有效且时间上最经济的。其次,间歇强化能用于那些连续强化不宜使用的行为,如一些持续性的行为像做作业、集中注意力听课的行为。若用连续强化方法来强化这些在时间上有

持续性的行为,父母或教师就不得不一直注意观察儿童,看他们是否正在进行所要求的行为,然后决定是否给予强化。这样父母或教师就无法从事其他工作,这在现实中是行不通的。因此,对于现实中的某些行为,不得不采取间歇强化方法。例如,教师对举手发言行为的强化就是一种间歇强化,教师不可能让每个举手的学生都站起来发言,而只能叫其中的几个,而且每次叫的学生也不尽相同。这样,对于某个学生来说,教师对"举手发言"的行为的强化就是间歇强化,但它已足以维持学生举手发言的良好行为。因此,应用间歇强化程序来矫正不良行为,除了它比正强化和消退程序更有效和经济外,还由于现实中的某些行为不得不用间歇强化程序来矫正。

第二节　间歇强化的类型

斯金纳和费尔斯特研究了多种类型的间歇强化。在用鸽子进行的实验里,鸽子被放在实验盒里,在鸽子面前的盒壁上安装有经过装饰的钥匙,一个自动装置会记录下各自的啄钥匙的次数。鸽子每啄一次钥匙,就会得到一粒食物。斯金纳和费尔斯特归纳了四种基本的程序类型:固定比例,可变比例,固定间隔和可变间隔。

斯金纳和费尔斯特的间歇强化的分类标准包括有两个维度,第一个维度是行为发生的计算单位。如果行为发生是以时间为单位计算的,那么其间歇强化就是时间间歇强化;如果行为发生是以次数为单位计算的,那么其间歇强化就是比例间歇强化。第二个维度是强化发放的时间间隔是固定的还是变化的,根据这个,又可把间歇强化分为固定和可变两种。根据上述两个标准进行组合,可得到以下四种类型的间歇强化程序。

表7-1　间歇强化的类型

	比　　例	时　　间
固　　定	固定比例强化FR	固定时间间隔强化FI
可　　变	可变比例强化VR	可变时间间隔强化VI

一、固定比例强化

1.固定比例强化的含义及范例。固定比例强化(简称FR)程序是指,只有当行为者做出的反应达到所要求的特定次数时,该反应才能得到强化,简称FR程序。

斯金纳和费尔斯特在研究中发现:在固定比例中,鸽子从事反应行为的比率很高,在提供强化物之后通常有一个短暂的停顿。他们研究了从FR2到

FR400的固定比例情况,结果显示:提供强化物前所需的反应数量较多时,反应的比率较高。例如,某儿童的父母想训练孩子养成练字的好习惯,就规定孩子每天放学必须练两张纸的字以后,才能出去玩。这对父母所用的方法就是FR程序,即只有当孩子的反应(练字)达到父母所要求的数目(2张纸)时,他才能得到强化(出去玩)。当然对于不同的行为可以规定不同的反应数目,如每次强化要求有10次反应,就为FR10程序;或者每次强化要求20次反应,即为FR20程序;以此类推。

日常生活中有许多事情符合固定比例强化程序。服装厂实行计件工资制度,熨衣工每熨烫完一件衣服,就能得到1元钱。工资完全是由完成工作的数量来决定的。在某品牌的奶粉促销期间,每买两袋奶粉就会得到一套儿童餐具。某品牌的咖啡在节日促销期间,只要消费者买两包咖啡就可以得到一个咖啡杯。

在学校中,为了完成老师布置的家庭作业,学生必须解决一定数目的问题,或抄写几个生词,或朗读几页书,才能得到强化,这也是固定比例强化的例子。

2.固定比例强化程序的特点。

(1)固定比例强化程序比连续强化程序中反应率高,其部分原因是由于在固定比例强化程序中使用强化的次数较少。

(2)在固定比例强化程序中,由于"饱厌"出现较为缓慢,强化物的有效时间要比在连续强化程序中的时间长。

另外,虽然固定比例程序可以提高行为的出现率,但是由于有规律可循,也容易被洞悉,而失去应有之功效。例如,小丽是个刚刚毕业的老师,她努力备课,想让班级中的学生取得好的成绩。在每节数学课上,对于学生作业中的每道题,都要学生到讲台上演算。她叫学生到讲台上的次序是固定的,从学号的第1个,一直到第24个。于是学生知道这个规律后,就可以预知自己要到讲台演算哪一道题,于是只注意自己要演算的题目,而对其他的题目即使不会做也不去探究。这样过了半个学期,全班的成绩都下降了。

(3)在固定比例强化程序中,已被强化的行为的消退时间要比在连续强化程序中建立的行为的消退时间长。即行为的保持时间更长。

(4)用固定比例强化程序有助于保持由其他间歇强化程序所训练的行为。即由其他间歇强化程序训练而得到的行为,可以由固定比例强化程序再维持下去,不断加以巩固。

3.有效应用固定比例程序的原则。

(1)反应数目应逐渐增加。在用固定比例强化程序来增强行为时,往往要求被强化的行为具有较高的反应率。但在应用固定比例强化程序的初期,所要求的行为数目应比最终所要求的数目少；随着程序的深入，再逐渐地增加所要求的反应数，直到达到最终所要求的反应数目为止。

（2）每次强化所要求的数目不宜过多。根据固定比例强化程序的原理，强化取决于所发生的反应数目。因此，个体做出的反应越快，其得到强化也越快。迅速的反应使个体能在同样的时间内得到更多的强化物。所以，应用固定比例强化程序能得到较高的反应率。然而，如果所要求的行为反应数目超过一定的限度，就会使儿童感到"力不从心"，整个强化程序就会中断，并最终放弃反应。为了避免这种现象出现，在固定比例强化程序，每次强化所要求的数目要逐渐增加，切忌操之过急。

（3）强化与强化之间有"停顿"现象，因此要注意所适用的行为。固定比例程序在应用时还有一个特点，就是在一次反应得到强化后，到下一次反应再发生之间会有一个停顿时间，即行为出现率有暂时性的锐减，随后再回升。这是因为行为者知道下一次反应并不能马上得到强化。

以工人按件计酬工作为例，若规定工人每完成100件产品后可以领工资，则一般工人在做完50件后，会越干越努力，以求尽快干完100件，得到强化。而当干完100件领到报酬后，反应就会突然停顿，休息一段时间后再干。同样，学生在做完老师布置的前一个单元的计算题后，会停下来稍微休息一下，然后再接着做下一单元的数学题。所以，如果所要加强的行为是连续的，而不能有停顿时间，最好选择其他的间歇强化程序。

4.实施案例。①

罗伯特曾对4位学前班的学生进行研究。这4名学生分别有一些不良行为问题：脑损伤；有一点语言或智力问题；活动过度；严重的捣乱及攻击性行为。为了使这4位儿童能顺利地进入正常学习，罗伯特想通过固定比例程序来训练他们掌握两种基本的学习技能——遵循指示和模仿。没有这两种基本能力，学习活动就无法进行。

教室被分成两个区：一是教学区，一是游戏区。在教学区，有14种是学前作业，周一和周三用其中的7种作业，周二和周四用另外7种。这些作业需要视觉比较，如对图形、颜色及大小进行配对；要求注意物体及手眼协调。每种作业包括5~15个反应，这些反应都不需要用语言表达（因这些学生都有些语言障碍）。在教学区里有代币，作为教学强化物用。

游戏区里的游戏活动共有四五种，学生可自行选择，这些游戏活动几乎天天变换，而且至少要有一项是每个学生都喜爱的。在游戏区里有定时器以记录游戏的时间。学生得到代币就可以到游戏区去换5分钟的游戏时间或兑

① 吕静：《儿童行为矫正手册》，浙江教育出版社，1992年1月，第105页。

换小点心(如糖果,饼干等)。

　　训练时间是每周一至周四的下午,每天下午都训练两个半小时。训练时首先采用连续强化程序,即每完成一件任务就立即给予代币以示奖励;然后采取FR$_2$程序,即每完成两件才能得到强化;然后是FR$_3$程序。训练的过程为:7种作业都排在桌上或地毯上,然后,老师宣布下面的半个小时是代币时间或学习时间,请孩子们按照老师所提出的要求完成作业。学生可以按照自己的愿望自由选择某项作业。在作业过程中,老师可以随时帮助孩子完成作业如示范、引导、教导、赞赏等。如果学生完成了作业并达到标准,老师就予以表扬,并给予一块代币。学生拿到代币后就可以到游戏区去玩,每次5分钟。对于懒惰不做作业或注意力不集中的学生,老师不予理睬。训练的结果相当好。如图7-1所示。

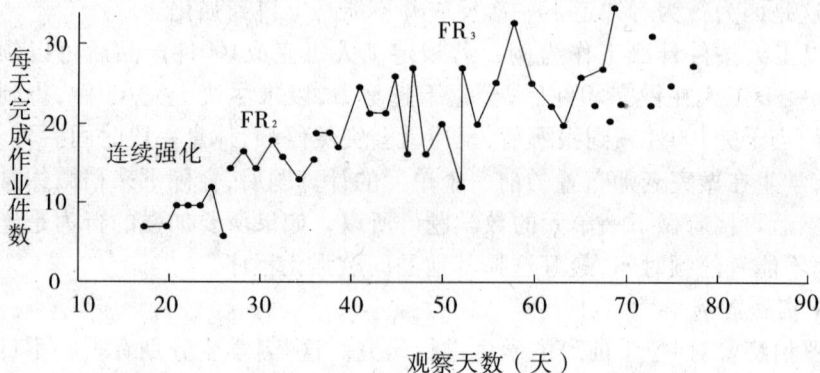

图7-1　用固定比例强化使学生完成作业数量增加效果图

二、可变比例强化

　　1.可变比例强化的含义及范例。可变比例强化(简称VR)程序中,每次强化所要求的反应数目不是固定的,而是在不可预测地变化着。简称VR程序。

　　在可变比例强化中,虽然每次强化所要求的反应数目不是固定的,但是,反应数目是按照一个平均值变化的,行为者平均发出几次行为,才能得到一次强化,就称VRn程序。每次强化所要求的反应次数围绕着n而变化。如VR$_5$程序,是指第一次强化可能在行为发生2次以后得到,第二次强化可能是6次,第三次可能是2次,第四次可能是3次……它们的平均反应次数n是5次。例如工厂的质量检验员,平均每15件零件可以发现1个不合格产品,但是在实际的操作中,第一次可能是检测17件零件发现1个不合格产品,第二次是检测12件零件发现1个不合格产品，第三次是检测9件零件发现1个不合格产品，第四次是检测14件零件发现1个不合格产品。这样平均起来，每检测15件零件发现1个不合格产品。虽然每次的比例不同，但都是在围绕着15次这个平均值在变化着。

赌场中的老虎机，也是一个可变比例的例子。向机器里投币的反应是以可变比例的方式得到强化的。赌博者永远也不知道机器吐出硬币来需要多少次反应，但是，赌博者投币的次数越多，机器吐出硬币的可能性就越大（因为可变比例是以反应的次数为基础的，而不是以时间和其他因素做基础的）。因此赌博者在老虎机上的投币反应是高而稳定的。

对于大多数小学生来说，能在课堂上发言是一件非常愉快、光彩的事情。但由于课堂中学生比较多，老师不可能在每个同学举手后都提问到，所以学生并不是每次举手都能够发言，也不是固定地举几次手（如举3次）就能发言。举手的次数是不可预料的。比如，今天的语文课举了3次手才得到一次发言的机会；第二天举了2次手就得到了发言机会；第三天举了5次手；第四天举了2次手。这样，在语文课中平均举3次手就能得到一次发言的机会（强化），称VR3程序。尽管在课堂中并不是每次举手都能发言，但为了得到强化，学生还是积极地举手，因为学生无法知道这次举手是否有机会发言，这样反而对其有一种不确定的感觉，增加了吸引力。

2.可变比例强化的特点。斯金纳和费尔斯特对使用鸽子进行的可变比例程序实验进行了评估，发现可变比例可以产生高比率的稳定的反应。而且在强化物提供之后没有停顿。

如果把可变比例强化程序与固定比例强化程序做比较，我们可以发现，可变比例程序与固定比例程序一样优于连续强化程序，而且可变比例强化程序还在两个方面优于固定比例强化程序。

（1）可变比例强化程序不像固定比例强化程序那样，它在强化后几乎没有停顿时间。因为VR程序中没有明确要求每次强化需要多少次反应。相反，由于每次强化所要求的反应数目不确定，个体无法预测何时会受到强化，从而不得不断地做出反应，以求强化。

（2）同样理由，在可变比例强化程序中，每次强化所要求的行为（或反应）的数目要比固定比例强化程序中增加的范围大而且稳定，不容易有行为减退现象。

3.可变比例强化的应用。可变比例强化由于在两次强化中间没有停顿现象，所以适合训练一些持续性的行为。

第七章 增加行为的间歇强化

三、固定时间间隔强化

1.固定时间间隔强化的含义及范例。固定时间间隔强化（简称FI）是指需要强化的行为在前次强化后，经过某段固定的时间，再次给予强化。简称FI程序。

行为者每隔若干固定时间以后所产生的行为，可得到一次强化。如果每隔2分钟产生一次行为可得到强化，就称FI2分钟程序；如果强化前要求某一行为经过3小时，就称FI3小时程序，以此类推。

期末考试，是固定时间间隔强化程序的例子；月薪制也是固定时间间隔强化的一个例子，称FI一个月程序，人们可在每个月的特定日子里拿到上个月的薪水。

2.固定时间间隔强化的特点。斯金纳和费尔斯特用鸽子做的实验中，鸽子在接近间隔结束时的反应数量明显增加，并一直持续到提供强化物。在此之后，反应出现一个停顿。当间隔的结束时间临近时，鸽子开始更快地反应，直到提供强化物为止。

（1）强化必须在一定时间间隔后所需要的良好行为出现了才发放。一个在一定时间间隔前发生的行为得不到强化。

（2）在固定时间间隔中，行为只要发生在被检测的瞬间，就可以得到强化，导致行为会有停顿现象，所需要的良好行为在强化前是相对稳定的，在强化后立即有一个停顿。因此，固定时间间隔中不适合需要持续一段时间完成的行为，如课堂上的听讲，就需要持续一段时间，不适合用固定时间间隔来强化。

3.固定时间间隔强化的应用。尽管固定时间间隔程序有上述局限性，但是还有许多行为可通过固定时间间隔程序来改进或改变的。这是一个教师在课堂中应用间歇强化方法矫正学生不完成作业行为的例子。

保罗是个初中一年级的学生，他经常离开座位到处走动，为此不能完成作业。老师决定对保罗的这种不良行为给予处理。老师向保罗说明：从每天下午的自由活动时间2：30开始，每隔5分钟，在2：35，2：40，2：45，2：50，2：55，3：00如果能够连续5分钟坐在座位上，就可以得到一个代币。在第二周，老师要求保罗连续10分钟坐在座位上，如果做到，可以得到3个代币。第三周，老师要求保罗连续15分钟坐在座位上，如果做到，可以得到6个代币。在这个阶段，保罗的行为保持得最好。[1]

---

① ［美国］托马斯：《学生行为管理——教师应用指南》，中国轻工业出版社，2004年9月，第158页。

四、可变时间间隔强化

1.可变时间间隔强化含义及范例。可变时间间隔强化（简称VI）程序，是指在一次强化发生以后到下一次强化发生之前，两者之间的时间间隔围绕一个平均值不可预测地进行变化。简称VI程序。

例如，我们知道某些公共汽车每隔10分钟一趟。但由于交通状况（路况、乘客的多少、车速等）的变化，汽车不可能刚好10分钟就来一次。有的时候隔8分钟就来了，有时要隔15分钟甚至20分钟等。但平均为10分钟，故称为VI10分钟程序。乘客一般较难预计究竟要等几分钟。又如打电话是可变时间间隔强化程序的一个较好例子，我们无论如何也无法估计多长时间才能拨通电话；上互联网的行为也很符合可变时间间隔强化程序的原理。

2.可变时间间隔强化的特点。斯金纳和费尔斯特用鸽子做的实验中，可变时间间隔强化和固定时间间隔强化的反应模式是不同的：

在固定时间间隔强化中，行为的频率先在间隔的初期下降，而后又在间隔的末期提高。在可变时间间隔强化中，鸽子啄击钥匙的行为以一种稳定的频率发生，这是因为在可变时间间隔强化中，间隔的长度即强化物的提供是无法预测的，所以这种降低——升高的模式就不会存在。

可变时间间隔强化程序也是在一定的时间间隔后，良好行为的出现才会得到强化，但是所不同的是可变时间间隔强化程序在两次强化之间没有停顿的现象，因此它适用于一些持续性行为的训练。

3.可变时间间隔强化程序的应用。可变时间间隔强化程序，可用于固定时间间隔强化程序不适用的持续行为的建立和强化。例如，一位母亲希望她的孩子能安静地玩，而她又不可能一直监视孩子，那么她可通过一个计时钟，运用VI30分钟程序，在孩子不可预测的时间里，检查她是否正在从事所要求的行为。又如对于不能安静入睡或要父母陪着入睡的孩子，也可应用VI程序来改变其坏习惯，如用VI15分钟程序，不时地看一下孩子是否安静地躺在床上，直到孩子睡着。同样，用可变时间间隔强化程序还可以强化儿童在课堂上认真听讲、保持安静等良好行为。可变时间间隔程序也可用于训练或改进行为，如练琴、练字，培养孩子的合群性和协作性，培养孩子的毅力，学会耐心地等待、看书、思考等良好行为。

第三节　有效运用间歇强化的原则

一、间歇强化的误用

间歇强化的误用大多有以下两类情况：

1.消退法的不连贯应用，可导致不良行为的加剧。例如某父母对发脾气的孩子一开始时不予理睬，但经不住孩子长时间地吵闹，绝望地屈从于孩子，暂时满足孩子所提出的要求。这样，本来想用消退法消除儿童的不良行为，结果却对儿童的这种不良行为进行了间歇强化，非但不能消除它，反而加强了这种行为的持久性。

2.选择的间歇强化类型不合适，可导致不良行为的形成。如边做作业边玩，做作业速度慢、分心、多动等行为可能就是不恰当地运用了固定时间间隔强化程序导致的。如果在运用固定时间间隔强化程序的同时向儿童提出一定的要求；或者改用可变时间间隔强化程序，可能就不会产生以上这些不良行为习惯了。一般地，间歇强化所形成的行为很难消退，所以用间歇强化程序或消退程序训练和矫正行为时要十分小心。

二、有效运用间歇强化的原则

为了能有效地运用间歇强化程序来塑造和维持所需要的行为，必须遵循以下几条原则。

1.选用的程序要适合目标行为即程序最终要达到的行为。前面已经介绍过，固定比例强化、可变比例强化、固定时间间隔强化和可变时间间隔强化四种程序，并不都能适合每种行为，每种程序都有其长处和局限，必须根据被矫正行为的性质和特点，仔细加以选择。

对于在四种程序中做出选择，林正文指出：以行为的持久力而言，间歇强化较连续强化有效，而可变时间间隔强化和可变比例强化又比固定时间间隔强化和固定比例强化有效；以行为的发生率和努力程度而言，固定比例强化较固定时间间隔强化为佳，而可变比例强化又比可变时间间隔强化为好。

因此，就整体言之，最有效且最有力的增强方式是可变比例强化，固定比例强化次之，接着是可变时间间隔强化，然后是固定时间间隔强化，最后是连续强化。

另外，除了考虑以上提及的因素，必须尽量选择便于操作的程序。

2.在必要时，可以把几种方法结合起来使用，达到最佳的训练效果。

由于四种程序各有千秋，在实际训练时，可以把几种方法结合起来使用。这样做的目的，是避免使用单一程序产生的副作用，让每种程序的优势互补，使训练取得最佳效果。例如，对于儿童写作业慢，而且边做作业边玩的行为，可以要求儿童必须在20分钟内完成30道数学题，而且在此期间要不定时地检查儿童是否在写作业。这里把固定比例强化、固定时间间隔强化、可变时间间隔强化结合起来，使儿童在20分钟内必须一直写作业，才能够得到强化。

试想，如果单独使用固定比例强化，要求儿童完成30道数学题才能得到强化，即FR30，儿童可能边做作业边玩，只在快到第30题的时候才抓紧时间写作业，儿童可能需要50分钟才能完成作业，这样写作业的速度达不到要求。

如果单独使用固定时间间隔强化，要求儿童写作业20分钟，即FI20，儿童可能只在快到第20分钟的时候才摆出写作业的样子，而在其他时间玩，最后可能只完成了16道题，作业的数量得不到保证。

如果单独使用可变时间间隔，可以使20分钟内儿童一直写作业，即VI20，但是儿童写作业还会较慢，因为没有对儿童的作业数量做要求，作业速度可能不能提高。

因此，把固定比例强化、固定时间间隔强化、可变时间间隔强化结合起来，使儿童在20分钟的时间内一直写作业，而且没有时间玩，就可以使儿童的做作业的速度、数量以及持续的时间都达到较好的水平，训练的效果最佳。

3.利用合适的工具和材料以便精确地、方便地决定什么时候对行为进行强化。如果是比例间歇强化程序，就可使用一些计数器如有趣的手表计数器、一串珠子或简单的纸和笔。如果是时间间隔强化程序，就要有一个定时器如一只闹钟或停时钟等。如果应用可变程序，则还要有一些围绕你所选的平均数而变化的数字，这就需要有一张随机数表，或其他能得到随机数字的工具。

4.训练开始时，强化的次数要多，间隔的时间要短，以维持良好行为的出现，甚至一开始可以采用连续强化方法。以后，强化次数逐渐减少，间隔的时间逐渐拉长。

如果采用固定程序，为了防止停顿现象的出现，时常要插入一些较短的或瞬间的时间间隔或比例，使行为者无规律可循，无法预测确切的强化时间。否则，行为者就会想方设法空出时间来休息。

从总的趋势来看，间隔的时间或比例趋向于越来越长。值得注意的是每一阶段必须有足够长的时间使行为得到巩固，然后再进入下一程序或阶段。

第七章　增加行为的间歇强化

千万不要使程序增加过快。

5.最好把训练计划告诉被矫正者，使他们能了解将要进行的程序，并积极配合训练。

【思考题】

请举例说明固定比例强化，固定时间间隔强化，可变比例强化，可变时间间隔强化。

行为改变
技术

第八章 减少行为的间歇强化

第一节 减少行为的间歇强化的含义

一、减少行为的间歇强化的含义

第七章介绍的间歇强化是增加和维持行为出现频率的，但是间歇强化也可以减少不良行为。减少行为的间歇强化程序中，间歇强化的含义与第七章介绍的完全相同，只是运用的条件和对象不同。

在增加行为的间歇强化程序中，目标行为是要加强的良好行为，并且当行为以一定高比例或时间发生时，给予强化，且每次强化所要求的行为量不断增加。而在减少行为的间歇强化程序中，目标行为是要减少的不良行为，并且当行为以一定低比例或时间发生时，给予强化，每次强化所要求的行为量不断减少。因此，两种间歇强化程序造成了两种截然不同的效果。

二、间歇强化与其他减少行为的行为改变技术方法的比较

用间歇强化程序代替消退法、惩罚法来消除行为，有下面两个明显的优点。

1.能更迅速地减少行为。由于减少行为的间歇强化程序规定，当行为在一定时间内很少发生或不发生时，就给予正强化。这样，由间歇强化减退行为就要比消退或惩罚法减少行为更容易调动被矫正者的积极性。因此，减退行为也往往更有效、更迅速。

2.运用减少行为的间歇强化程序来减退行为，可避免引起被矫正者不良的心理反应。由于间歇强化程序中，是用正强化法来减少行为的，比起消退、惩罚法来，它可避免使用厌恶刺激，由此也避免了使用厌恶刺激所造成的挫折感、焦虑及紧张感等不良行为反应。

根据被强化的行为的量或质的不同，可以把减少行为的间歇强化程序分为三种。它们分别是：低比例区别强化程序（简称DRL程序）、零反应区别强化程序（简称DRO程序）、不兼容行为的区别强化程序（简称DRI程序）。

第二节　低比例区别强化

一、低比例区别强化的含义

如果行为（或反应）以低比例发生时，可以给予正强化物，那么以后的行为（或反应）将以低比例发生。这种强化方法就称为低比例区别强化。应用低比例区别强化程序必须符合两个条件：①有一些行为是可以容忍的；②这些行为越少越好。

在现实生活中，有很多行为是很难一下子就消灭的，而且也没有完全消灭的必要，可以允许它以低比例水平发生。例如，有个女孩贪吃甜食，最多时会一天之内吃12个巧克力派。但是要一下子一点甜食都不吃，可能很难做到，由于按捺不住，往往只能坚持一段时间完全不吃甜食。况且适当和适时的甜食可以在短时间内升高血糖，防止低血糖造成的眩晕。因此，如果使个体做不到放弃，不如降低要求，允许她每天吃3个甜点，以后再减为每天吃一两个，逐步减少甜点的数量。

对于儿童不良行为，可以用低比例区别强化来训练。汤米是一个11岁的弱智男孩，他有一个很不好的习惯，就是在上课时经常大声讲话，干扰了教师的正常教学。为此，教师决定采用一个矫正程序，把汤米大声讲话的行为减少到一个较低水平。教师采用的是低比例区别强化程序。在训练前，教师先把"大声讲话"一词下了定义，以便客观地观察记录。定义如下：凡是没有经过教师同意，与教师或同学讲话、唱歌、嗡嗡地自言自语，都属于大声讲话。然后，一个实习老师坐在教室后面，每天记录汤米一节课（50分钟）内大声讲话的次数。

第一阶段：共对汤米大声说话的行为作了10节课的记录，发现汤米平均每9分钟说一次话，每分钟大约0.11次。

第二阶段：告诉汤米什么是大声讲话，并告诉他如果在50分钟内他讲话次数不超过3次，即少于每17分钟讲一次的比例，那么这天结束时，老师就可给他一定的自由活动时间。每节课结束后，老师告诉汤米他是否已达到了要求，但并不告诉他所记录的讲话次数。这里教师所用的方法就是DRL3反应/50分钟程序。

第二阶段的训练非常有效，记录的15节课的结果表明，汤米平均每54分钟说一次话，而且他从来不超过每节课讲话三次的极限。

第三阶段和最后阶段，撤除上面的强化程序，并告诉汤米：不再有自由活动的时间。在这两个阶段的8节课中，汤米的讲话比例增加到每33分钟讲一次。尽管此阶段讲话的比例比第二阶段高，但与第一阶段相比已大大减少了。所以，在强化程序撤去后，汤米的大声讲话的行为仍然以较低的比例发生。

二、低比例区别强化的类型

低比例区别强化程序根据时间取样的不同又可进一步分成三种类型，分别是：整段时间的DRL程序，简称FS—DRL程序；时间间隔的DRL程序，简称I—DRL程序；以及持续时间阶段反应的DRL程序，简称SR—DRL程序。

1.整段时间的低比例区别强化FS—DRL

整段时间的低比例区别强化FS—DRL是指在一规定的时间阶段内，若行为或反应量不超过规定的数目，就给予强化。

上面介绍的汤米大声讲话行为就是采用整段时间的低比例区别强化程序。

例如，小立有贪食零食的不良行为，一天中最多可以吃9次零食（平均每次吃1包），如果用整段时间的低比例区别强化FS—DRL，就可以规定，如果在一天的时间之内，吃零食的次数低于3次，就可以得到正强化物。

2.分段时间的低比例区别强化I—DRL

分段时间的低比例区别强化I—DRL程序是把整段时间分成几个时间阶段，在每个时间阶段内，如果行为或反应量没有超过规定的数目，就给予强化。

例如对于小立的吃零食的不良行为，如果用分段时间的低比例区别强化I—DRL，就可以把一天的时间分成三个时间阶段：早（6:00-12:00）、中（12:00-18:00）、晚（18:00-24:00）。只要在每个分段时间阶段内，吃零食的次数在1次以下，（把反应数目按所划分的时间阶段数平均分配），就可得到正强化物，这就是分段时间的低比例区别强化I—DRLL程序。

3.间隔时间的低比例区别强化SR—DRL程序

SR—DRL程序是指两次行为必须在特定的时间间隔之后发生，才给予正强化物。可表示为：行为（反应）——时间间隔——行为（反应），如果行为或反应发生在特定的时间间隔之内，此行为或反应就得不到正强化物。

以上面提到的小立吃零食的不良行为为例，如果用间隔时间的低比例区别强化SR—DRL，可以要求小立的两次吃零食的时间间隔不能低于6个小时。如果低于6小时，就得不到正强化物。如果两次吃零食的时间间隔超过6小时，就可以得到正强化物。

间隔时间的低比例区别强化SR—DRL的目的是调整行为的节奏，使行为的发生不至于过于频繁。例如，还是小立吃零食的不良行为，如果用整段时间的低比例区别强化，一天中只要允吃零食的行为在3次以下，小立就可以得到正强化物。这样一来，小立可以在晚上连续吃3次，这样做达到了整段时间的低比例区别强化要求，就可以得到正强化物。但是，显然这样的吃零食的节奏是不利于小立的健康的，也是家长所不能够接受的。

而用分段时间的低比例区别强化中，虽然规定在早（6:00-12:00）、中（12:00-18:00）、晚（18:00-24:00）的三个时段内，只要在每个分段时间阶段内，吃零食的次数在1次以下，但是小立如果第一次在11:50吃，第二次在12:01又吃零食，第三次在22:10吃零食，那么第一次和第二次之间吃零食的间隔也比较短，这样虽然小立的行为符合分段时间的低比例区别强化的要求，可以得到正强化物，但是吃零食的节奏也是不健康的。

而使用间隔时间的低比例区别强化，就可以使小立吃零食的行为节奏符合健康要求。例如，小立如果在6:00吃第一次零食，但第二次的零食必须在间隔6个小时后，即12:00才能吃；如果小立的第二次吃零食的时间在9:00，和第一次零食的6:00相隔3个小时，就得不到强化物，而且还要从9:00开始，再间隔6小时后的15:00，才能吃下一次零食，否则又失去一次得到强化物的机会。这样，就强迫小立的两次吃零食的时间间隔在规定的6小时内，否则，就得不到正强化物。

由此看来，与整段时间的低比例区别强化FS—DRL程序和分段时间的低比例区别强化I—DRL程序相比，间隔时间的低比例区别强化SR—DRL程序中的行为必须发生在一个特定的时间间隔之后。间隔时间的低比例区别强化SR—DRL程序在一般情况下用于目标行为不能全消退或不需要完全消退的场合，而且SR—DRL程序对目标行为的控制也要比其他两种程序更容易。

三种形式的低比例区别强化程序可以根据行为的特点来选用。在实际生活中，可以用来改变儿童整天看电视的习惯，也可以改变儿童爱吃零食的行为，还可以调整过快或过慢行为的速度。

三、低比例区别强化的实施案例[①]

辛格和道森使用间隔时间的低比例区别强化SR—DRL来减少重度智障者的刻板行为。刻板行为是指对个人无任何社会意义的重复行为，也被称做自我刺激行为，因为它们的作用就是产生某种形式的感官刺激。三位重度青春期智障女孩有摇晃身体、衔东西和反复活动手指的毛病。研究者把表扬做为正强化物。

在实施间隔时间的低比例区别强化期间，要求三位患者的两次刻板行

① ［United States］Singh，N.N.，Dawson，M.J.，&Manning：*Effects of Spaced Responding DRL on The Stereotyped Behavior of Profoundly Retarded Persons*，*Journal of Applied Behavior Analysis*，1981，14，P521-526.

行为改变技术

为之间至少要相隔12秒,达到这个要求,就给予表扬。两次反应之间相差的时间叫做反应差时（IRT）。

　　经过12秒的反应差时成功地减少了刻板行为以后,就可以把反应差时增加到30秒,只有两次刻板行为之间的时间间隔多于30秒,就给予表扬。

　　在30秒的反应差时成功之后,研究者又把反应差时增加到60秒和180秒。

　　结果如图8-1显示,在使用间隔时间的低比例区别强化后,刻板行为得到了有效的控制。而且研究人员还发现,刻板行为减少的同时,适宜的社会性行为,如微笑、交流和玩玩具的行为增加了。

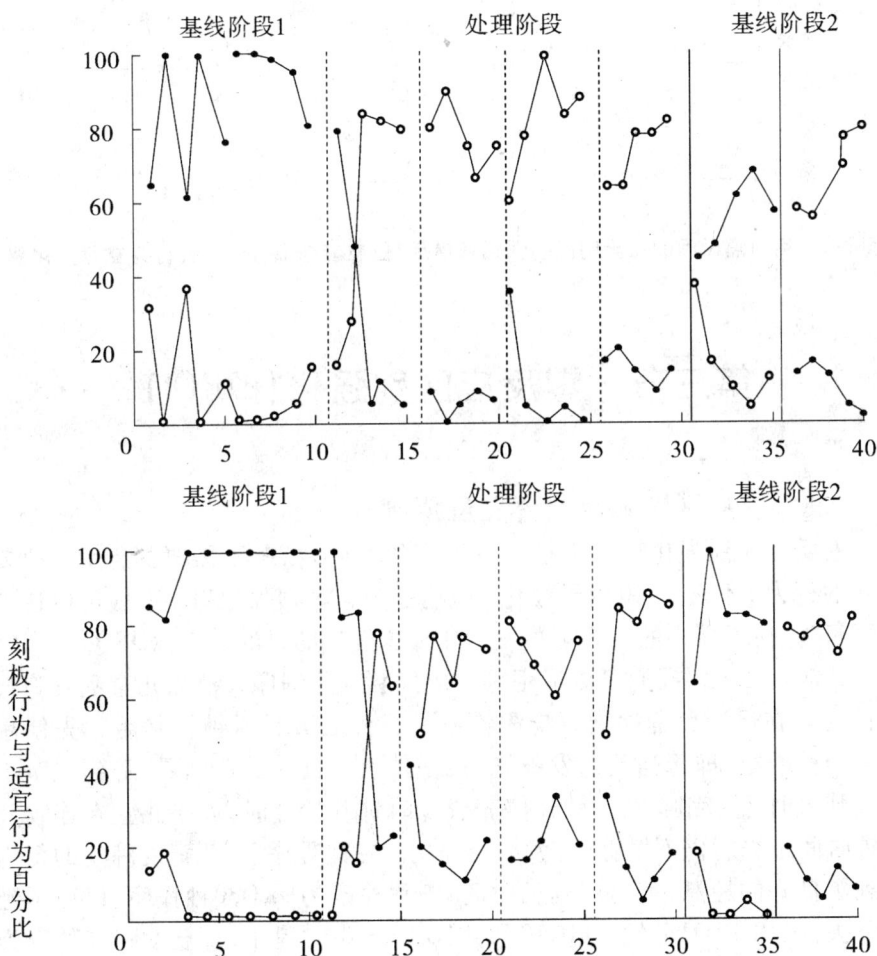

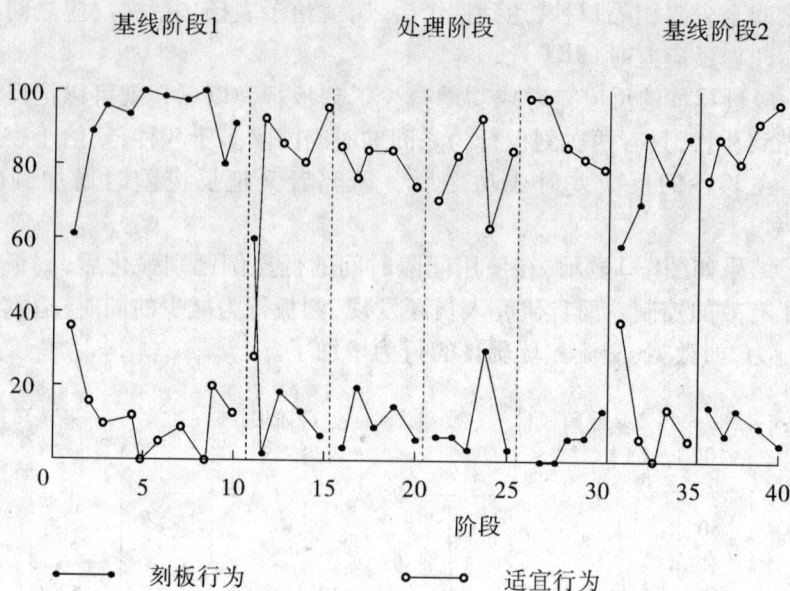

图8-1　用间隔时间的低比例区别强化程序后3位患者刻板行为适宜行为交替变化图

第三节　零反应区别强化（DRO）

一、零反应区别强化的含义及范例

零反应区别强化程序是指在一规定的时间内,若不需要的行为(即要消除的行为)不发生,就给予强化。应用零反应区别强化程序一般可以达到消除行为,使不需要的行为不再发生或极少发生的目的。简称DRO。

日常生活中, 我们可以运用零反应区别强化程序来消除儿童乱发脾气的行为。在运用此程序前, 应先准备一只停表或计时钟, 然后, 先使用DRO15秒程序,即每当儿童发脾气时,把停表或计时钟拨到零,等到儿童不再发脾气时(发完脾气),就让停表或计时钟开始计时,如果儿童在连续15秒钟时间过去后仍不发脾气,就给予强化。在此程序下,儿童发脾气的行为得到了良好的控制,就可以延长时间,把程序改为DRO30秒程序;以后再延长下去,采用DRO1分钟、DRO10分钟、DRO半小时程序,直至发脾气的行为很少发生,或不再发生为止。

二、零反应区别强化的类型

和低比例区别强化程序一样，零反应区别强化程序也可分为三种类型。

1.整段时间的零反应区别强化FS—DRO

整段时间的零反应区别强化FS—DRO是指在一个特定的时间阶段内，没有发生不需要的行为就予以强化。

贝利[1]等人用DRO程序治疗一位58岁的重度智障患者，她住在一家慈善机构中，经常大声喊叫以获得想要的东西（比如午饭，咖啡，衣服等）。为此，采用DRO程序，只有在5分钟之内不喊叫才给她想要的东西。当喊叫出现时，工作人员不仅不给她想要的东西，还把她的轮椅推到房间的角落，防止她的喊叫声打搅别人。不喊叫的时间从5分钟逐渐持续到30分钟。图8-2显示了治疗的结果。

2.分段时间零反应区别强化

分段时间零反应区别强化I—DRO，是指把一个特定的时间阶段平均分成几个时间间隔，若在每个时间间隔内不需要的行为没有发生，个体就可以得到正强化。

3.间隔时间的零反应区别强化SR—DRO

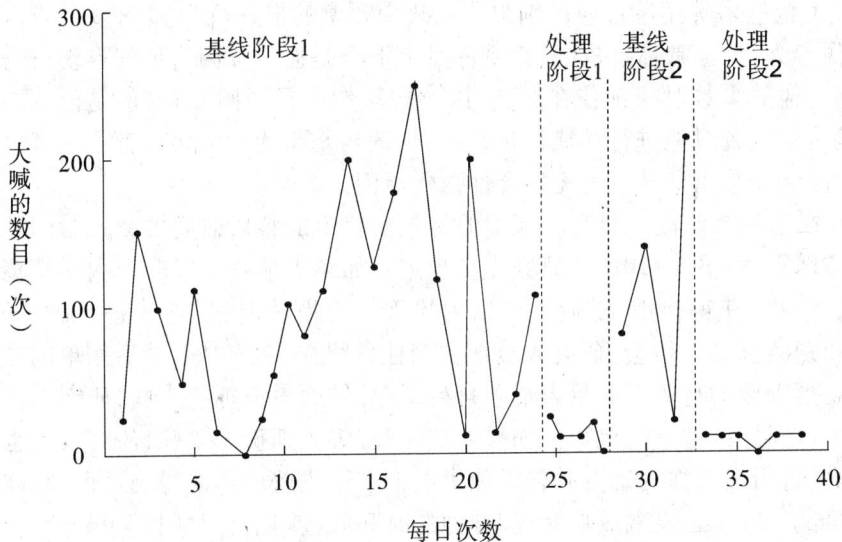

图8-2 对重度智障者使用整段时间的零反应区别强化治疗效果图

间隔时间的零反应区别强化SR—DRO是指在时间间隔内没有发生不需

---

① ［美国］米尔腾伯格：《行为矫正原理与方法》，石林译，中国轻工业出版社，2004年7月，第257页。

要的行为就给予强化,而如果在特定的时间间隔之内发生了行为,时间间隔就要重新开始计量。

SR—DRO程序中,如果行为在规定的时间间隔内发生了,就立即把停表或计时钟拨回零点,重新开始计时,这样儿童不但得不到强化物,而且必须重新开始。

SR—DRO程序可以调整行为的节奏。

对于需要彻底消退的不良行为或习惯可以用零反应区别强化程序来消除。至于采用何种类型的DRO程序,可按实际条件和需要而定。例如,对于儿童的撒谎行为,可以用FS—DRO程序,也可以用I—DRO程序。如果儿童的撒谎行为比较严重,最好用I—DRO程序,父母或教师可每半天检查一次,即I—DRO半天程序,这样对儿童行为的控制更为有效。如果撒谎行为比较轻,或刚开始撒谎,则可用FS—DR01天程序,如果儿童在规定时间内撒了谎,那他就得不到强化,甚至还要受惩罚。同样,零反应区别强化程序还可以用来消除其他许多不需要的行为如多动、打架、骂人、乱扔东西、不讲卫生等不良行为或习惯。

三、零反应区别强化的案例

1.依娃塔等用零反应区别强化来改变儿童的自伤行为。[①] 9岁的吉瑞有自伤行为,他经常抓挠皮肤,直到浑身上下全是血口。因为他的自伤行为很严重,他的多数时间都住在医院,因此他虽然不是智障儿童,但是他从未上过学。研究者对他进行功能评估显示:他的自伤行为绝大多数都是在孤独一人时发生的,而且其行为无社会性强化原因。

在第一个阶段,研究者采用的是包括代币的整段时间的整段时间的零反应区别强化FS—DRO。研究人员规定:如果吉瑞在一段时间内不抓挠皮肤,就可以获得代币,随后就可以用代币来交换看电视、吃快餐、玩电子游戏和别的玩具的机会。研究人员把吉瑞独自留在一个房间,然后用单向玻璃来观察吉瑞的行为。如果吉瑞独自待了2分钟而没有抓挠皮肤,研究人员就走进房间并给他一个代币。如果吉瑞在2分钟内抓破了皮肤,研究人员也走进房间,指出他抓的地方并告诉他由于抓破了皮肤而不能得到代币,并鼓励他再试一次。当吉瑞成功完成2分钟的时间段,就把时间延长至4分钟,最后到15分钟。

在第二个阶段,研究人员采用了间隔时间的零反应区别强化SR—DRO。这个阶段的实施地点在医院的病房活动区,每天有4到5个小时。研究人员

---

① ［美国］米尔腾伯格:《行为矫正原理与方法》,石林译,中国轻工业出版社,2004年7月,第257页。

规定，在此期间，如果吉瑞自己待30分钟而没有抓破自己的皮肤，就可以得到代币。如果在30分钟抓破自己的皮肤，就要重新设定30分钟，这样吉瑞就要再等30分钟（而且不能抓破自己的皮肤）才有机会得到代币。在此阶段成功后，把间隔时间的零反应区别强化延长到一整天。

最后，间隔时间的零反应区别强化由父母在家里实施。

这个程序很成功，吉瑞是第一次在两年内没进医院。

这个行为改变程序在一开始使用的是整段时间的零反应区别强化FS—DRO，然后又采用间隔时间的零反应区别强化SR—DRO，而且反应差时在逐渐增加，最后取得了较好的效果。

2.奈特用零反应区别强化改变一个3岁女孩的吮吸手指的行为。①3岁的萨拉在每天中午睡觉的一个小时之内不停地吮吸手指。为此，工作人员以"讲故事"为强化物，实施零反应区别强化。实验人员坐在只有萨拉的床边，给她讲故事。一旦萨拉把手放进嘴里，就停止讲故事。因为强化物呈现取决于不出现吮吸手指，所以午睡时不吮吸手指的时间增长，直到完全没有吮吸手指的情况。图8-3显示了零反应区别强化的结果

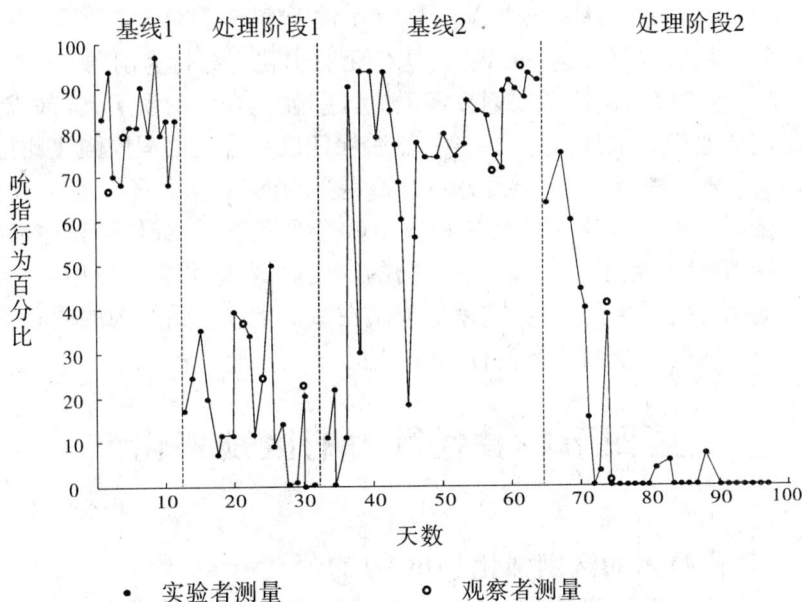

图8-3 零反应区别强化矫正儿童吮指行为效果图

---

① ［美国］米尔腾伯格：《行为矫正原理与方法》，石林译，中国轻工业出版社，2004年7月，第255页。

四、低比例或零反应区别强化程序的误用

低比例或零反应区别强化程序如果使用不当,会产生不良结果。现实生活中,父母、教师或其他人经常会无意识地用此程序来减少那些高频出现的行为,有时甚至会把一些好的行为也减少了。

低比例或零反应区别强化程序的误用有两种常见的情况:

1.对于低比例或零反应的行为给予强化,使高比例的行为消退。我们可以来看下面的例子。一个平时不怎么发言的儿童能举手并正确地回答问题,教师会热情地加以表扬(强化)。然而,久而久之,当此行为经常发生,即发生率增加时,老师就视作平常,表扬(强化)也越来越少,因为老师想:这是个聪明的孩子,不需要太多强化。这样,老师的强化逐渐减少,甚至到零,而该学生会由于得不到强化而产生"低比例的反应能得到更多的强化"的想法,因为老师对不经常发生的好行为比对经常发生的好行为的称赞更多。事实上也是这样,老师对正在转变的差生的赞扬往往比优等生还多。

又如在家庭里,一个常干家务事的孩子会受到父母称赞,久而久之,父母就习以为常,赞扬也少了,而另一个不常干家务的孩子,偶尔做了一次家务,父母却欣喜有加,大加赞扬。这样就使常干家务的孩子产生了"越是偶尔干家务的越会得到表扬"的想法,这样无意中就把好行为削弱了。

因此,为了避免这些低比例或零反应区别强化程序的误用,教师或父母应明确定出他们想维持行为的比例,然后保证以一合适的程序强化此行为。

2.减少某一种行为时,导致另一种不良行为的产生,使不良行为此消彼长。减少行为的间歇强化的另一种误用就是在运用DRI或DRO程序来减少某一种行为时,导致了另一种不良行为的产生。例如,儿童可以用做小动作来代替上课随便说话的行为,这就造成了在减少上课说话行为的同时,强化了做小动作或乱涂乱画等不良行为的发生。

第四节　替代行为的区别强化

一、替代行为的区别强化(DRA)的含义

替代行为的区别强化(DRA)是用来增加期望行为的频率以减少不期望行为的程序,每次期望行为出现时都得到强化,这使期望行为再出现的可能性增加。同时,干扰期望行为的不期望行为不受到强化,结果是不期望行为再出现的可能性减少。

它包括两方面的含义:

1.减少一个不良行为的同时,必然促使另一积极行为的产生。

2.通过增强或增加积极的行为,迫使行为者减少或放弃消极的不良行为。

例如,在某个护理院待了一年的威廉姆斯太太,只要看见护士,就总是不停地抱怨,包括食品、房间、其他病人、四周的嘈杂声和她的关节炎。

于是护士找到心理咨询专家,心理咨询专家建议对威廉姆斯太太的抱怨行为给予替代行为的区别强化,就是只要威廉姆斯太太说一件高兴的事情,护士不论当时在做什么,都要放下手头的工作,对她微笑并注意倾听,对她所说的事表示关注。

而在威廉姆斯太太抱怨的时候,护士就借故走开或是装做很忙而无法倾听。在此期间,所有的护士都保证这样做。几周之内,威廉姆斯太太的抱怨越来越少,而说高兴事的时间明显增多了。

替代行为的区别强化DRA与零反应区别强化程序DRO和低比例区别化程序DRL相比,可以更好地引导行为向期望的方向发展。

根据零反应区别强化程序和低比例区别强化程序的原理,只要儿童的不需要行为不发生或以一低比例的水平发生,那么他就能得到强化。据此,为了使不需要的行为不发生,儿童就必须以另一些行为来替代。

例如,在用低比例区别强化减少小立的吮吸手指的行为时,小立为了使吮吸手指的次数在3次以下,他就会用另一些行为如呆坐和乱涂乱画等来替代吮吸手指行为,根据低比例区别强化程序,只要小立吮吸手指的次数在3次以下,则不管他从事这些行为中的哪一项,都能得到强化。这时,虽然小立的吮吸手指的次数减少了,但是他的呆坐和乱涂乱画的不良行为也随之增加。但是在替代行为的区别强化中,可以给小立的吮吸手指的行为找到一个替代的良好行为——玩玩具,通过对玩玩具的强化来使玩玩具的行为增加,从而使吮吸手指的行为减少。

再如,某儿童经常在课堂上跑来跑去,如果用零反应区别强化程序来减少儿童这一行为,儿童在课堂上就不会跑来跑去,但是会用另一些行为来代替该行为,如躺在地板上、用东西扔同学等。这样,在用零反应区别强化程序消除一个不良行为的同时,又可能建立另一种不良行为。

克服这一问题的方法就是用替代行为的区别强化程序代替零反应区别强化程序。比如老师可以给他布置大量的课堂作业,并告之若在一定时间内完成这些作业,可让他做一件他所喜欢做的事(强化)。这样,学生为了得到强化,必然要完成大量作业。为了完成作业,他必须坐着,不再跑来跑去。这样"完成作业"就成了"跑来跑去"行为的替代行为。

由此可以看出,替代行为的区别强化与零反应区别强化和低比例区别强化相比,可以使行为沿着期望的方向发展,而且也可算是一种"一石双鸟"的方法。

二、正确使用替代行为的区别强化

1.对不期望行为和替代的期望行为给予定义。对行为的界定的原则,可以参考其他章节,在此不赘述。

2.确保行为的替代性。在选择替代行为时,必须保证期望行为能够替代问题行为。

3.在已有的行为反应中选择替代行为。对于某一行为来说,可能存在许多不兼容行为。如果在其他条件都相等的情况下,所选择的不兼容行为最好是儿童已有的行为,因为增强一个儿童已有的行为要比塑造一个新的行为容易得多,而且也能够在增强这个已有的不兼容行为的同时,迅速减少不需要的行为。

4.对替代的期望行为给予立即和一致的强化。

5.不期望的行为给予要消退。

三、替代行为的区别强化的案例

高兹和贝尔[①]曾经用替代行为的区别强化来增加儿童的具有创意的游戏行为。研究对象是学龄前的儿童。在这个实验里,有创意的游戏行为是指儿童用方块搭出新异结构的造型,而无创意的游戏行为是指儿童用方块搭出的造型与以前的相同。

在实验时,当儿童搭出富有创意的造型时,老师就给予社会性强化物——表现出有兴趣和热情。而当儿童搭出以前曾经搭过的造型,即无创意的造型时,老师就既没兴趣也没热情。

实际上,这就是替代行为的区别强化,即把有创意的游戏行为作为无创意的游戏行为的替代行为,在对替代行为强化的同时,对不期望的行为给予消退。

结果表明,孩子们不断用方块搭出新异结构的造型,即表现出有创意的游戏行为,而无创意的游戏行为越来越少。这个实例证明:创造力也可以看做是一种反应类型而且可以通过替代行为的区别强化来增强。图8-4就是此次实验的结果。

---

① [United States] Goetz, E., Bear, D.: *Social Control of Form Diversity and The Emergence of New Forms in Children's Blockbuilding*, *Journal of Applied Behavior Analysis*, 1973, 6, P209~217.

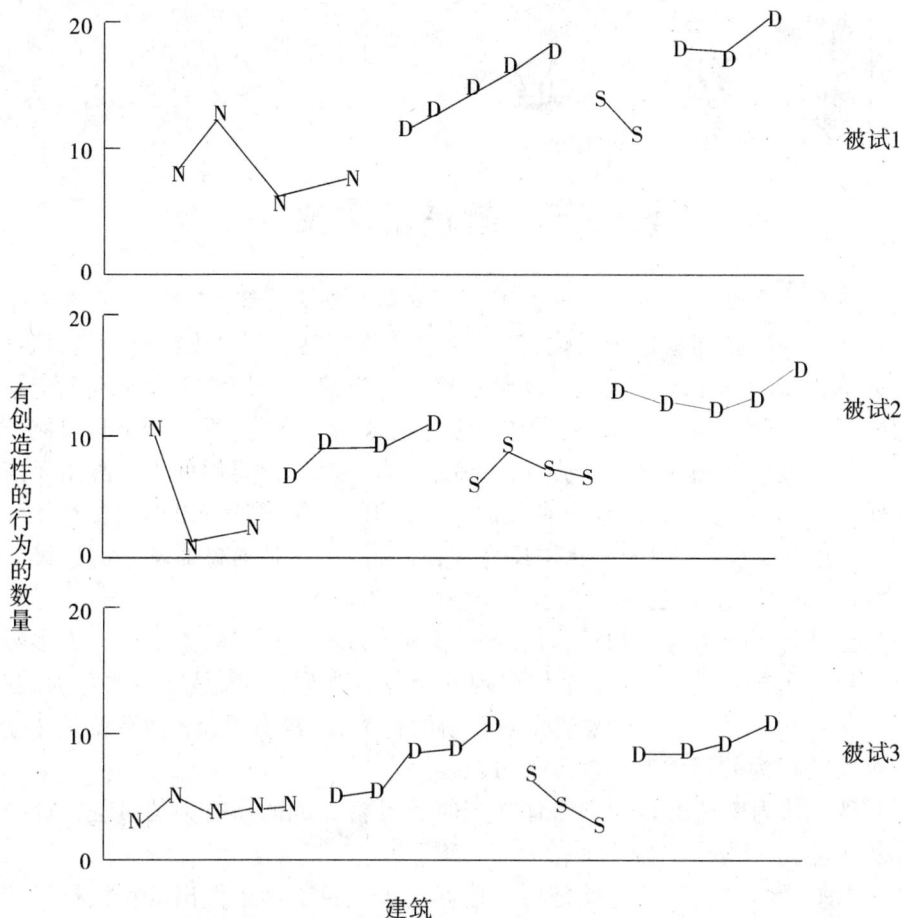

N代表无强化　　　D代表只强化有创造力的行为　　　S代表只强化无创造力的行为

图8-4　用替代行为的区别强化增加儿童创造性行为效果图

【思考题】

1.小意是一个9岁的孤独症儿童,当老师让他做作业时,他就会用手拍打桌子,并在座位上不停地摇晃,这时老师就会让他到教室的图书角独自坐一会。请你为小意设计一个不相容行为的区别强化程序。

2.小然是一个8岁的女孩,身高1米45,但是体重却达到了50千克,她特别喜欢甜食,尤其是萨其马,每天至少要吃3块。请你为小然分别设计一个低比例区别强化程序和一个替代行为的区别强化程序,使她每天只吃半块萨其马。

第九章 塑造

第一节 塑造的含义

斯金纳曾经训练一只鸽子去啄一个发亮的反应按钮。开始时,只要鸽子把头转向反应按钮就给予强化,鸽子开始时总是把头转向按钮板。然后,训练人员就要求鸽子朝按钮移动才给予奖赏。当鸽子被训练得会站在反应按钮附近时,试验者在它把头微微移向按钮时才给予强化。下一步是只有鸽子真正触及反应按钮时才给予强化。最后,只有当鸽子以足够的力量啄击反应按钮,就可以拨动一个按住鸽食发放的自动开关,鸽子就可以得到食物。

在这个实验里,鸽子的啄击反应按钮的行为,就是通过对不断的连续接近的反应的强化,使鸽子学会了一个新的行为。

在以前所介绍的增加行为出现频率的行为改变技术的方法中,大多数是守株待兔的方法,就是等个体出现一个行为之后,如果是期望的行为,就给予正强化。而对于如何来建立一个新的行为,还没有提及。塑造就是建立一个新的行为的行为改变技术的方法。

吕静认为塑造就是建立个体在当时还不会完成的新行为的过程,即个体从不会到一步步学会一个行为的过程。[1]

米尔腾伯格认为塑造就是用来培养一个人目前尚未做出的目标行为的手段,它可以被定义为使个体行为不断接近目标行为而最终做出这种目标行为的区别强化的过程。[2]

塑造一开始,要确认个体一种接近目标行为的期望行为,这个行为叫做起始行为。对于起始行为要给予强化,结果是个体频繁地做出这个行为,当起始行为稳定地发生后,就停止强化它。这时,可以强化另一个与目标行为更为接近的新行为,结果自然就是个体开始更经常地做出新的行为而更少做出初始行为了。对更趋近目标行为的行为的区别强化和对先前趋近行为的终止这两个过程不断地进行,直到个体终于做出目标行为。

在儿童的成长过程中,有很多行为都是通过塑造形成的,例如儿童的走路行为,就是从站立开始,迈出第一步,到能够跟跄地走两步,三步,直到最后能够行走自如。

---

① 吕静:《儿童行为矫正手册》,浙江教育出版社,1992年1月,第128页。
② [美国]米尔腾伯格:《行为矫正原理与方法》,石林译,中国轻工业出版社,2004年7月,第145页。

还有包括洗脸、刷牙等和生活自理有关的行为,都是通过塑造而建立起来的。

沃尔夫等曾经对一个儿童的戴眼镜的行为给予塑造,这是一个3岁的孤独症儿童,缺乏正常的语言和社交技巧,经常有自我伤害的行为和无法控制的脾气。他患上了白内障,必须戴眼镜来矫正视力。但他拒绝戴眼镜,如果有人想让他戴上眼镜,他就会把眼镜扔到地上,为此摔坏了几副眼镜。研究人员用糖果和水果做强化物,逐渐使他做到了目标行为——戴上眼镜。整个塑造的步骤是:捡起眼镜——把眼镜放在手上——戴着眼镜框走动——把眼镜凑近眼睛——戴上眼镜。在研究末期,他已经会经常地戴上眼镜了,最多一天戴眼镜达12小时之久。

第二节　塑造的误用

塑造可以使儿童形成很多期望的行为,但如果运用不当,就有可能使儿童适得其反。塑造的误用通常有两种情况:

1.由于塑造而逐渐形成儿童的不良行为。很多家长和老师在不经意间塑造了儿童的不良行为。例如,暑假到了,成龙家里来了客人,他借口为了陪客人看电视,在客人住在家里的3个晚上都比平时晚睡。等客人走后,妈妈又催他上床睡觉,但是他央求妈妈准许他在10点上床,原因是在假期,第二天又不用上课。在他的央求下,妈妈准许他10点上床休息。第二天,成龙又因为要看11点的电视,请求妈妈让他11点看完电视再睡觉。就这样,成龙就养成了不良的作息习惯。

他的不良作息习惯的塑造步骤是这样的:客人来迟睡——客人走,10点睡觉——11点睡觉。[①]

儿童的自伤行为,也是由于家长的塑造而形成的。例如,当孩子不高兴拍自己的脑袋时,家长的反应就是关心。这种关心强化了孩子的行为。当孩子继续做出同样的动作时,家长试着不去理睬,但这样一来孩子就会更用力地打头,家长只好再次表示关心。这种关心又再次地强化了更用力打头的行为。如此循环往复,拍头的行为不断被强化,力度也越来越大,直至最后对孩子造成伤害。

谢夫所做的恒河猴的实验,塑造出恒河猴做出重捶头部的行为,和上述儿童的自伤行为的例子很接近。

还有,儿童在夜间哭闹的行为也由于塑造而变得时间更长。当儿童哭闹

---

① 林正文:《儿童行为的塑造与矫正》,北京师范大学出版社,1998年4月,第239页。

时，一般地，父母的反应就是跑过来抱起并安慰儿童。当儿童再次哭闹时，父母可能会试图忽视哭闹，但是这可能引发儿童更长时间的哭闹。当父母忍不住再次抱起并安慰儿童时，更长时间哭闹行为被强化了。如此这般往复，儿童的哭闹时间越来越长，最后，哭闹时间从最初的10分钟延长到了30分钟。

儿童的炫耀行为，也是周围人的不恰当的塑造而形成的。

2.在应该用塑造方法时却不知道适当地应用它。很多心急的父母或老师犯的第二个错误，就是希望儿童的行为"一步到位"或"一蹴而就"，对于行为在塑造中的历程忽略不见，只要结果而不要过程，使儿童的良好行为的萌芽被忽略而不能形成新的行为。

例如，一个心急的父亲在看到其他周围的儿童都会背唐诗了，而自己的2岁大的孩子只会说简单的话。由于他急于听到孩子会背唐诗，所以对于孩子所说的简单的话就没有给予强化，这样，儿童的说话的速度就受到影响。这在有些家长身上较为常见。

第三节　有效运用塑造的原则

一、确定终点行为

塑造要确定最后所要达到的行为叫做终点行为。明确终点行为可以避免不同的训练人员对儿童产生不同的要求，使得原来应得到的强化的行为由于某个训练人员要求偏高而得不到强化。确立终点行为应确定该行为的所有维度，如行为发生的次数（频率）、行为的强度等等。另外，还要为终点行为选定合适的强化物。

二、选择一个合适的起始行为

在塑造程序中，由于终点行为起初并不可能发生，所以必须先强化一些与终点行为相似的行为，这时就需要确定一个起始行为。这个起始行为应当是有时能发生的，以便可以强化；同时这个起始行为还必须与终点行为相似。

选择起始行为的重要前提是必须了解儿童在当时已具有的行为水平，然后通过强化它，一步一步地从起始向终点接近，这就是我们所说的塑造是一种"连续接近法"的含义。

三、确定塑造步骤

确定塑造步骤就是以起始行为为开端，列出通向终点行为的连续相似的行为。也就是说，从起始反应到终点行为所需要完成的步骤有哪些。

对于儿童,尤其是某些特殊儿童,确定的塑造步骤应该足够小。如果你训练的步子过大,很可能会使这些儿童无法通过自己的努力来达到,从而使儿童由于受挫而放弃。

四、实施塑造

1.在开始进行塑造程序之前,应告诉儿童你的计划。

2.对每个连续的接近的行为立即进行强化。

3.在儿童还没有掌握前一个接近性行为时,不能进行新的接近性行为练习,以防止前一个接近性行为的消失。

4.如果不能确定何时让学生进入下一个新的接近性行为,可采用下面的检查规则:儿童在目前这一步反应中,10次练习中是否有6次正确,若有就可以进入下一步的训练。

5.任何步子都不能强化太多次,但也不能强化不足。

6.如果儿童停止反应了,即不执行规定的行为要求了,那么原因可能是塑造程序步调不恰当或者强化物无效了。一旦发生这种情况时,就应马上检查以下几个方面:

第一,检查强化物是否依然有效;

第二,如果学生显得注意力不集中或表现出不感兴趣、厌烦时,那么步子可能太小或太快了,应立即调整;

第三,如果儿童对前一步的重复练习仍有困难,就应在这一步上增加更多的小步子。

五、沿着恰当的速度完成塑造

1.速度不能过快。如果塑造的速度过快,行为重复的次数势必太少,就会使前一个接近性的行为在还没有很好地建立的情况下,就开始进行下一步的训练,容易使行为消退而失去先前的行为,也难以建立下一个新的接近性的行为,导致欲速则不达的效果。

2.如果因为塑造的步子进行得太快或太大而失去了一个行为时,应回到一个能够重新产生该行为的较前的那个行为去。

3.速度不能进行得过慢。如果一个连续接近的行为经过长时间的强化和重复以致变得过度牢固了,那么就会固着在某一个步骤而停滞不前,而新的接近性行为就很难再建立起来。

塑造是一个历程,在这个历程中,任何一个步骤的不完善都会使儿童的新行为的建立受阻,因此,在上述的每个方面都应认真执行,以便更快、更好地塑造儿童的良好行为。

第四节　塑造法实施案例

一、霍纳所做的案例①

霍纳利用塑造法,对一位5岁的智障儿童丹尼斯的行为进行干预。丹尼斯的脊柱在出生前就受到了破坏,使他的双腿运动受到限制。丹尼斯会爬但是从没走过。霍纳为丹尼斯设计了两套塑造计划。

第一套计划中丹尼斯要达到的终点行为是:在两条平行栏杆之间借助栏杆走10步。

步骤一,坐在板凳上用左手扶住左边的栏杆,用右手扶住右边的栏杆。

步骤二,在步骤一的基础上,扶着栏杆站起来,并保持该姿势直到喝完1勺饮料。

步骤三,在前两步的基础上,与前两步相同,只是在得到奖励之前借助栏杆走1步。

步骤四,与前三步相同,只是得到奖赏之前走3步。

步骤五,与前三步相同,只是得到奖赏之前走5步。

步骤六,与前三步相同,只是得到奖赏之前走10步。

霍纳利用喝饮料做强化物,使丹尼斯能够借助平行栏杆走路时,就实施第二套计划。

第二套计划中丹尼斯要达到的终点行为是:在研究人员的帮助下撑着拐杖站起来。

步骤一,将拐杖用弹性绷带固定在丹尼斯的手上,实验人员站在孩子的后面。有一条中线穿过丹尼斯所站的位置,中线离丹尼斯45.72厘米的地方以及丹尼斯左右各45.72厘米的地方都有一个圆点,只有丹尼斯照着示范用拐杖触这些圆点时,他才可以得到奖励。

步骤二,丹尼斯靠拐杖走一步,实验人员在后面从他的腋下撑住他,让他站立姿势调整到能撑住拐杖,保持支撑姿势15秒才可以得到奖励。

步骤三,同步骤二,但实验人员只在调整姿势的开始阶段帮助丹尼斯。

步骤四,拐杖上的绷带被拆除了,实验人员也不再提供开始阶段的帮助。丹尼斯自己调整站姿以撑住拐杖,做完这些才有奖励。

步骤五,实验人员扶着丹尼斯的后背使其保持平衡,丹尼斯借助拐杖走

---

① [United States] Horner, R.D.: *Establishing Use of Crutches by a Mental Retarded Spina Bifida Child*, *Journal of Applied Behavior Analysis*, 1971, 4, P183-189.

完4步就可以得到奖励。

步骤六,同步骤五,但要走完5步,而且要将脚调整到正对着假想中的连接两条拐杖的线。

步骤七,同步骤六,但要走完6步并且将拐杖撑到向前的位置。

步骤八,将拐杖点向前方再收回来,如此反复4次,实验人员逐渐减少对丹尼斯的帮助。

步骤九,按照步骤八做8次并且在没有实验人员的帮助下保持平衡。

步骤十,照上述动作做12次并保持平衡,要将前臂夹紧拐杖代替原来将拐杖撑于腋下的姿势。

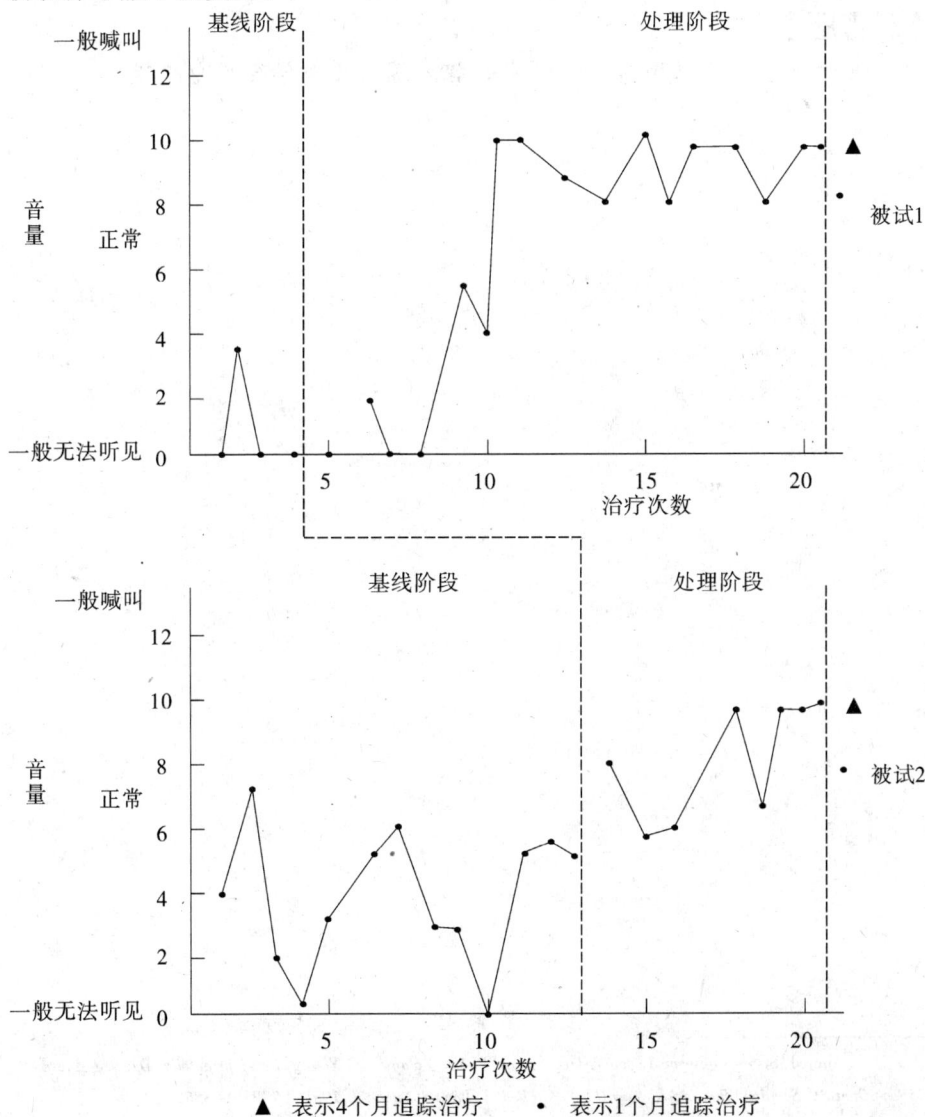

▲ 表示4个月追踪治疗　·表示1个月追踪治疗

图9-1　用塑造法提高智障儿童说话音量效果图

通过这个塑造的程序,丹尼斯学会了一个新的行为——拄着拐杖走路,使他的生活更加独立,生活质量有所提高。

二、弗兰斯所做的案例[①]

弗兰斯等利用塑造来提高两个智障儿童的说话音量。这是个跨越不同个体的多项基线设计,图9-1显示了这个塑造的结果。当引入塑造程序后,这两个儿童说话的音量增加到正常的水平,并且在结束程序后的1个月和6个月后保持了治疗效果。

【思考题】

设计一个塑造程序,使一个5岁的智力落后儿童学会用勺吃饭。

---

① ［United States ］Fleece.L.,etc:*Elevation of Voice Volume in Young Developmentally Delayed Children via an Operant Shaping Procedure*,*Journal of Applied Behavior Analysis*,1981,14,P351-355.

第十章　渐　隐

第一节　渐隐的含义及范例

一、渐隐概述

渐隐,是指逐渐变化控制反应的刺激,最后使个体对部分变化了的或完全新的刺激做出反应。也就是说,在个体的反应不变的情况下,改变刺激,直至达到适当刺激,以使个体对这个适当的刺激做出反应。

塑造程序是个体一步步地学会一个新行为的过程。因此渐隐和塑造都是逐渐变化的程序,只是它们之间还存在着本质上的差异。塑造是强化行为的一步步变化,最后达到目标行为,其中的刺激情境一般是不变的,而反应则由最初的起始反应向最终的目标行为变化;而渐隐是指在刺激的微小变化下对特定反应的强化,最终使刺激变化成为所需的控制反应的刺激。所以,渐隐包括控制反应的刺激逐渐变化,而反应保持不变;塑造则包括反应的逐渐变化而刺激保持不变。

二、渐隐的范例

1.阿尔伯特曾经描述了一个老师用渐隐的方法帮助儿童识别右手。老师在每个孩子的右手背上写一个X,以帮助孩子正确识别右手。过一段时间,X被抹掉了,孩子们还能够正确识别右手。

2.发展迟滞的儿童小明,在幼儿园里只能简单地重复其他小朋友及老师说的词语,很少能有自己的言语行为。有时,他也会盲目地模仿别人说话时的一些词语,如你问她:“你叫什么名字?”他会回答:“名字。”有时他会重复念着问题:“你叫什么名字?”这里我们可以观察到,老师的提问(言语刺激)在小明身上引起的只是模仿反应而不是合适的回答。针对这样的言语行为问题,幼儿园的老师决定采用下面的渐隐方法来教会小明正确地回答“你叫什么名字”这一问题。首先,老师选择了小明爱吃的巧克力作为有效的强化物,然后,让小明坐在一间安静房间内的小桌边。矫正开始后,老师坐在小明的对面,用非常轻柔的耳语声问道:“你叫什么名字?”还没等小明做出反应,老师就用非常响亮的声音迅速地说出:“小明。”这时,小明非常自然地模仿了“小明”这个词,老师就用巧克力强化。在几次练习之后，老师开始用较大的耳语声问"你叫什么名字？"再用比较轻的声音提供答案"小明"。同时在每次的练习中，老师都以"好孩子"和巧克力强化正确的反应。最后，在老师越来越大声地提问"你叫什么名字"之后，越来越轻地说出"小明"这个词，小明继续模仿说出"小明"。经过这样的多次练习之后，即使老师停止说出答案"小明"，小明也能正确地回答"你叫什么名字"这一问题了。①

3.教会儿童画各种各样的图形（圆、线、正方形、三角形等等）。如为了教学生正确地画圆，老师开始时可把一些画着虚圆（由浓点构成）的纸放在学生面前，把铅笔放在学生手中，对他说："描一下这个圆。"然后手把手地指导他把浓点连接起来描成一个圆。学生完成后，立即可得到强化物。经过这样几次练习后，老师慢慢地隐去辅助动作，让学生自己描圆。整个渐隐程序可如下：①在前几次练习中，轻轻地握住学生的手；②在以后几次练习中，指尖触着学生的手背；③手指着被描的浓圆点；④最后只给予指导语："描这个圆。"（第①②③步也用这个指导语） 老师在教会学生描圆之后，可再通过一次渐隐程序，慢慢隐去那些帮助描图的浓点（从浓到淡，由密到疏），让学生独立完成画圆的任务。②

4.男孩请求他的姐姐教他骑自行车。姐姐是这样做的：

首先，姐姐坐在车后座上，双手扶着车把并蹬车，只让男孩坐在车座上。

其次，姐姐坐在车后座上，双手扶着车把，男孩只负责蹬车蹬。

后来，姐姐站在旁边，用一只手扶着车把，男孩扶着车把并蹬车。

再后来，姐姐仅仅用一只手扶着后座，男孩扶着车把并蹬车。

然后，姐姐的手偶尔离开后座，男孩扶着车把并蹬车。

下一步姐姐大部分时间把手离开后座，男孩扶着车把并蹬车。

最后，姐姐远远地看着，男孩扶着车把并蹬车。

这个姐姐也许是无意中运用了渐隐法，但是却运用得非常好。

5.斯里默（Srinmer）运用渐隐法，矫正学生认知上的错误。例如，对于无法区分"17"和"71"这两个数字的学生，可以用这样的卡片：

17 71 17 71 17 71 17 71 17 71 17 71

这样，不必要的提示和对比渐渐隐去，直到在适当的刺激17 71，即17和71的大小相同的情况下，学生也能够辨别出这两个数字。

6.在对聋童进行语言训练的时候，也可以使用渐隐法。例如老师在教聋童学发含爆破音的字"破"时，在训练的开始阶段，老师要在出示"破"字的卡片后，对着聋童的手背发"破"的发音，让聋童感受到在发这个音时有

---

①② 吕静：《儿童行为矫正手册》，浙江教育出版社，1992年1月，第138页、139页。

气流,然后让聋童跟着发"破"的发音。

在第二步的训练中,老师在出示"破"字的卡片后,发"破"的发音,然后让聋童跟着发"破"的发音。

在第三步的训练中,老师出示"破"字的卡片后,做出"破"的口型做提示,然后让聋童跟着发"破"字的发音。

最后,老师出示"破"字的卡片后,让聋童发"破"字的发音。

7.老师在教学时,采用渐隐使学生认识数字和单字,掌握数的加减。如图10-1和图10-2所示。[①]

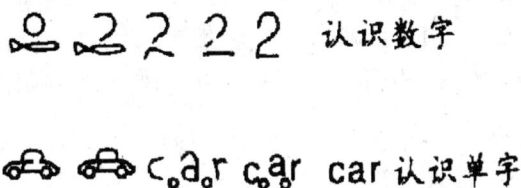

图 10-1　用渐隐法教儿童认识单字和数字

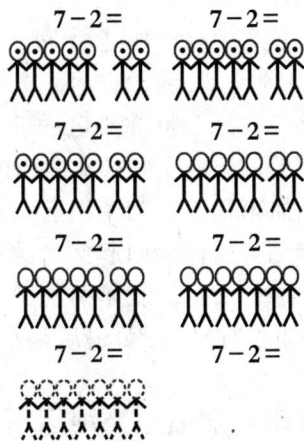

图 10-2　用渐隐法教儿童学减法

三、渐隐的优点

渐隐技术的发现和发展导致了教育者观点的巨大改变。过去总认为人们在学习中必须经过尝试和错误,才能知道哪些是不应该做的,哪些是应该做的。渐隐技术却使人们在学习中可以减少尝试的错误,即产生一个无错误的辨别过程。这个过程比包含有尝试错误的程序至少有三个优点。

1.节约了宝贵的时间，因为渐隐直接提供正确反应模式，它使得行为少走弯路。

2.渐隐避免了错误的发生，这样也就避免了由于一而再、再而三地重复错误而使错误反应达到一定的强度。

3.当错误已经产生，再进行消退，容易使被矫正者产生消极情绪，如得不到强化物，就发脾气，产生攻击性行为和企图逃离情境等。应用渐隐程序就可以避免上述副作用。它一开始就引导被矫正者步入正确反应之中，并使他心情愉快地进行学习。

相关的动物实验表明，经过渐隐训练的鸽子，在非辨别刺激出现时会平静地等待辨别刺激，而用尝试错误训练的鸽子，在非辨别刺激出现时会表现情绪行为，如拍翅、跳跃等，这些情绪行为与给予厌恶刺激时的反应是相似的。

第二节　渐隐的误用

一、由于渐隐使孩子逐渐形成不良行为

这是渐隐的误用的第一种类型，例如有些儿童不断加重自伤行为，就是通过渐隐形成的。当儿童第一次把头撞在小区的玻璃大门上的时候，父母会跑过来表示特别的关注；但是，当儿童第二次撞头的时候，父母由于知道儿童无大碍，关注的力度就不如第一次。为了引起父母的再度特别关注，儿童就把头撞在电梯的钢质墙壁上，这样会引起父母的特别关注。如此地反复，儿童最后把头撞向水泥的墙壁上，目的就是引起父母的特别关注。

在这里，儿童撞头的材质由玻璃到钢，最后是水泥，硬度在不断增加。

二、该运用渐隐法时却不知道适当地运用它

这一误用最常见的事例是，训练孩子逐步学习某一反应时，使学习进度始终停留在先期程度上，结果导致孩子的固结反应。例如，教儿童学习加减法，开始为了形象化，示意他用手指计算，随后过渡到用竹签替代手指。但当儿童用表象替代实物进行计算表现出困难时，家长和老师便不再进一步要求他。随着竹签运用的熟练性增加，儿童将对竹签产生严重的依赖感，这样就妨碍了他们对心算的学习。

三、使用渐隐的时候,渐隐的步骤过于简单,从而使行为不能建立起来

渐隐是一种逐渐接近的方法,中间有一系列的过程,有些人在运用的时候忽略这点,渐隐的步骤过于简单,从而使新行为不能建立起来。例如,小李为自己的妈妈当汽车陪练,对于他妈妈这样的中年女性而言,虽然拿到了驾照,但是实际驾驶时的经验和胆量都有些欠缺。小李在第一个周末的表现还可以,带着妈妈在郊区一个空旷无人的道路陪着妈妈驾驶,在这里,妈妈可以随意调整车的档位和车速,小李不时地详细提示起步停车的要领,妈妈开车的技巧和胆量都有所提升。第二周,小李想在周末去看球赛,就陪着妈妈来到了家附近的二环路,这是条城市主干道,路上车较多,开起来的车速也在70迈以上,妈妈一下子看到这么多的车,立即慌了神。在过一个立交桥的时候,和一辆车发生了刮蹭,妈妈从此谈车色变,再也不提开车的事了。

这里小李犯的错误就是渐隐的步骤过于简单,使妈妈练习开车的环境从无人的郊区道路直接到拥挤的城市主干道,操之过急,反而欲速而不达。

第三节　有效运用渐隐的原则

要使渐隐方法正确有效,必须做到:

一、正确选择终点刺激

在渐隐程序中,选择的终点刺激(最终控制行为的刺激)应该是儿童在自然生活情境中经常碰到的。如在教小明回答自己名字的例子中,终点刺激就是用正常的音量问:"你叫什么名字?" 这是儿童在日常生活中常见到的。又如前面教儿童学画圆的例子中,终点刺激是"纸上画圆",即不只是教会儿童描画一个圆,还应该让儿童学会独立地在空白纸上画出圆。

二、选好起始刺激

在渐隐程序中,选择一个能保证引起需要行为的起始刺激是非常重要的。起始刺激应能引起所需要的反应。如在教小明回答自己名字的训练中,老师知道只要大声地说出问题的最后一个词,小明就会模仿说这个词,因此老师选择的起始刺激是:非常轻柔的问题"你叫什么名字"加上迅速地大声说出"小明"这个词。在斯里默的程序中,为了使学生识别17和71的区别,起始刺激是17和71。

能引起反应的刺激有时也被称做激起。激起可有不同的种类,常见的有

言语激起,以语言刺激为主;手势激起,指老师未触及学生的动作;身体激起(也称身体指导),指接触学生并指导他;环境激起,环境的某些方面发生变化激发了个体发出所需要的行为。可以采用上述激起的任何一种,或几种激起联合使用,来促使个体做出正确反应。

例如在训练智力落后儿童墩地的行为时,老师可以说"现在把墩布从洗手池中沥干",用的是言语激起;在刚开始训练时,老师也可以自己先把墩布从洗手池中沥干,这就是手势激起;或者老师用手握住学生的手,帮助他把墩布沥干,这属于身体激起了。总之,上述的几种激起在渐隐程序中是常用的,它们往往通过渐隐程序以增加或减小刺激的难度,引发学生的正确反应。

三、选择适当的强化物(参见第三章的原则)

四、选择好渐隐步骤

1.说明为了达到最终的刺激控制,将要隐退的刺激的维度(如颜色、人或声音的强度等等);

2.列出具体的渐隐步骤,以及从上一步移到下一步的规则。如果在训练程序开始时,儿童能对激起多次做出正确反应,那么这个激起就可以在几次练习之后逐渐隐去;

3.合理实施计划。实施计划时必须注意,刺激维度的渐隐应该缓慢进行,如果儿童的反应发生了错误,应立即返回到前一步,重复前一步的刺激控制;

4.另外,当每一步的训练达到要求的时候,应该及时给予正强化。

第四节　渐隐法实施典型案例[①]

在一所弱智学校里,有个8岁男孩,名叫小刚,患有较严重的孤独症。在课堂上他已参加了代币强化训练,在训练中得的扑克牌可以兑换糖果或其他物品。通过学习,他已能认从1-10的数,但仍不会数物体(到10个)。为了教会小刚数实物,老师们设计了一个详细的渐隐训练程序,如图10-3所示。

1.给小刚一张白纸,右上角印有一个数字,纸上画着与右上角数字同等数量的圆圈。训练开始时,老师指着右上的数字(例如5)问小刚:"这是什么数?"当他正确地识别数字后,老师就说:"小刚真是个聪明的孩子。现在

---

① 吕静:《儿童行为矫正手册》,浙江教育出版社,1992年1月,第143页。

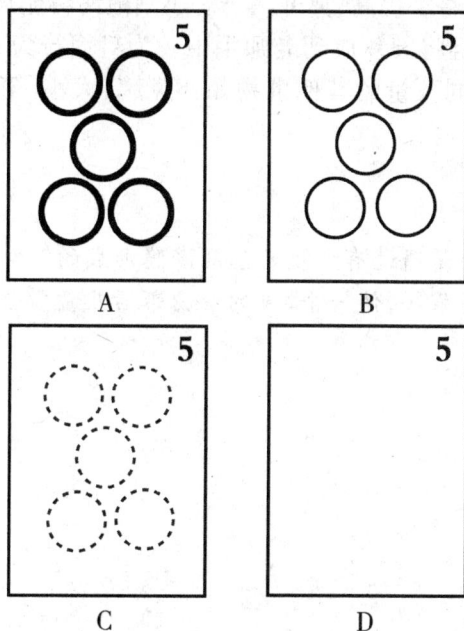

图 10-3 用渐隐法训练儿童数 5 个物体示意图

你把5个圆片放到纸上去。"小刚于是就从一大堆硬纸板剪成的圆片中,一个一个地拿出圆片来并放到纸上的一个个圆中去。若反应正确,老师马上表扬并给他一个代币。如果小刚反应不正确,老师就指出不正确并马上示范正确的反应。如果小刚连续10次正确完成,就进入下一步的程序。

2.纸上的圆的轮廓线变细了点,其他同上。

3.纸上圆的轮廓变成虚线,其他同1。

4.纸上空白,只有右上角的数字,其他同1。

5.小刚面前的桌子上已没有白纸了。训练时,向小刚呈现用硬纸片剪成的数字。

问:"这是什么数?"当小刚能正确认识数字5时,老师接着说:"小刚真是个好孩子,现在你把5个硬圆纸片放到你的桌子上来。"如果做对了,就立即给予强化。只有当小刚能连续10次正确完成这一步骤时,才能进入下一步。

6.小刚能正确认数时,这一步的方法已完成。

7.老师发现平时更接近自然情况的是别人伸出手,要求儿童给他特定数量的实物,所以,训练程序就进入到第7步。老师伸出手说:"小刚,乖孩子,请你给我5个圆纸片。"第一次练习中,老师把手摊放在桌子上。第二次练习时,老师就可以将手提高,离开桌子。小刚最终将能从一堆圆片中拿出正确数量的圆片并且将圆片放到老师手中。为巩固行为,在第7步后,还可以要求儿童数出相同数量的其他事物如扑克牌,大小、形状和颜色不同的木块。

【思考题】

1. 你的哪个行为是通过有意或无意的渐隐形成的?
2. 设计一个渐隐程序,使一个5岁的智力落后儿童学会用勺吃饭。

第十一章　链　锁

第一节　链锁的含义及类型

一、链锁的含义

1.刺激控制。个体的某些反应往往是一些刺激出现的时候发生,而在另一些刺激出现时不发生,这就是刺激控制。

如我们端起水杯喝水的行为, 只发生在水杯里有水这个刺激出现的时候,不会发生在水杯里没有水这个刺激的时候。于是,在行为发生前的刺激就有两种:一种是当该刺激出现时发生特定反应,就能得到强化。我们把这个刺激叫做那个反应的SD,这是辨别刺激的简写。另一种刺激是当该刺激呈现时,特定反应的发生得不到强化,我们把这样的刺激叫做SΔ,也是辨别刺激。所以我们说有两种辨别刺激SD和SΔ。SD和强化有关,SΔ和消退或无强化有关。

当水杯里有水时,端起水杯喝水这个行为才能得到强化——解渴。

而当水杯里没有水时, 端起水杯喝水这个行为就得不到强化——不能解渴。

所以,对于端起水杯喝水这个行为而言,水杯里有水就是SD,它和强化有关;而水杯里没有水是SΔ,它和强化无关。

2.刺激——反应链。一个刺激——反应链是由一系列的辨别刺激(SD)和反应(R)组成的。其中,一个辨别刺激可以引发特定反应,形成一个S——R环节;而每一个反应又可成为下一个反应的辨别刺激SD。最终形成一连串的S——R环节。这就是刺激——反应链, 表示为:SD_1——R_1——SD_2——R_2——SD_3——R_3……SD_9——R_9——S^{R+}。在图式的右端,符号"S^{R+}"标志着当链中的最后一个反应完毕后, 要给予一个较强的正强化。这就是说,为了使链保持"不生锈"和牢固状态,必须经常"擦油"。

例如,在用手机打电话这个行为中,行为可以被分为:①手伸向提包;②拿出手机;③拨号;④通话四个行为系列。用刺激——反应链来表示就是:

SD_1手机在提包里——R_1手伸向提包

SD_2手伸向提包——R_2拿出手机

SD_3拿出手机——R_3拨号

SD$_4$拨号——R$_4$通话——S^{R+}和别人沟通,得到相关信息

在这个刺激——反应链中,每一个反应都是下一个反应的辨别刺激SD。

SD$_1$手机在提包里——R$_1$手伸向提包

SD$_2$手伸向提包——R$_2$拿出手机

SD$_3$拿出手机——R$_3$拨号

SD$_4$拨号——R$_4$通话

3.链锁。通过训练上述刺激——反应链来建立目标行为的方法叫做链锁。需用链锁原理建立的目标行为通常都是比较复杂的系列性行为,如整理床铺、安排餐桌或穿衣裤等日常生活技能,它们都可以通过链锁原理来训练。所以,链锁是用来发展一连串"刺激——反应"序列行为的方法。在这个一系列的"刺激——反应链"中,每一步都自成一个刺激(S)——反应(R)的环节。应注意以下两点:

(1)只有当刺激——反应链中的每个环节都很牢固时,整个一连串的链锁性行为方能形成。也就是说前一个刺激所引发的反应如果很微弱,那么它就不能构成下一个反应的辨别刺激,自然也无法引发起下一个反应了,其余的链锁性行为也会因此而中断。因此,我们在进行儿童的链锁行为训练时,必须牢记只有在儿童对每一个行为环节都完全牢固地掌握之后,才能进行下一步动作或反应的学习。

(2)当发现行为链中的某一环节完成起来非常困难时,可以把这一环节打开,再细分为更小的一系列的刺激和反应,以便于行为的建立。

二、链锁训练的三种重要方式

链锁训练在实际操作中有三种重要方式——整个任务呈现、逆向链锁和顺向链锁。

1.整个任务呈现。这是指在每次练习中,都从链的开端一直进行到末尾,做完所有的步骤后,再给予强化。经过多次练习之后,就可以使被训练者掌握所有步骤。

妈妈要教给儿童用筷子吃饭的行为,可以在示范之后,要儿童把整个刺激——反应链做一遍,如果儿童做对了,就给予正强化物——糖果。

这个刺激——反应链是这样的:①拿起筷子,②把筷子的上端放在大拇指和食指的中间,③转动中指,使用中指,把筷子分别放在中指与食指之间和中指与无名指之间,④移动筷子的底端,夹住食物。整个任务呈现可以用图11-1表示。

$$\boxed{SD_1 \text{——} R_1} \rightarrow \boxed{SD_2 \text{——} R_2} \rightarrow \boxed{SD_3 \text{——} R_3} \rightarrow \boxed{SD_{n-1} \text{——} R_{n-1}} \rightarrow S^{R+}$$

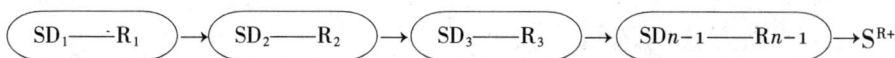

图11—1 整个任务呈现图示

2.逆向链锁。逆向链锁是把整个刺激——反应链次序反过来进行训练的方法。即先训练最后一步;然后再教倒数第二步并将之与最后一步连结起来训练;以后再教倒数第三步并将之与最后的两步联系起来;如此下去,逐渐逆向传递至链的开端。可以用图11—2表示。

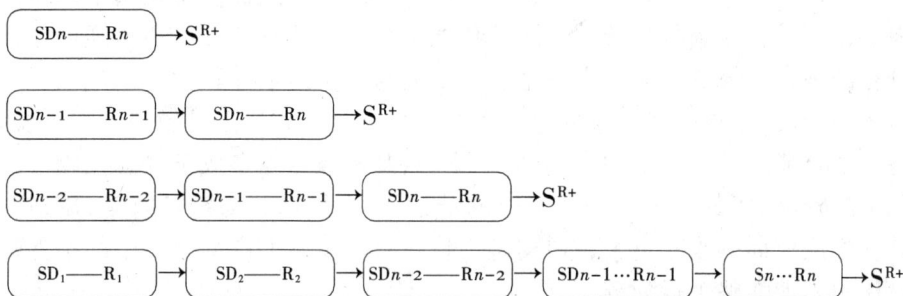

$$\boxed{SD_n \text{——} R_n} \rightarrow S^{R+}$$

$$\boxed{SD_{n-1} \text{——} R_{n-1}} \rightarrow \boxed{SD_n \text{——} R_n} \rightarrow S^{R+}$$

$$\boxed{SD_{n-2} \text{——} R_{n-2}} \rightarrow \boxed{SD_{n-1} \text{——} R_{n-1}} \rightarrow \boxed{SD_n \text{——} R_n} \rightarrow S^{R+}$$

$$\boxed{SD_1 \text{——} R_1} \rightarrow \boxed{SD_2 \text{——} R_2} \rightarrow \boxed{SD_{n-2} \text{——} R_{n-2}} \rightarrow \boxed{SD_{n-1} \cdots R_{n-1}} \rightarrow \boxed{S_n \cdots R_n} \rightarrow S^{R+}$$

图11-2 逆向链锁图示

老师训练儿童学会整理自己的床铺这一生活技能。整理床铺这一行为由一系列的动作所组成:①把盖被展平;②两边对折盖被;③另两边也对折;④折叠好盖被;⑤整理好枕巾;⑥把枕头放在叠好的盖被上;⑦整理好床单。对于这一系列较长的行为,通常可采用逆向链锁法。

3.顺向链锁

这种方法是指先教系列的第一步;然后教第二步,并将之与第一步联系起来;再教第三步;这样直至掌握整个链。顺向链锁可以用图11-3表示:

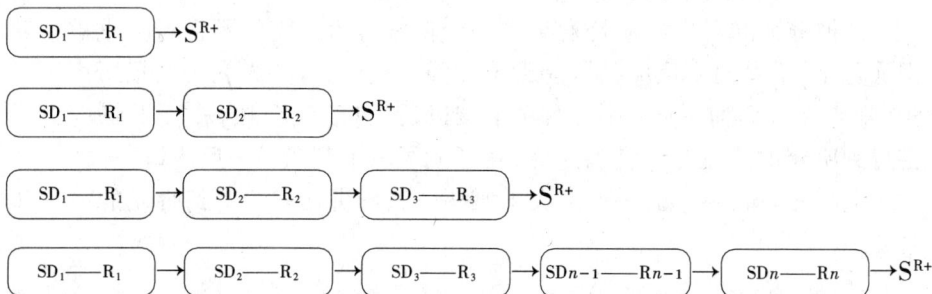

$$\boxed{SD_1 \text{——} R_1} \rightarrow S^{R+}$$

$$\boxed{SD_1 \text{——} R_1} \rightarrow \boxed{SD_2 \text{——} R_2} \rightarrow S^{R+}$$

$$\boxed{SD_1 \text{——} R_1} \rightarrow \boxed{SD_2 \text{——} R_2} \rightarrow \boxed{SD_3 \text{——} R_3} \rightarrow S^{R+}$$

$$\boxed{SD_1 \text{——} R_1} \rightarrow \boxed{SD_2 \text{——} R_2} \rightarrow \boxed{SD_3 \text{——} R_3} \rightarrow \boxed{SD_{n-1} \text{——} R_{n-1}} \rightarrow \boxed{SD_n \text{——} R_n} \rightarrow S^{R+}$$

图11-3 顺向链锁图示

三、链锁方式的选用

1.如果所要训练的行为较简单,刺激——反应链较短时,应用三种链锁法没有多大差异,都可以来用。

2.逆向链锁与其他两种方法相比,具有重大的理论上的优势,它充分符合条件强化原理。如在教儿童学整理铺床的范例中,在训练最后一步"整理好床单"之前,老师已完成了前面①至⑥的动作,"已放好枕头",这就构成了最后一步训练的辨别刺激,同时也变成了进行⑤步训练的条件强化物。如此下去,每个步骤上的Sd都变成了一个条件强化物,从而使得在整个链尾的强化作用沿着这条行为链逐步地转移到一个一个的SD上了。所以逆向链锁具有的理论优势是:能产生一个又一个较易获得的条件强化物来加强每个新增加的反应。这一点在顺向链锁和整个任务呈现方法上是做不到的,这两种方法只能产生一个个的辨别刺激(Sd),却不能自发形成条件强化物。因此,在所要训练的行为是一般复杂的链锁行为时,即行为链较长时,用逆向链锁方法来训练收效更大,逆向链锁将在每一步骤上产生一个个的条件强化作用来加强整个行为链。

3. 由于逆向链锁法是按一个行为的自然次序的相反顺序进行训练的,因此当儿童脱离了行为矫正情境、进入正常的生活情境时,已形成的行为链容易被打乱,所以许多研究者和工作人员在训练儿童的日常行为时,更经常地使用顺向链锁和整个任务呈现方法。此外,还有一些专家的研究表明:当训练弱智儿童时,整个任务呈现比其他两种方法更为实用。

第二节　链锁的误用

一、形成了不需要的刺激——反应链

这种链锁的误用常常是发生在一个良好行为之前的不良行为也被无意识强化了,于是两个反应共同受到了加强。比如,有些人在公共场所由于紧张,常常在讲话前干咳一声,而在干咳以后,讲话就会顺畅,而顺畅的讲话会得到听众的注意和赞赏。这样,就形成了一个刺激——反应链。

干咳——顺畅讲话——再次干咳——顺畅讲话——得到听众的注意和赞赏。

二、在一个行为矫正程序中应用了别的行为矫正程序，这也会导致一些不恰当的链产生

马丁和皮尔曾经举例说明这种链锁误用的情况。例如：一位父亲想教会儿子理解"不对（这样做不行）"这词的含义，把他先前已使用的惩罚法改为正强化。以前一旦孩子去接触危险品（如电灯插座）或易碎物品时，父亲就用严厉的口吻说"不行"并对儿子加以惩罚（打屁股），现在这位爸爸每当看见孩子听到"不行"后不再碰物体了，就立即表扬并拥抱他。可是有一天他发现孩子已形成了一种行为模式，就像在玩"游戏"似的，表现为：

1.儿子在爸爸看得见的时候去接触物品；

2.一旦爸爸说"不行"，就不再碰物体，但走近爸爸，得到表扬和拥抱；

3.在其他危险品上重复，以得到更多的表扬和拥抱。

慢慢地孩子也就形成了这样的链：SD_1（爸爸在场的时候）——R_1（儿子去碰物品）——SD_2（爸爸说"不行"）——R_2（儿子不碰，并跑向爸爸）——S^{R+}（爸爸给予表扬和拥抱）。

上述行为链是一个不恰当的链，儿子对"不行"这个词的理解是只要说"不行"，就应该不碰并要得到强化（跑向爸爸得到拥抱）。这位父亲犯的错误在于：在惩罚程序中应用了正强化程序，使儿童形成了不恰当的行为反应链。

三、形成过快或过慢的行为链

常常有一些患肥胖症的儿童吃东西吃得太快，其关键是他们已形成了一种不良的行为链：把食物放在碗里——把食物放在嘴里——咀嚼食物时又把其他食物放在碗里——在咽下食物时再把下一个食物放入碗里——如此下去，这个行为链显然是快节奏的，不利于消化。

对于这种形成过快的行为链，可以把它打断，于是一个恰当的行为链就产生了：把食物放在碗里——把食物放在嘴里——过三秒钟——再把食物放在碗里……比较上面两个行为链，我们发现在前一不良链中，儿童在吃完口中的食物前已准备好吃下一口的食物了，而在后面一个良好的行为链中，已把各个环节分成了小环节，其中又有短短的间隔。

同样的道理，对于过慢的行为链，可以通过把刺激反应链压缩的方式，改变过慢的行为。

例如，小贝在早晨起来后，从穿衣、洗漱到吃早饭，用一个小时的时间，使妈妈和他经常迟到。仔细观察，小贝是这样穿上衣的：

从床上坐起愣神1分钟——走到柜子拿衣服——坐在床上躺2分钟——

穿左衣袖——穿右衣袖——把衣服套好。

对于这种行为,可以把过长的行为反应链压缩,如把穿上衣行为压缩为:

从床上起来后从柜子里取出上衣——穿上左衣袖——穿上右衣袖——把衣服套好。

从上述的几个实例中我们可以看出:儿童在日常生活中的许多不良行为都是由于不注意或者错误地发展了不良行为链而产生的。

第三节　有效运用链锁的原则

在建立刺激——反应链时,必须遵循下列原则:

一、进行任务分析,确定行为系列的反应成分

任务分析就是把所要建立的行为分解成细小的成分或步骤。这种把一个行为任务分解成较小的反应成分或步骤,使训练顺利进行的过程就称为任务分析。

进行任务分析,确定行为反应链,必须注意以下原则:

1.任务分析后,所确定的链的各个环节必须足够简单,使儿童没有多大困难就可以学会。

2.在分解行为、确定行为链各步时,上一步与下一步之间应有一个界限分明的刺激,才能使这些步子成为下一个反应的辨别刺激(Sd)。

二、实施一次预备性示范练习

在儿童完成一个行为序列前,必须把整个反应序列先示范一遍,并结合语言详细描述每一步的操作要求。在示范练习之后,再把反应任务分解开,重新排列来进行训练。

三、使用文本激起和图像激起

在第十章曾经介绍了几种主要的激起——言语激起、手势激起、身体激起等方式,在链锁训练中,可以在使用这些激起的同时,充分利用文本激起和图像激起。

文本激起是针对有阅读能力的个体的,训练者给学习者一个按照行为顺序排列的各步骤的清单,在实际练习时,学习者就按照清单上的指示来完成任务。在完成任务以后,就可以给学习者正强化。例如,在买了微波炉后,可以按照说明书提供的微波菜谱来烧菜。在安装软件的时候,可以按照安装

指南来操作。

有研究者曾经用文本激起训练轻度智障的青年整理房间物品，经过训练，所有的学习者都能利用文本激起完成任务，当完成任务后，他们会得到奖赏。

图像激起就是把每个行为或任务中的每个步骤绘成图，用这些图像帮助学习者按照正确的顺序完成任务。在完成任务以后，就可以给学习者正强化。

威克（Wacker）用图像激起的方法，教给重度智障的青少年完成复杂的职业和日常生活技能。如叠衣服或安装工业配件，研究者将要完成的每一步的图片放到笔记本里，并交给他们翻动笔记本的每一页的图片进行图像激起。参加训练的3个青少年都学会了用图像激起的方法来指导自己的学习。

四、实施训练

1.在开始训练时，必须先对儿童提出要求。

2.在训练每一步时，要以正确的次序进行，不然将会建立起不恰当的刺激控制。如一个幼儿可能学会错误地数数：1、2、4、3。

3.在训练下一步前，必须使前面一步达到很熟练的水平，同时要求儿童能完成以前所学的所有步骤。这一点非常重要。因为如果在一个行为链中有一个反应步子很弱，那么就会使这一步之前的所有步子都减弱，而且整个链的联结也不牢固。另外，在前一步还未牢固掌握时就教下一步，会使儿童觉得学习下一步的任务太困难，因而前一步行为得不到足够的强化，最终导致消退。

五、充分正强化物，使训练更有效

1.在训练的早期，可以给予连续强化，随着熟练程度的提高，可以用间歇强化。

2. 对每一步的正确反应给予强化的同时，还应给予社会性强化物，如"你真聪明，做得太好了"等。

3.尽快地减少每一步训练中的额外帮助。

在开始训练行为链时，可以提供必要的言语激起和身体激起，但同时也必须记住：在儿童能成功地完成每一步之后，这些额外的帮助应尽可能迅速地进行渐隐，切忌使儿童产生对这些帮助（如身体指导）的依赖性，以致在练习中他只能等待你的帮助来完成，甚至有可能你的帮助反倒强化了儿童的错误反应。

第十一章 链 锁

第四节 链锁实施案例[①]

霍娜等用整个任务呈现训练智障儿童和青少年刷牙。他们把刷牙分成15步,并用三种激起来训练:身体激起加言语激起;示范加言语激起;只有言语激起。在每次训练时,研究者都对每一步的任务分析给予激起。图11-4显示了训练的效果。

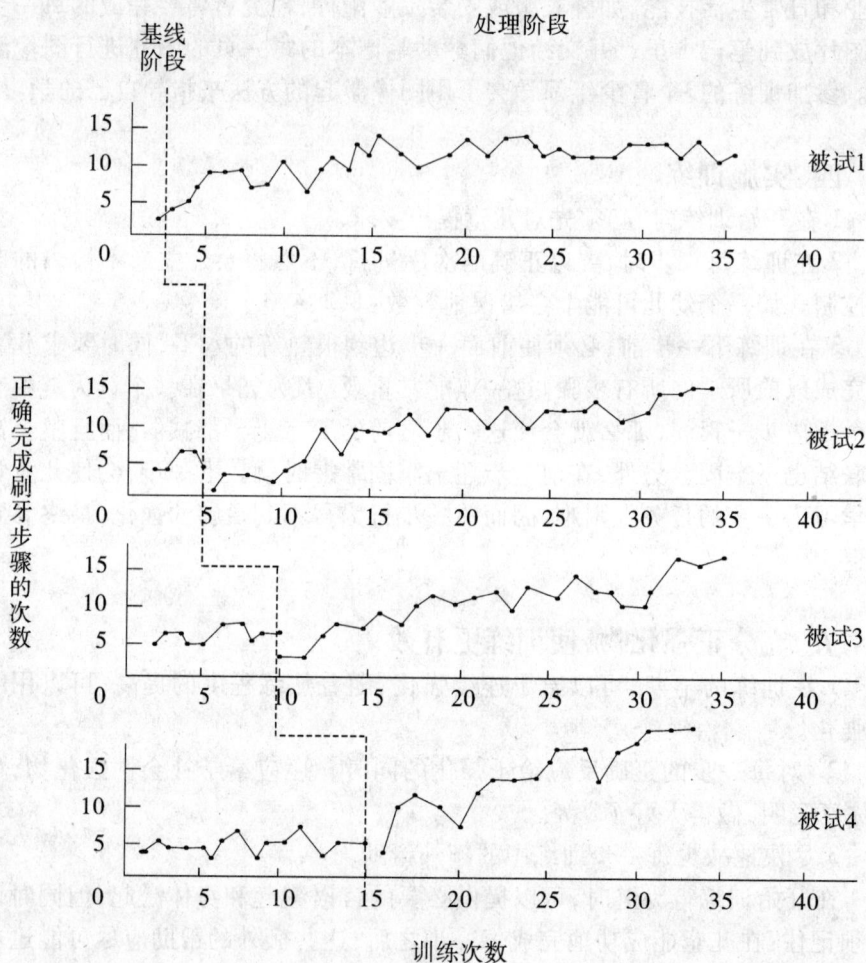

正确完成刷牙步骤的次数

训练次数

---

① [United States] Horner,R.H.& keilitz,I.;*Training Mentully Retarded Adolescents to Bursh Their Teech*,*Tournal of Applied Behavior Analysis*,1978,8,P301-309.

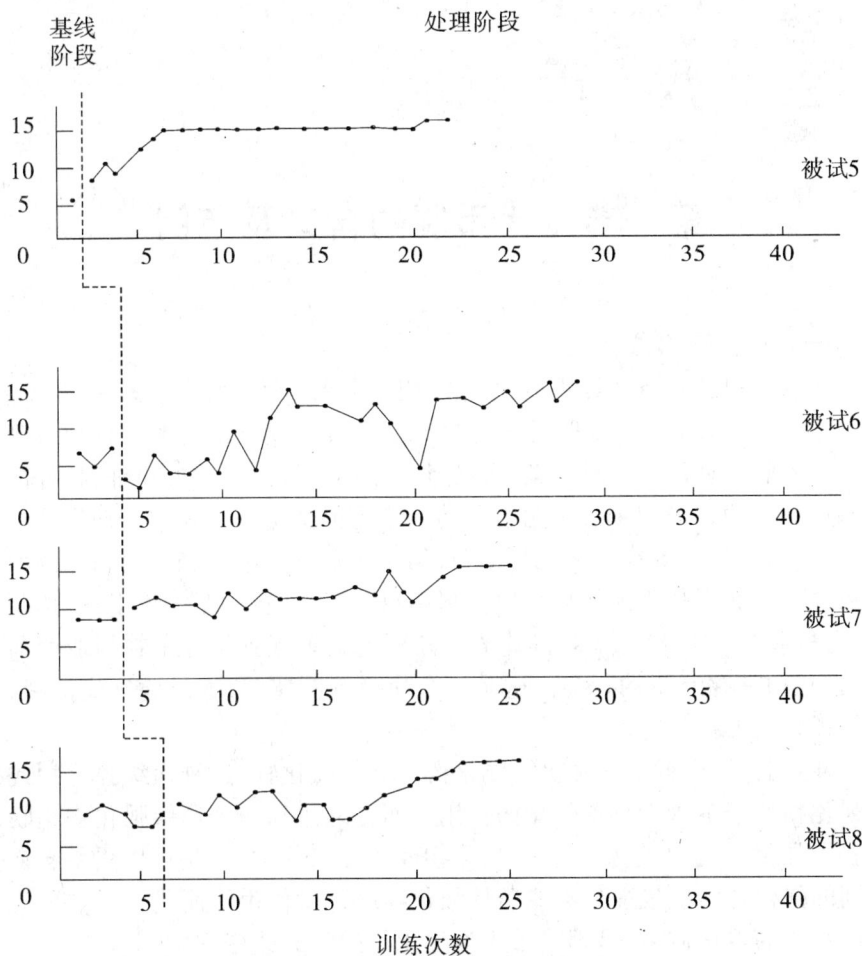

图11-4 用链锁法训练8名儿童和青少年刷牙行为的效果图

从图11-4可以看出,在训练时采用了跨越不同个体的多项基线设计,在实验处理阶段,8名智障儿童和青少年的刷牙次数均有所增加。

【思考题】

1.使用图像激起,使7岁的孤独症儿童小民学会在学校自己吃饭。

2.针对一个行为进行任务分析。

第十二章

代 币 制

第一节 代币制的含义及范例

一、代币制的含义

沃尔夫和考利斯曾经用黑猩猩做实验对象，考利斯先教黑猩猩学会使用一架自动贩卖机，让黑猩猩学会投一枚代币，启动按钮，然后就会得到葡萄。接着教它使用另一种机器，即拉动一条附有强力弹簧的拉杆，拉杆的另一端放有葡萄，黑猩猩必须用力拉动，才能得到葡萄。等这个动作熟练以后，杆的另一端放置代币来代替葡萄，结果发现黑猩猩用和前面一样的力量拉动弹簧以获得代币。然后让黑猩猩用1枚代币在自动贩卖机中获得葡萄，之后是用2枚、3枚代币来获得葡萄。渐渐地，黑猩猩学会了在换取葡萄之前，把代币储存起来的行为。这是一个代币制的实验，通过建立代币制，强化了黑猩猩的拉杆行为。

事实上，代币就是一种次级强化物或条件强化物，这种次级强化物或条件强化物原来本身不具备强化的作用，而是通过和一个原级强化物相联系才获得强化力量的，这就是次级强化物或条件强化物。凡是可以累积起来交换别的强化物的次级强化物或条件强化物就称做代币。而代币制被视为一个符号化的强化体系，是用代币作为强化物的行为改变程序。

在某种情境中出现了一个行为，会得到一定数量的代币，使用代币来换取其他强化物的行为改变技术的方法，就是代币制。

因此，在这个意义上说，代币制可以看做是正强化的一种形式，只不过在正强化中，当个体表现出良好行为后，得到的是糖果等原级正强化物；而在代币制中，个体表现出良好行为后，得到的是代币，然后再用代币换取正强化物。

二、代币制范例

代币制是一个应用范围广泛的行为改变技术的方法，下面是代币制的范例。

1.鲁滨逊等使用代币制来处理18名儿童的行为。这18名儿童有多动和学习成绩差两大类问题行为，终点行为是提高这些儿童的阅读及词汇能力。

研究人员用彩色的圆牌儿做代币,当儿童完成指定的作业就可以得到彩色的圆牌儿并拴在手腕上。用彩色的圆牌儿做的代币可以兑换15分钟玩乒乓球或电视游戏的时间。实验的结果表明,学生们完成指定作业的数量急剧增加。

2.小军是小学五年级的男孩,他的问题行为:无法完成每天的作业,缺乏学习动机。但是他每天花很多时间去画航天员,组合宇宙飞船。于是教师采用记点制度,当他确实完成了作业的90%时,就给予一点,每天饭后交换点数,每一点可换取10分钟时间去设计他的科学方案。于是小军为设法换得更多的时间用于他的科学方案,享受他的创作,不得不很好地完成作业。这样,教师们期待他逐步完成作业并进一步追求好成绩,他也很高兴同学们来分享他设计科学方案的快乐。小军的进步终于使他的学习成绩提高了。

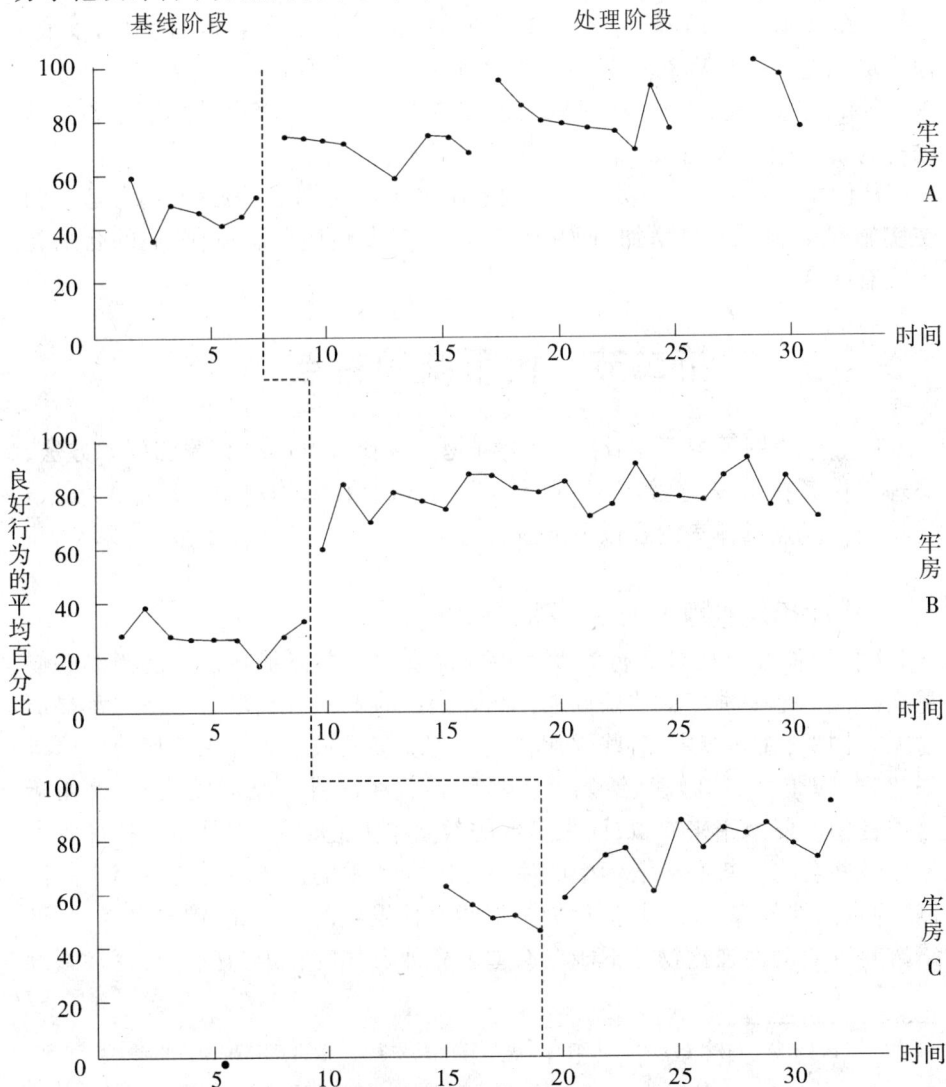

图12-1　管教所内实施代币制后青少年良好行为变化图

从图中可以看出，在实施代币制的A、B、C三所牢房，男孩们的合适行为在实施代币制后明显增加，而在D牢房，没有实施代币制，男孩们的合适行为没有改变。

3.在工厂环境中也可以使用代币制。有一项研究是针对开放的矿井中的安全生产行为所设计的。在这个代币制中，如果在矿工所在的小组成员没有设备事故，就可以得到代币，如果矿工提出安全建议并被采纳时，也会得到代币。获得的代币可以在一家商店兑换成数千种物品的印花。在使用这个代币制以来的10年，伤害事故的发生减少了，而且每年可以节省30万美元。

4.某个青少年的管教机构中，使用代币制对125位男孩的问题行为进行干预。当这些男孩表现守纪律、完成指定任务、表现可接受的社会行为、排队行为等良好行为后，就可以在自己的单据上显示每天得到的代币的数量。他们可以把单据储存在一家银行并得到利息，也可以兑换成实物——苏打水、糖果、零食、玩具、游戏、娱乐活动或自由回家。实施代币制使这些男孩的行为得到很大改观。[①]结果如图12-1显示。

从图中可以看出，在实施代币制的A、B、C三所牢房，男孩们的合适行为在实施代币制后明显增加，而在D牢房，没有实施代币制，男孩们的合适行为没有改变。

第二节　代币制的特点

从上述的例子中不难看出，代币制是一种比较好的行为改变技术方法，心理工作者在学校、教养机构甚至工厂实施代币制，均取得了较好的效果。代币制的优点具体表现在以下五点：

一、代币制使强化作用更加有效

1.代币能在所要求的行为发生后立即发放，并且能在以后适当的时候兑换。代币是一种广泛的条件强化物，在代币制中，任何场合下强化都显而易见。例如，在学校中，有些强化物是不宜直接发放的。如果直接使用原级强化物，像蛋糕、冰激凌、酸奶等食物就不宜在课堂上立即发放，一是由于这些食物需要冰箱来冷藏，而大多数的教室中无此设备；二是由于在课堂上发放这些食物，势必分散学生的注意力。而代币的发放不受这些因素的限制。而且，在学校中，有些强化物是不能直接发放的。例如，像看电视、玩网络游戏等活动性强化物是不能在课堂上立即发放的，因为些活动直接影响

---

① ［美国］米尔腾伯格：《行为矫正原理与方法》，石林译，中国轻工业出版社，2004年7月，第378~379页。

到学生的学习秩序。而使用代币制,可以在学生出现良好行为后给代币,然后在适当的时候,如下课或自由活动时间,用代币来交换这些活动强化物。

2.使用代币,使个体的任何微小的行为改变都能够得到强化。在代币制中,可以根据所要求行为的重要性、被试所花的努力的大小以及行为质量的好坏等差别,发放不同数量的代币。这样,个体的任何微小的行为改变都能够得到强化,而不是像在正强化中那样,只有在完全做完一个良好行为才能得到奖赏。例如,可以在小依做对90%作业的时候给予1个代币,做对100%作业的时候给予2个代币,这样,既肯定了小依做对90%作业的行为,又激发她向做对100%作业的目标而努力。

3.使用代币,可避免由原级强化物所引起的满足现象。使用一种原级强化物,会使个体产生对这个原级强化物不再需要而满足。而在代币制中,有多种原级强化物供个体选择,避免产生对某种原级强化物的满足。

4.代币可以使人们明确地看到自己的进步和退步。在代币制中,个体可以通过自己手中代币的增加来直观地感觉到自己的进步,也可以通过自己手中代币的减少,感觉到自己的退步,从而使个体及时调整自己的行为。

5.代币的价值不会因为发放代币者的情绪变化而变化,即代币的强化作用具有较强的客观性。

二、代币的使用可以更有效地控制教师的行为

代币在行为矫正者或者教师手中起着一种辨别刺激的作用。因此代币的存在可提醒教师去强化学生的良好行为,同时对学生的良好行为进行记录。

三、代币是一种良好的教学工具

代币的应用有助于简单的算术教学,它可以教会学生如何计算代币,如何用代币换取等价原级强化物。学生由此可学会简单的加减运算,并学会与用钱有关的一些行为。

四、代币的使用,为不良行为的惩罚提供了可能性

由于代币的存在,可以使用反应代价来惩罚个体,这就比身体惩罚与隔离等直接与身心伤害有关的惩罚要优越得多。

五、代币可以提高儿童的社会适应能力

通过代币,学生会学习购物和保管自己财物的这些自我管理技能,提高与他人沟通的能力。

在代币制里,儿童会把代币积攒起来换取价值较高的原级强化物,这样儿童就具有了延迟满足的能力,这种能力一直被视为是情商的重要部分。

通过这些能力的形成,儿童的社会适应能力得到提高。而且在涉及群体的情境中,代币的上述优点比单个人的情境更能充分地显示出来。

虽然有几多优势,但是代币制在使用时也有局限,表现在以下两个方面:

1.主要表现在代币制处理起来不方便,在代币制上花费的时间和精力使被矫正者和工作人员双方都不能专心于学习工作的重要方面。

2.大多数自然环境里不能为所需求的良好行为提供代币。例如在学校中儿童的礼让行为会得到代币,并能用代币换取自己喜欢或需要的正强化物,但是在正常的社会生活中,儿童在公共场合给老人让座是不会得到代币的。因此,当一个行为迁移到自然情境里通常要戒掉代币,这就给代币制的使用造成了局限。

第三节　有效运用代币制的程序和原则

一、明确目标行为和终点行为

任何不适宜的行为都可以在代币制中作为目标行为,任何良好的行为都可以在代币制中作为终点行为。在针对团体的代币制中,目标行为和终点行为可以各有很多。

二、确定代币

确定代币的原则是:代币必须是马上可以利用的实物或象征性的东西。代币必须是能够随时都可以方便地发放的。代币必须是被训练者不容易复制的。代币必须只能在你的交换系统中使用,不具备其他实用功能,不易与别的物体相混淆。表12-1就是可选用的代币。

表12-1　代币制中可选用的代币

圆塑料片	印出的卡片
笑脸	在卡上打孔
硬币	在纸上盖戳
人民币复制品	有老师签名的纸片
票证	标记在黑板上
小星星	小贴片

记录在检索卡上

小珠子　　　　　　　　小石头

切成各种几何形状的硬纸或塑料纸片（圆的、方的、三角形的等）

三、确定逆向强化物

逆向强化物也叫后援强化物，是指存在于代币背后、支持代币的强化物，它使得本来没有强化价值的代币具有了强化作用。

在选择逆向强化物时，应尽可能广泛地使用不同的逆向强化物，特别是在程序执行的初期，使用一些可以发放和消费很快的强化物（如糖果等）。选择逆向强化物时既要考虑其强化价值，又要考虑到购买这些强化物的经济价值，不要使逆向强化物的费用超出预算的支付能力。

另外，考虑到经济问题，有些逆向强化物可以是自然强化物，如为老师办事，参观学校的荣誉室，颁布早晨的通知，在班级中展示自己的绘画作品等，这些自然强化物既不用花费很多金钱，也是学生较喜欢的。

针对团体的逆向强化物，还要考虑到团体的年龄，表12-2就是可供小学生和中学生使用的逆向强化物，可以作为参考。

表12-2　小学生和中学生的逆向强化物

小学生的逆向强化物示例	中学生的逆向强化物示例
剪纸，贴画	借书
把自己的爱好向同学展示	看音乐录像带
休息时第一个挑玩具	使用体育馆里的一种器材
领导一个小组	吃零食或喝饮料
擦黑板	重新安排房间
玩弹球	打电话
给家里打电话	玩网络游戏
听音乐	和朋友一起吃饭
更多自由时间	做个人爱好活动

四、拟订代币交换系统

代币交换系统包括下列四个重要部分

1.行为的价值系统。在行为的价值系统里，应该指出良好行为可以获得多少代币，而问题行为要被罚多少个代币。表12-3是针对一个儿童设计的良好行为的价值系统，表12-4是针对这个儿童设计的不良行为的价值系统。

表12—3　良好行为的价值系统示例

行为	行为的价值
按时休息	1
不用妈妈叫自己起床	1
自己穿衣	1
自己梳头	1
收拾衣物	1
收拾床	2
完成课外作业	2
帮妈妈洗碗	1

表12-4　不良行为的价值系统示例

不良行为	失去的代币
不按时起床	1
晚上晚睡半个小时以上	1
房间有垃圾没有及时清理	1
衣服没有放在合适的位置	1
床凌乱	1
没有完课后作业	4

2.逆向强化物的价格系统。在逆向强化物的价格系统中,应该对所有的逆向强化物都标注出价格,即某个逆向强化物要用多少个代币来交换或购买。

在对逆向强化物进行定价时,应该根据逆向强化物的实际价格以及它的稀缺程度,以及个体喜欢的程度来为每个逆向强化物确定价格。

有些价值较高的逆向强化物如游戏机等,可以采取分时租赁制,使它的利用率提高。例如,可以用一个代币玩5分钟游戏机。

对于有些稀缺的逆向强化物,可以采用拍卖制,按照出价的高低来换取。例如,一支有奥运会五环标志的笔,大家都想要,就可以用拍卖,使价高者得,也促使儿童努力得到更多的代币。

表12-5　逆向强化物的价格系统示例

逆向强化物	价格
冰激凌	3

和妈妈上街购物	5
妈妈做最爱吃的炸鸡翅	5
Hello Kitty 玩具	15
买喜欢明星的唱片	6
上网1小时	2
决定周末全家的安排	4

3.确定交换的时间和地点。指定交换的时间和地点,并监督其交换。

五、实施代币制

当一个完备的代币交换系统建立起来,就要实施代币制了。在具体使用时,应该做到对儿童的良好行为及时发放代币,而对不良行为要及时实施反应代价。

六、撤离程序

当使用代币制达到了预期的目的时,可以撤离程序,让代币制形成的良好行为能够在自然环境中发生,可以用社会强化物或自然强化物来代替可见强化物。

第四节 代币制实施案例

题目:分段时间的零比率区别强化和反应代价相结合的代币制实施案例

研究者:张洁,北京联合大学学生,现在北京市石景山区培智中心学校任教

研究时间:2005年3月至5月

指导教师:许华红

一、被试的基本情况

孙某,男,8岁,轻度智障(经韦氏儿童智力测验,其智商为59),无其他残疾,但身体较为弱小。该学生语言理解力较同龄非智力落后儿童无太大差异,口语表达清楚,有一定的生活自理能力。经北京儿童研究所附属医院认定为多动症。在学校中,孙某一般很难将注意力长时间放在同一件事情上,很容易因外界的无关刺激而分心,并忙乱不停。最为突出的行为表现就是上课频繁摇摆椅子,严重影响听课的效果和课堂的纪律。老师曾多次对其说服

教育但作用不是很明显。所以,依据行为矫正的原理,采用代币制的方法对其上课摇摆椅子行为进行矫正。

二、实验的准备

1.确定目标行为及终点行为

目标行为:根据观察,孙某在其他课上的纪律非常差,多动行为发生异常频繁,但在班主任的语文课上则相对稳定一些,对于突出的行为问题易于观察和矫正,所以选定每天一节的语文课进行实验,矫正其频繁摇摆椅子的行为。其摇摆椅子的行为是指被试坐在椅子上,用身体带动椅子前后或左右摆动,使其椅子的两条腿离开地面。

终点行为:确定每节语文课摇摆椅子次数不超过1次为终点行为。

2.方法的选定

在代币制中,使用分段时间的零比率区别强化程序与和反应代价结合。

分段时间的零比率区别强化程序:把一节课40分钟分成四个时段,每个时段10分钟。如果在每个时段内,不良行为不发生,就可以得到一个代币。

反应代价:每天发放若干代币,不论在任何时段,只要发生一次问题行为,就扣除一个代币。

3.确定后援强化物

智力落后儿童比普通儿童更易受外在动机所左右,对舒适、金钱或其他具体的奖励,会比单纯地从成就所产生的内在满足更感兴趣,需要层次更低。因此,对智力落后儿童而言,选择消费性、活动性、操作性和拥有性后援强化物更适合。根据这一特点可制定出后援强化物的调查表,并由其家长填写,同时参考教师的意见,并最终确定强化物种类。

4.选择行为记录方式

此次实验主要矫正的是摇摆椅子的行为,因此记录的形式是连续记录法。被试摇摆一次椅子就记为一次。并按照"摇摆椅子行为发生次数记录表"(见表12-6)进行填写。在基线阶段和维持阶段,由实验者亲自观察记录,在实验处理阶段,同时请其他老师帮忙记录,以核对结果。

表12-6　摇摆椅子行为发生次数记录表

记录时间　　　　　　　　　　　　记录者

阶段 ＼ 星期	周一	周二	周三	周四	周五	周平均
A						
BⅠ						
BⅡ						
BⅢ						
BⅣ						
A′						
B′						

三、实验的实施

本实验采用还原——复制实验设计（A——B——A——B设计），分成下列阶段：

1.基线阶段A

这一阶段为一周，只记录每节语文课摇摆椅子的次数。不给被试发放代币和任何强化物。

2.实验处理阶段B

这一阶段又分为四个小阶段Ⅰ、Ⅱ、Ⅲ、Ⅳ，每个阶段分别为一周。实验采用分段时间的零比例区别强化和反应代价相结合的处理策略。开始之前告知被试：从今天起，老师将用代币制来管理你多动的行为，如你上课时摇摆椅子的行为。每天发给你一些卡片，你用这些卡片可以换我袋子里的东西。如果每10分钟不摇动椅子，可以得到一个代币，但是但如果你上课时摇动一下椅子我就会扣除你一张卡片。

每天的最后一节课课间活动时间，你用剩下的卡片跟我换你想要的东西。

Ⅰ阶段每天发给被试25张卡片，Ⅱ阶段每天发给20张卡片，Ⅲ阶段每天发给15张卡片，Ⅳ阶段每天发给10张卡片。并按照"行为价值表"（见表12-7），将得到的和未被扣除的卡片兑换成后援强化物。

3.维持阶段A′

这一阶段为一周，不给被试卡片及任何强化物，只记录摇摆椅子的行为次数。

4.再处理阶段B′

这一阶段为一周,再继续对摇摆椅子的行为进行处理,方法同B阶段的
Ⅳ阶段。同时,用口头表扬作为正强化。

表12-7　行为价值表

良好行为	可获得的代币数量
每10分钟不摇动椅子	1个代币
不良行为	扣减代币数量
摇动椅子1次	1个代币

表12-8　后援强化物价格表

后援强化物	卡片数目（张）
心型贴纸	1
小铃铛	2
饼干一块	2
牛肉粒	3
用电脑打拼音	3
立体贴纸	4
蜡笔	4
娃哈哈果奶	5
橡皮	6
玩10分钟拼插玩具	7
看15分钟动画片	8
玩10分钟滑梯	10
汉堡包	10

四、实验结果

孙某上课多动行为发生次数变化情况如图12-2所示

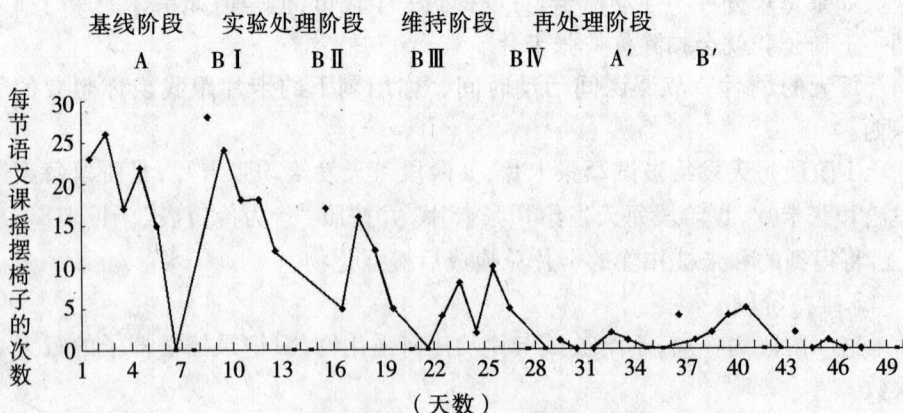

图12-2　多动行为发生次数变化图

1.基线阶段A

被试在这一阶段的语文课上,随意摇摆椅子的平均次数为20.6次。

2.实验处理阶段B

在实验处理阶段,上课摇摆椅子的行为发生频率明显下降。

(1)Ⅰ阶段。在一周时间内,其行为的发生频率已降到平均每节语文课20次。效果并不显著。第一天不良行为出现了28次,超出了基线期的最高次数,同时也扣除了所有的代币,因而第一天就没能换取奖品。

(2)Ⅱ阶段。在这一阶段,被试对减少摇摆椅子的行为,避免扣除卡片,能得到更多的奖品之间建立了因果联系,理解了代币的用途,平均次数为11次,达到了即定的要求,并在规定的时间地点兑换了奖品。

(3)Ⅲ阶段。经过前两个阶段的实验,被试对代币交换已经非常了解,并产生了兴趣,因而进行得非常顺利,平均达到了5.8次。

(4)Ⅳ阶段。最后一周摇摆椅子的行为平均发生0.8次,还出现了连续两天0次的情况,一张卡片都没有被扣除。为对其良好的表现进行强化,特别给予了双倍的奖励。

3.维持阶段A′

在这一阶段,撤除了B阶段的实验处理,被试的不良行为发生次数有所回升,平均每节语文课摇摆椅子的次数为3.2次。但相对于基线阶段的发生次数已有很大的反差。

也可说明B阶段的实验处理是有效的,撤除实验行为就会增加。

4.再处理阶段B′

这一阶段被试的摇摆椅子的行为平均出现0.6次,除了发给他10张代币外,还增加了口头表扬作为强化物。

结论:计算观察者间信度粗略结果为87%。观察记录较为可信。从图12-2中可以看出,使用代币制矫正上课摇摆椅子的多动行为的实验进行得较为顺利,效果较为明显。但由于其极易受外界环境的影响,和多年养成的行为习惯,因而无法完全达到0次的行为目标。就其现实情况而言,经过实验矫正,孙某上课摆动椅子的发生频率明显降低,可以说明整个矫正程序是成功的。

五、结论

从实验的各干预阶段的被试的问题行为的发生次数看,处理阶段的问题行为减低到理想的水平,虽然在A′阶段,问题行为有所反弹,但是在再处理阶段B′,问题行为又降低到期望的水平。由此可以证明:此实验是有效的,成功的。

六、分析与讨论

1.目标行为的确定。对于多动症的儿童而言,其多动的行为表现形式通常不是单一的,固定不变的,而是呈现出多样化。根据观察,被试还存在向楼下乱扔东西、撕书本、踢人、咔人、扰乱其他同学正常的游戏、乱翻别人书包等许多的行为问题。但这些行为的发生却不是被试故意为之的,而是由于疾病的原因所导致的。而且,被试是轻度的智力落后者,自我控制能力原本就不强。所以,要想同时矫正所有的问题行为几乎是不可能的,这样的要求也是超出了被试能力所及的。因此,应该遵循这一特点确定一种受客观环境因素的干扰较小,易于观察记录,且被试能够学会控制的行为开始进行矫正。随意摆动椅子的行为就恰恰符合这些条件。语文课因为是班主任的课,全班学生的纪律相对较好,被试较少受其他因素的干扰,只管理一种不良行为也使被试易于接受和控制。

2.代币的管理。由于本实验是采用分段时间的低反应区别强化程序和反应代价结合使用,按程序每天在上语文课之前应该发给被试与阶段相对应数量的卡片。但任何与上课无关的物品都可能成为分散注意力的因素,被试有可能在一节课内不断地摆弄手中的卡片。所以,代币不能由被试管理,而是由老师替他进行管理。这样就弥补了使用代币分散学生注意力的缺陷,而且避免了代币的丢失、损坏,最大限度发挥了代币的作用。本次实验所使用的代币是印有卡通图案的3×4厘米的硬纸卡片。

3.在实验处理的BⅠ阶段的前两天,摇摆椅子的行为发生次数高出了基线期的平均值。分析其原因,主要是被试对代币制还不是很熟悉,不理解卡片的扣除对他有什么意义,没有建立代币与后援强化物之间的联系,而认为摇摆椅子与扣除代币是一件非常有趣的事情,所以就故意摇摆椅子。虽然,在实验开始之前已经对被试讲明实验的程序,但对于智力落后儿童而言,完全的理解还是要经过一个过程。单凭口头表述是完全不够的,只有通过实际的操作才能让其理解代币制的程序。另外,考虑到实施者坐在被试的旁边扣除代币这一行为有可能影响他注意力的集中,因此,实验实施者改变了观察的位置,由坐在旁边改为距被试一米的教室后面,使被试无法观察到实验者的情况,也就避免了分散其注意力。从图12-2可以看出从这一阶段的第三天开始被试就逐渐理解了这一程序,不良行为发生次数有了明显的变化。从另外一个角度看,实施者应该对实验有信心,对被试有耐心,不能因为实验开始时的不顺利而放弃实验,同时也应该根据实验实施的具体情况进行总结分析,及时调整实验方案。

4.采用使用分段时间的零比率区别强化程序与和反应代价结合的方

法,双管齐下,可以取得较好的效果。

　　分段时间的零比率区别强化程序与和反应代价结合，使被试的每出现一次问题行为，就付出减少2个代币的代价，不仅得不到分时段的奖励代币，还被扣减1个代币,用这两种方法结合,可以更好地控制被试的行为,使行为向着期望的方向发展。

【思考题】

　　为一个小学一年级的班级设计一个班级内的代币交换系统。要求代币制与反应代价相结合。

第十三章　经典性条件反射衍生的行为改变的方法

第一节　厌恶疗法

一、一般厌恶疗法

1.一般厌恶疗法的含义

厌恶疗法是一种抵制不良强化物的方法。它把不良强化物和厌恶刺激多次重复配对出现,使不良强化物逐渐失去强化作用,同时诱发出和厌恶刺激相同的反应。这种方法又称厌恶制约法,也就是通常人们所说的"以毒攻毒"法。厌恶疗法是应答性条件反射原理的具体应用。

2.一般厌恶疗法的应用

厌恶疗法的应用范围很广,它除了用来治疗精神病,消除情绪障碍外,还可用来消除很多不良行为习惯。即以厌恶刺激为无条件刺激,以引起恶习的刺激为条件刺激,凭借这两种刺激的反复联系可以消除不良行为和积习已深的恶习。运用这种方法,可以帮助酗酒者戒酒,吸烟者戒烟(因为这些人对烟、酒已经上瘾,单靠劝导、奖励已不可能奏效)。

酗酒者使用恶心药进行治疗的程序是,每当酗酒者闻到酒味或喝一口酒时,即给予恶心药,这样连续使用几天,每天数次,最终可使酗酒者一闻到酒味,即感到恶心而想逃避。

酒味(CS)——想饮酒(CR)

恶心药(UCS)——激活嗅觉感受器产生恶心感(UCR)

酒味+恶心药——对酒味产生恶心感

酒味(CS)——感到恶心而逃避(CR)

对婴儿断奶亦可用同样的原理和程序来进行。例如,传统的断奶方法是把黄连或胡椒粉抹在乳头上,婴儿吮吸一口奶,便会感到辣而大哭,几次以后,他就不敢再吸奶了。

二、运用符号表征的厌恶疗法

1.含义

运用符号表征的厌恶疗法是指不良强化物的符号表征和厌恶刺激多次配对,使患者在思想上对不良强化物逐渐失去好感,并诱发出和厌恶刺激所引起的相同的反应。

在运用符号表征的厌恶疗法中,患者体验的不良强化物是符号表征,而不是不良强化物本身。例如画片、幻灯片和电影等图片的符号表征,还可由语言或文字唤起听觉、嗅觉、触觉以及运动觉等其他感觉的内部表象(例如想象各种声音,各种物体的触觉感、嗅觉感和运动感)。

2.符号表征厌恶疗法的优点。运用符号表征厌恶疗法与一般厌恶疗法相比,具有下列优势:

①方便使用。运用符号表征厌恶疗法可以充分运用幻灯片和电影等符号、图像来替代各种实物形式的不良强化物。它们可以放在治疗者的办公室里,因此比不良强化物容易储存,并且使用方便。

②可以适应被试的需要,不断更换,应用范围广。

③容易控制。因为这些幻灯片可以以特定的间歇或特定的持续时间呈现出来,并能在精确的控制条件下,使之和厌恶刺激相联系。

④在治疗过程中,运用不良强化物的符号表征,可以避免运用真的不良强化物可能引起的各种问题。有些成瘾行为,如吸毒等,如果使用真的不良强化物,会导致不良强化物的累加,在治疗时会加重瘾情。而使用符号表征厌恶疗法,就可以避免这些问题。

3.运用符号表征厌恶疗法的实施案例。有一个年轻人,每周要打好几针吗啡,他为此非常痛苦,去医院请求医生帮助他戒掉毒品。但使用了一些程序后发现只是部分地获得成功,因此医生最后决定采用由符号表征进行的厌恶疗法。在治疗前,医生让病人生动地想象吗啡注射过程的五个步骤。每当病人产生某一步骤的生动表象时,就告诉主试,主试就给病人电击,电击一直持续到病人表示这一步的视觉映象消失(告诉主试),主试同时终止电击。每一疗程做3次治疗,每星期2个疗程。在开始的16个疗程中,每一步骤都给以电击,然后改为间歇电击。随后10个月的情况表明,治疗已获得成功,病人能在治疗后继续免用烈性药物。

三、内部敏感法

内部敏感法要求病人既想象不良强化物,又想象厌恶刺激。在患者的想象中,这两种刺激同时发生。最后不良强化物变成厌恶刺激,即患者对不良强化物从此变得很敏感。

在内部敏感法中,个体既避免了不良强化物,也避免了厌恶刺激对个体的伤害。但是这种方法要求患者具有一定的想象力。

有人曾运用此法来让吸烟者戒烟。例如,在一次试验中,让患者生动地想象下列情景:在饭馆里,饭后点燃一支烟,吸上一口,然后就突然感到很不舒服,呕吐起来,吐在自己身上、衣服上、桌布上以及和他同桌吃饭的人身上。他接连呕吐,一直吐到他的胃空了,才闭嘴。在他呕吐时,饭馆里的其他人都用惊奇的眼光盯着他,并表现出讨厌的神态。总之,这情景表现得极端真实并让吸烟者本身厌恶。当厌恶程度达到极点时,就教导病人不要吸烟,他立刻感到舒服起来(即转入厌恶释放的条件反射),最后病人想到了洗澡、不吸烟,这时他感到非常舒服,得到了释放。

四、厌恶疗法和惩罚的区别

厌恶疗法和惩罚都运用了厌恶刺激,确实,厌恶疗法过程也很像惩罚,然而它和惩罚有着本质的差别。

1.理论基础不同。厌恶疗法中的厌恶刺激和不良行为或不良习惯等几乎同时出现,由于两者的反复结合,使厌恶刺激成为不良行为的条件刺激,所以它的整个过程是建立在应答性条件反射基础上。

而惩罚是当患者出现不良行为后,再给予厌恶刺激,以此来消退不良行为,所以它是建立在操作性条件反射基础上的。所以两者的理论基础不一样。

2.不良行为的主动程度不同。在厌恶疗法中,治疗者指导病人去从事伴有惩罚的不良行为,所以其不良行为的出现是被动的,而惩罚中,病人是在自然情境中无意地产生不良行为,随后才受到惩罚。

3.针对的对象不同。厌恶疗法的主要效果是减少从事不良行为所得到的强化作用,如病人经治疗后,每当从事不良行为(如吸毒)时会体验到不舒服,而惩罚是直接处罚患者的不良行为。

五、有效运用厌恶疗法的原则

厌恶疗法和惩罚都需要应用厌恶刺激,所以应用惩罚法时容易产生的弊端及使用时应注意的原则,同样适用于厌恶疗法。此外,在应用厌恶疗法时,还应该特别注意下列各项事项:

1.由于运用厌恶刺激容易产生副作用,因此,和惩罚一样,应尽可能少用或不用厌恶疗法。如果必须使用,可以选择符号表征的厌恶疗法或内部敏感法。

2.在停止使用厌恶刺激以后,应立刻伴随出现良好的强化物来替代不良强化物。这样,不需要的不良强化物和厌恶物相匹配,需要的良好强化物和厌恶物的解除相匹配,从而可以大大加强治疗效果。我们把后者即需要的良好强化物和厌恶物的解除相匹配的过程,称为"厌恶释放条件反射",和厌恶疗法形成对比,它可帮助厌恶疗法消退不良行为,同时建立良好行为。

3.当病人经受厌恶刺激时,应鼓励他尽可能地去体验不良强化物的厌恶性。因为厌恶刺激要有足够强度,才能够把它的效果传递给不良强化物。病人的想象可以加快这种效果的传递速度。

4.强化过程最好在自然环境中进行,这样可使病人以后能在自然环境中挑选需要的良好强化物而避免不良强化物。

5.治疗结束后,还要偶然地进行支持性厌恶治疗,以维持不良强化物的最低厌恶值。同时,定期进行追踪观察,以确定有没有必要进行支持性治疗,同时对治疗效果作出评价。

第二节　系统脱敏法

一、含义及原理

1.系统脱敏法的含义。系统脱敏法是南非的心理学家沃尔普发明的一种方法。这种方法主要是来治疗恐怖症或焦虑症。

沃尔普认为,患者可以随着治疗师的描述,想象着引起恐怖或焦虑的情景,同时通过学习放松而降低恐怖或焦虑。

系统脱敏法就是指在安逸而充分放松的心境下,安排患者逐渐地接近所惧怕的事物,或是逐渐地提高患者所恐惧的有关刺激的强度,让患者对于所惧怕事物的敏感性逐渐减轻,甚至完全消失。系统脱敏法的三个步骤是:

(1)受助者学会一种放松技术。

(2)治疗师和受助者一起建立一个恐惧或焦虑事件的等级。

(3)受助者在治疗师描述恐惧或焦虑层次的时候,练习放松技术。

2.系统脱敏法的原理。系统脱敏法也是建立在经典性条件反射基础上的,它结合"交互抑制原理"对焦虑症、恐惧症等进行治疗。

交互抑制原理是英国生理学家谢灵顿提出的。谢灵顿指出,如果一组肌肉受刺激而产生兴奋,而另一组拮抗肌必受抑制;反之,如果一组拮抗肌受到刺激而产生兴奋,则另一组肌肉必受抑制。他把这种现象叫做交互抑制,并假定可以说明神经系统的过程。

沃尔普把这一原理应用到系统脱敏法中。沃尔普认为,神经性焦虑、恐惧都是一种习得行为,可以利用另一种与此行为相对立的行为进行抵制。他还认为神经性焦虑和恐惧只是情绪反应,是来自自主交感神经系统的反应如呼吸急促、心跳加快、血压增高、肌肉紧张等等。因此,他们设计了一套能完全松懈肌肉的活动作为"不相容行为"来抵制焦虑及恐惧情绪。实践表明这种方法在治疗神经性焦虑方面收到了相当好的效果。这是由于在肌肉松懈状态下,生理变化和焦虑时刚好相反,这时肌肉松弛、呼吸缓慢、心率降低以及皮肤电反应不显著。由于这些生理变化受交感神经控制,不受个人意愿所支配,所以患者不能自控。因此,如要矫治患者的恐惧反应,光靠说教不行,唯有让患者开始先接触较为微弱的焦虑刺激,等患者适应这种微弱的刺激后,再接触较强一级的刺激,这样逐渐增加患者接触焦虑刺激的强度,最后,使之在遇到恐惧、焦虑等强刺激时也不再感到焦虑,生理上亦不会再发生剧烈的变化。所以系统脱敏法一定要结合肌肉放松训练而逐步逐步地进行。

二、放松训练

放松训练是患者减轻他所体验到的恐惧和焦虑的自主神经兴奋的方法。患者通过放松行为,产生一种对抗自主神经兴奋的躯体反应,包括肌肉紧张、心跳加速、手冷、呼吸加快等。而放松训练所产生的躯体反应,包括减轻肌肉紧张,减慢呼吸节律和心率,使手温暖等。

通常有四种放松训练法,分别是渐进式肌肉松弛法,腹式呼吸法,注意力集中训练法和行为放松训练法。

这里主要介绍的是渐进式肌肉松弛法。

1.准备动作。在一般情况下,放松训练程序要求患者先自行紧张身体的某一部位,如用力握紧手掌10秒钟,使之有紧张感,然后放松约5到10秒,这样经过紧张和放松多次交互练习,患者在需要时,便能随心所欲地充分放松自己的身体。通常施行紧张松弛训练的身体部位是手、手臂、脸部、颈部、躯干以及腿部等肌肉。

2.正式训练。肌肉放松训练时,要使患者尽量保持心情轻松,并舒适地坐在椅子上,训练最好在遮光且隔音设备较佳的房内进行,并让患者拿掉眼镜、手表、腰带、领带等容易妨碍身体充分放松的物品。大约休息二三十分钟后,治疗者用平稳、镇静、低沉的声调对患者说:"从事这项放松训练,可以帮助你完全地放松身体。你必须根据下列步骤耐心进行,当身体操作紧张活动时,如果感到紧张,必须再持续操作5秒钟,直到感觉到紧张到达极点,方可完全松弛下来,让有关部位的肌肉显示出十分无力,特别要用心体验放松后的一种快乐感。现在请跟着(我)的指示做。"指示语的内容一般为:

紧握你的左拳——注意手和前臂的紧张,(5秒钟后)放松;

紧握右拳——注意手和臂部的紧张感;(5秒钟后)放松;

自左腕关节向上弯曲你的左手,尽量使手指指着肩部——注意手背和前臂肌肉的紧张——放松;

自右腕关节向上弯曲你的右手，尽量使手指指着肩部——注意手背和前臂肌肉的紧张——放松；

举起双手臂，用力将手指触至双肩——注意双臂肌肉的紧张——放松；

耸起肩膀，越高越好——注意肩膀的紧张——放松；

皱起额头——注意紧张，然后放松，并略微闭着眼睛；

紧紧地合上双眼，试探紧张与放松的感觉，再轻轻闭着眼睛；

用力将舌头抵住口腔上部——注意口腔内肌肉紧张——放松；

紧闭双唇——注意口腔与下额的紧张——放松；

用力向后仰起头部——注意背部、肩膀以及颈部的紧张——放松；

用力低头，尽量将下巴靠住胸部——注意颈部与肩膀的紧张——放松；

作弓形弯曲背部并离开椅背，双臂向后推——注意背部和肩膀的紧张——放松；

做一次深呼吸，并持续一段时间——注意背部和胸部的紧张——吐出空气——放松；

做两次深呼吸，持续一段时间——吐出空气——放松；

用胃部吸入空气，尽量使其膨胀——注意腹部的紧张——放松，感觉到你的呼吸更加稳定；

抽紧腹部肌肉——注意到腹部肌肉紧张——放松；

臀部用力并压住椅座——注意到臀部紧张——放松；

抽紧腿部肌肉，伸直双腿——注意到腿部肌肉的紧张——将双腿放回原姿势——放松；

双脚脚趾向上，并逐渐抬起双脚——注意双脚像小腿一样肌肉紧张——放松；

向下弓起脚趾，犹如要将脚趾埋入沙土一般——注意双脚弯曲时的紧张——放松。

按照上述方法做，患者大约经过一两周时间就能在几分钟内让自己全部放松。在达到全身放松的目标后，就可以进入系统脱敏训练程序了。

需要注意的是，在还没有达到放松目标以前，不要试着用放松法来抵制恐惧感，以免发生意外。当然，放松的程序很多，我们在这儿介绍的只是其中的一种。但各种形式的放松程序的基本精神是一样的，即放松和紧张交替进行，放松时运用深呼吸，紧张后休息一些时间，按照一定的部位和顺序进行训练等等。

三、焦虑（或恐惧）等级表的建立

等级表的建立是系统脱敏法的又一重点工作，是系统脱敏法的难点所在。等级表是系统脱敏进行的依据,它直接影响到脱敏的成败。一般地,焦虑等级表是将患者有关某一方面的病症(如怕考试、怕乘飞机等等)的一连串刺激,按照其引发焦虑的强弱程度排列成等级或层次的一种表示方式。

1.资料的收集。

(1)个案生活史资料的收集与整理。治疗者需要了解形成患者病症的情境以及如何由条件制约历程衍生出对各种刺激的害怕,这样就需要治疗者通过访问、观察以及心理测验等方式来收集与患者有关的早年家庭生活史、教育背景、现有社会关系等方面的信息,从而做出深刻的分析。

(2)恐惧调查量表资料。可以使用沃尔普和朗格所设计的恐惧调查问卷,找到个体目前最恐惧的事物。

(3)有关问卷的应用。除了个案生活史资料的收集与整理以及使用恐惧调查量表外,还可使用相关的问卷,调查个体的恐惧和焦虑的程度。

2.等级的排列。通过上述资料的收集和分析,治疗者可以找出患者焦虑的主要原因,然后排列出恐惧或焦虑的等级。在排列强弱刺激的等级方面,沃尔普习惯于将最强的刺激排在等级表的最上端,然后依照个体所感觉到的焦虑程度由强到弱依次往下排列,把最弱的刺激排在最末端。

表13-1 外出恐惧等级表

外出恐惧等级

九、拿到所有的东西,排长队等候结账

八、拿到所有的东西,去收款台

七、拿出购物单,开始查看上面的项目

六、进入商店

五、到达商店,停车

四、在去商店的路上离自己的家两条街

三、在街上,离开自己的家坐在车里开出车道

二、上车,并发动汽车

一、准备驾车去商店

四、系统脱敏法的实施

1.系统脱敏法的实施步骤

当病人掌握了放松技术,治疗师也建立了焦虑(或恐惧)等级表以后,就可以按照焦虑(或恐惧)等级表的顺序,由低到高来通过这些等级。

当治疗开始时,让病人躺在一张睡椅上放松,当进入放松状态后,治疗

师就可以描述等级表中第一个最小焦虑的情境，在病人想象并体验到焦虑后，就可以进行继续放松。一旦病人在想象到第一个等级的焦虑并能够放松，就可以进入下一个等级。重复上面的程序，直到病人体验到最高等级的焦虑并能够放松。

在进行系统脱敏时应当注意的是，对同一个等级经过两个程序的想象，就可要求病人想象下一个等级中的情境，如果病人仍表示有焦虑，那么治疗者应立即让病人停止想象，等病人再度完全放松时，再叫病人想象前一个等级中的情境；如果这时没有焦虑产生，再重新进入下一个情境。这样，使病人逐渐经历最小焦虑到最大焦虑的各个等级。在每一步骤中，放松抑制了情境所诱发的焦虑。

当病人通过了等级量表中最后的情境时，他基本上能够对实际的恐惧情境不再感到苦恼。病人减少焦虑时要给予正强化。

例如，有一个女生害怕独处，她的独处恐惧等级可以分成10个等级，如表13-2所示。

表13-2　独处恐惧等级表

十、晚上独自坐在自己的起居室里，关着门

九、在真正独处前，想象着晚上将独处几个小时

八、单独与一个小孩子在一起，看护这个孩子

七、晚上与一位女朋友在街上散步

六、晚上独自驾车，感觉到一个男人正跟着自己

五、白天独自一个人在自己的卧室

四、早晨，当外面的人很少时，走到教室去

三、想象白天独自一人在自己的房间的可能

二、与另一位女士在一个房间里

一、白天或晚上与一群人在实验室里

在对她实施系统脱敏时，就可以从第一个等级开始训练：

当进入放松状态后，治疗师就可以描述等级表中第一个最小焦虑的情境——"白天或晚上与一群人在实验室里"，在受助者想象并体验到焦虑后，就可以进行继续放松。

当第一个等级通过以后，治疗师就可以描述等级表中第二个焦虑的情境与——另一位女士在一个房间里，在她想象并体验到焦虑后，就可以进入到第三等级的焦虑——"想象白天独自一人在自己的房间的可能"。这样，直到在治疗师可以描述等级表中第十个焦虑情境——"晚上独自坐在自己

的起居室里,关着门"时,她产生焦虑并能够放松后,整个的系统脱敏程序就完成了。

2.系统脱敏法的实施原则

(1)实施系统脱敏法的准备工作。病人受过充分的肌肉放松训练,能随心所欲地放松全身肌肉;所有足以引发病人焦虑的刺激,已经予以排队,构成"××焦虑(如登高焦虑、考试焦虑等)层次表";病人对情境能形成清晰的表象,如果不能,则在治疗前应给予特定训练,使其能形成较清晰的表象。

(2)在实施系统脱敏过程中,应注意事项:必须非常小心地按照所设计的层次表呈现有关刺激物,或是引导病人想象有关刺激;每一阶段只能让病人产生最低限度的焦虑。如果病人面临的刺激强度改变太快,或者面对所呈现的刺激不能放松,那就很难收到效果,而且还有可能产生相反效果,使病人更加惧怕此项焦虑刺激;当病人在想象该项目刺激情境而尚未报告有焦虑感出现时,必须注意不要给予任何语言的或物质的强化。因为此时这样的强化,会阻碍病人说出自己所体验到的焦虑状况。

(3)在病人成功地通过全部等级或层次程序后,如果可能,治疗者应对病人良好行为的表现给予适当的正强化。

(4)必须有一个追踪阶段,保证治疗能维持一个较长的有效时间,如果病人旧病复发,要施行辅助性的训练和治疗。

【思考题】
为你或他人的某种恐惧建立一个恐惧等级表。

模仿疗法

人类的学习,除了通过前面介绍的方式,还有大量的是通过观察学习进行的。通过观察,个体不仅学习了别人的行为,也学习了别人行为的结果。

从学习者的立场来说,凡是以某个人或某一团体的行为为榜样,通过观察、收听、阅读等过程而改变自己的行为,以期形成与榜样相同的思维、态度、动作或语言表达等特性的过程,均可称为模仿学习。

在行为改变策略上,通过观察他人的行为来改变个体自己的行为是相当有效的。一个具有高度吸引力的"楷模"可以提供学习者所需要的信息,让学习者能够很快地获得一种新行为,而不一定要亲身经历。通过模仿,可以使个体获得和增加行为,也可以减少或消除行为。

第一节 模仿的增加行为出现频率的效果

一、模仿的获得效果

模仿的获得效果指学习者通过观察"楷模"的行为本身,学到了一种新的行为。模仿的获得效果是最常见的一种模仿方式,在获得效果里,学习者学习到了一个全新的行为。

在儿童生活的早期,儿童的很多行为,都是靠模仿的获得效果掌握的。例如,5岁的童童看到妈妈在整理衣服,于是她也自己来整理衣服,通过妈妈这个楷模,儿童掌握了整理衣服这个行为。3岁的小贝通过观看动画片《天线宝宝》,走路时也像天线宝宝那样晃来晃去。7岁的小其,在看了电视后,学会了唱《两只蝴蝶》这首歌。

不仅是儿童,成人也常常通过模仿,掌握新的行为。例如外国游客第一次在中国使用筷子时,虽然不会使用,但是可以通过观察中国人使用筷子的行为,学习到如何使用筷子。家庭主妇通过收看电视节目《食全食美》来学会一道新菜的做法。

凯依的实验很清楚地说明了婴儿如何习得一种新行为。实验者让6个月大的婴儿隔着透明帐幕看到所陈列的玩具,但婴儿想要拿玩具时却拿不到。然而在实验者做了一个绕道取玩具的示范动作后,每位婴儿都毫无困难地仿效实验者的动作,经绕道而取得了玩具。

二、解除抑制效果

模仿的解除抑制效果,是指若观察者看到一位楷模做出某一种言行之后,并没有受到任何相应的不愉快的惩罚时,观察者已往表现同一类行为时所受到抑制的效果将被解除,致使该行为的表现愈加频繁。

模仿的解除抑制效果,和负强化的效果类似,只不过是楷模的行为受到了负强化,当学习者观察到楷模的行为并没有受到惩罚的时候,也愿意表现出这样的行为。例如,当儿童在看到妈妈在十字路口闯了红灯后,发现并没有受到惩罚,他也会在过路口的时候闯红灯。

奥可诺尔曾选择了一群极为害羞而不善和其他儿童交往的幼儿,将其分为实验组和比较组进行研究。让实验组的儿童观看一部介绍儿童如何交往的影片,再从事一段安静的活动(如一起看书),然后让其竭尽所能去参加许多正常儿童都有兴趣的活动。比较组儿童只观看海豚表演的影片。前后活动结果的测定表明,实验组儿童在教室中的社交行为有显著进步;比较组儿童的社交行为无任何改进。

其实,很多人的害羞而不善与人交往,是害怕与人交往会受到诸如讽刺、拒绝等的伤害。当实验组的儿童在观看如何交往的影片后,发现与别人交往并没有受到想象中的讽刺、拒绝这样的不愉快的惩罚,就会解除对与人交往的抑制,从而表现出与影片中的楷模一样的与人交往行为。

三、促进效果

模仿的促进效果是指通过观察楷模在某个情境下做出某个行为后,得到了愉快的结果,观察者在遇到类似的情境时,也会表现该行为。模仿的促进效果类似于正强化,只不过是楷模的行为得到了正强化,从而促使观察者也乐于表现同样的行为。例如,很多人在看到见义勇为的英雄在从河里救上一名儿童后,得到了人们的夸奖,并且电视台的人也进行采访,就会在遇见同样的情况时,也愿意表现和英雄同样的救人行为。

儿童的很多行为都是通过模仿的促进效果增加的。例如小华和姐姐一起和妈妈出去,遇到了妈妈的同事,妈妈要小华和姐姐向同事阿姨问好,小华躲在妈妈身后不肯,但是看到姐姐大大方方地和阿姨打过招呼后,得到了妈妈和阿姨的一致称赞,于是小华也站出来和阿姨打了招呼。

李勃脱的实验研究表明:孩子们的互助行为也可以通过观看有关轮流玩的示范影片而获得增进。影片的内容是叙述一个男孩和一个女孩最初为了争着荡秋千而吵闹,后来一个孩子建议大家轮流玩。实验结果表明,看过这段影片的实验组儿童比观看商业广告影片的比较组儿童更能表现出互助、合作的良好行为。

另一个自然情境的实验，也显示了同样的促进效果。实验开始的情境是一位妇女站在一辆车旁，车子的一个轮胎漏气。实验阶段，在离这辆车很近的地方，一位男人（示范者）正在替一位妇女换漏气的轮胎。实验结果指出，示范助人行为的实验者的出现，使得过路人停下来帮助妇女改装轮胎的人数增加了许多。

第二节　模仿的减弱行为效果

通过模仿，个体不仅能够建立和增加行为，也可以减少行为。模仿的减弱行为的效果，有以下四种形式：

一、类惩罚的抑制效果

类惩罚的抑制效果是指一位学习者若看到一位示范者因表现某种行为而受惩罚，则学习者本来常表现的这种行为必将愈来愈减少。

之所以叫做类惩罚的抑制效果，是由于楷模受到了惩罚，而学习者并未受到惩罚。公共管理部门常运用模仿的类惩罚的抑制效果来减弱一些不良后果。比如一个大城市的交通，一部分靠人们的自觉，另外有一部分要通过严格的执法，起到"杀一儆百"的效果。而被"杀"的那个"一"，在无形中就成了学习者的反面的楷模，使学习者想要表现的此类行为受到抑制而减少。例如，早晨上学要迟到的小可，想直接从路口走到对面的马路，这样就不用走过街天桥而耽误时间了。但是他刚要这样做时，看到前面一个这样走的人受到了交通警察的训诫，于是小可就打消了走捷径的念头，从过街天桥穿过马路。这里，小可的行为就符合类惩罚的抑制效果。

学校里也是一样，老师在管理班级的时候，可以利用类惩罚的抑制效果，在必要的时候，对不良的行为给予惩罚，使其他同学可以通过模仿的类惩罚的抑制效果，减少本想表现的不良行为。

有一项为少年犯设计的行为矫治方案名为"少年犯的觉醒"，是由无期徒刑犯自行设计和实施的。这一方案是利用模仿的类惩罚的抑制效果，从而形成潜在的影响力。这些无期徒刑犯在狱中接见14、16岁的少年犯90分钟，毫不隐讳地叙述一些监狱中的可怕轶事，自己在狱中所蒙受的屈辱、不幸和所经历的恐惧生活。少年犯听完后，由监狱管理员护送走过监狱中最悲惨的地区，特别是地牢或禁闭室。追踪研究表明，家长、少年犯本身、狱改官员以及治安人员都证实这一矫治方案是成功的。

二、类消退的抑制效果

类消退的抑制效果的发生是由于学习者观察示范者所表现的行为没有受到增强，所以本想表现的行为也受到抑制。

在类消退的抑制效果里，楷模的行为以前得到过正强化，但是当楷模再次做同样的行为时，没有得到以前得到的正强化（消退），学习者通过观察楷模行为的消退，也不表现同样的行为。例如，小王非常佩服老李，因为老李在股票市场的收益很好，于是小王也想学老李，把家里的钱用于投资股票。但是，今天老李告诉小王，自己的股票被套牢，损失惨重，于是小王就把刚刚从银行取出的钱又存回了银行，并庆幸自己还没有购买股票。

三、类低比率区别强化效果

类低比率区别强化效果的发生是由于学习者观察示范者表现较为低频率的某种行为而受到强化，学习者也受其影响而减少这种行为的出现率。

类低比率区别强化效果中，由于楷模的低比率发生的行为得到了愉快的强化结果，使学习者的同样行为也以低比率发生。例如，4岁的可可和哥哥都喜欢吃零食，但是最近由于哥哥要考试，吃零食少了，妈妈就夸奖了哥哥。可可看到哥哥少吃零食的行为受到了妈妈的表扬，吃零食次数也明显减少了。这里，可可的行为就符合模仿的类低比率区别强化效果。如一位烟瘾很重的人看到自己所敬重的亲友或来客不常抽烟的事实后，他自己也会自省而少抽一些烟。

四、类不相容行为区别强化效果

类不相容行为区别强化效果是指如果学习者要模仿的良好行为与其原来就有的不良行为不能兼容时，势必放弃原有的不良行为，选择新的良好行为。

例如，小齐在看了同学小枫由于学习勤奋而取得好成绩后，就暗暗向小枫学习，由于小枫每天都早起锻炼身体并背英语单词，小齐也每天早起床，从而使自己睡懒觉的不良行为改掉了。在这里，小齐模仿小枫的早起行为。

第三节　模仿的基本类型

一、媒介模仿

通过电影、电视、网络、广播、报刊、杂志等大众传媒手段,使学习者学习其中楷模的行为,使自己的行为得以改变的一种方法。大众传媒有强大的传播渠道,受众范围较广。有很多的模仿学习都是通过大众传媒的渠道进行的。例如,小禾特别喜欢姚明,他通过观看NBA火箭队比赛的电视,学习姚明的扣篮动作;还有,学生可以通过观看贫困地区的优秀学生的电视节目,模仿贫困地区的优秀学生的良好行为,使自己的学习成绩提高;家庭主妇通过相关的电视节目的示范,学习到合理地摆放家具;刚刚工作的的小静,不知道怎样着装,她通过看服装类的杂志,使自己的着装不再像学生,而是更职业化。

二、现场模仿

让学习者不是观察录象中人物的行为,而是在现实环境中观察楷模的表现,从而使行为得到改变的方法。例如,从小就喜欢做幼儿园教师的小依,现在是一所师范院校的学生,她经常到自己家附近的幼儿园里,观察老师是如何与小朋友相处的,她通过自己细心的观察,学习到了与小朋友相处的技巧。喜欢篮球的小禾,通过现场观看篮球比赛,使自己的篮球知识丰富起来。通过现场模仿,还可以减轻恐惧或焦虑。例如对于怕蛇的儿童,可以让他观察示范者是如何接近蛇和拿起蛇的行为,减少对于蛇的恐惧。

三、参与模仿

让学习者一方面观摩示范者的言行,一方面实际演练有关动作的方法,称为参与模仿。

这种模仿比现场模仿更进一步。例如,喜欢篮球的小禾,不满足于观看篮球比赛,还加入了学校的篮球队,在篮球队,教练演示三步上篮的动作,小禾一边观察教练,一边实际做三步上篮,很快就掌握了这个动作。

参与模仿也可以治疗恐惧症。例如对于怕蛇的儿童,可以在观看示范者与蛇相处的行为的同时,在示范者的引导下,自己也接近蛇并触摸蛇,从而消除对于蛇的恐惧。

第四节　有效运用模仿疗法的原则

一、选择好要改变的行为

1.所确定的行为必须是可观察和测量的。

2.所确定的行为是患者有能力模仿的,以避免过于困难而造成挫折感。

3.所确定的行为已清楚地分解为一个个小步骤。

二、在示范过程中,必须注意

1.在示范某种特定行为时,要确定患者注意力是否集中(注视并聆听你的话)。

2.所确定的行为经过了清楚明确的示范后,在示范中止前要暂停一会儿。

三、模仿行为产生后要确保强化效果

1.确保学习者每一次正确模仿都给予正强化,并确保使用的强化物的有效性。在模仿学习行为开始时,可以采用连续强化的方式。当行为已学会之后,要改用间歇强化方式,使学习者的行为必须更持久。

2.要确定在每次有不良行为产生时,都给予适当的惩罚或消退,如隔离等。

四、及时评估模仿的效果,并据此调整方案

例如,在对恐狗症患者采用现场模仿法后,使患者的恐狗症状更严重了。这时就可以调整方案,采用媒介模仿。

第五节　情境诱导

一、情境诱导及其应用

情境诱导是有意识地运用情境和场所来控制行为的方法。例如,由于习惯或约定俗成的种种原因,社会中有大量的情境和场所是同强化与惩罚紧密相连的,因而它们在某种程度上控制着人们的行为。如图书馆、博物馆和教堂都禁止大声说话;联欢会可以产生社会化的和愉快的行为;百货商店常常利用许多环境特点,如引人注目的商品陈列方式、广告的独特效果等来诱

发人们的购买欲;好的餐馆常常营造优雅轻松的气氛,以使顾客吃得更加愉快;而快餐店为了避免拥挤,则采用快节律的音乐,以加快顾客进餐的速度;在家庭中,我们也常可看到凌乱不堪的室内摆设,使人感到烦躁的情境诱导例子。

二、情境诱导的类型

利用情境诱导来矫正行为有以下四种类型。

1.重新安排现存的周围事物。如许多学习不良的儿童有着边学边玩的不良学习习惯,他们的学习物品旁边常有大量的玩具,这样的布局往往是诱惑他玩的主要原因之一。为了使新刺激不再成为不专心学习的条件刺激,在新安排过的环境中应只放置与学习行为有关的物品。

2.把活动迁移到新的地点。

3.人员的重新定位。我们知道,人际关系的好坏直接影响着人们的情绪和心境,影响着人们的行为和工作的效率。所以人员的选择和重新定位对人的行为有着重要的影响。例如,小学的班主任经常给学生换座位,从而将坐在一起可导致各种破坏性行为的学生分开。这样做要比设计和施行强化或惩罚法来除去不良行为容易得多、方便得多,而且同样有效。

4.改变活动的时间。

三、有效运用情境诱导的原则

1.在实际运用中,把个体尽量安排在已经以某种希望的方式控制了目标行为的场所和环境中,要避免没有这种控制作用的场所和环境安置。

2. 确定是否需要把行为扩展到现在还没有对行为进行控制的场所中,如果需要,应采取适当的步子使其发生。

3.保证不需要的行为在引入的控制目标行为的情境中从不产生。

【思考题】

你的哪些行为是通过模仿习得的? 属于模仿的哪个类型?

第十五章

行为问题的功能评估、观察与记录

第一节　行为问题的功能评估

一、行为的功能性评估的内容

行为的功能评估对于正确认识行为、理解行为以至改变行为都是重要的一个环节，美国的身心障碍个别教育修正法案（Individual with Didabilities Education Act Amendments，1997，即公法105-17）要求在把学生进一步转介到其他学校或机构之前，学校必须对学生实施功能性评估。

奥尼尔指出，功能性评估的作用不只是减少问题行为，还要了解行为功能，以进一步地发展适当的行为；功能性评估还要了解行为问题与环境之间的关系，即行为问题产生的情境和条件，来预测行为。功能性评估最终的目的是要找到问题行为的原因，为制订行为改变的方案提供参考。

根据奥尼尔的观点，行为的功能性评估（functional behavior assessment）是一种收集信息的过程，以使行为支持的效果和效率最大化。格雷萨姆、奎恩和瑞斯托里认为，功能性评估是确定与学生的不良行为发生有关的先行事件与结果的一种有效工具。

马萨和拉里指出：功能性评估的内容是评量前事、行为和后果事件的关系，进而找到行为的目的。

奥尼尔等人认为，除了上述的内容，还要确定行为与生理因素之间的关系。而卡尔、卡尔森等人又把前事分为近端前事、远程前事和内隐前事三种。

综合各家之言，功能性评估的内容有如下五个主要内容：行为的描述；行为的近端前事；远程前事；内隐前事；行为的后果。

1.行为的描述可以从行为发生的过程、周期性、历史三个方面加以描述。行为发生的过程是指目标行为从前兆、开始到结束的全过程。例如，小小发脾气的发生过程是这样的：先是皱眉头，然后呼吸急促，一分钟后脸紧绷，最后才大声叫嚷。从目标行为发生过程的描述，可以了解行为在真正发生前的一些前兆，以便更好地预防和控制目标行为。

行为的周期性是指行为目标行为出现的时间规律。比如小力的暴饮暴食的行为在期中考试前的三天会出现，所以他的行为周期就是半学期。小美乱花钱的行为在每周末才会发生,她的目标行为周期就是一周。目标行为的周期性的确定,可以预测目标行为的发生。

行为的历史是指行为自身的历史以及行为处理的历史。行为自身的历史是指行为自何时开始,行为处理的历史是指对行为采用过哪些处理策略。

2.行为的近端前事是指发生在行为之前的最近的特定事件,如特定的人或事物、时间、地点、处于缺乏的状态,身体不舒服。表15-1列出了近端事件的相关因素。

表15-1　近端事件相关因素

近端前事的因素	
类　　型	因　　素
时间	1.早晨的起床时间 2.早饭、午饭或晚饭时间 3.课间活动时间 4.放寒、暑假期间 5.休息日 6.上课时,或在上某一门课时
地点	1.校园(包括教室、操场、运动场、实验室、舞蹈室、音乐室、礼堂等) 2.家中(包括客厅、餐厅、卧室、浴室等) 3.公共场所(如体育场、电影院、音乐厅、超市、商场、公园等)
人物	1.家庭成员,如爸爸、妈妈、爷爷、奶奶等 2.学校里的人,包括老师、同学、勤杂人员等 3.社区里的人,包括邻居、商贩、社区服务人员
处于缺乏的状态	1.缺乏与别人的交流与沟通 2.缺乏用适当方式表达需求的机会 3.基本的生理需求没有得到满足,如饥饿、寒冷
事件	1.作业过难或过易 2.从事一种活动过久 3.家中有特别的活动,如有客来访,到饭店吃饭等 4.学校里有特别的安排,如有人听课,全校郊游、集会等 5.无人注意 6.受到批评、责难、误解或非议,或与同学发生冲突、口角 7.受到过分的赞誉 8.喜欢的活动被强行中止 9.环境中有特别的诱惑,如喜欢的漫画书,有喜欢的异性在身边 10.身体不舒服

3.远程前事是指存在于环境中不会立刻对行为的发生产生影响的事件。例如发生在早上的事件仍然会影响下午行为问题的发生。钮文英总结出行为的远程前事组成因素,如表15-2显示。[1]

① 钮文英:《身心障碍者行为问题处理——正向行为支持取向》,心理出版社,2001,第66页。

表15-2 远程前事的因素

远程前事的因素		
类型		因素
物理因素		1.环境空间的大小、照明、色彩、温度、通风等 2.环境的吵杂、拥挤和干扰程度 3.座位的安排 4.个体取得环境中设备与器材的难易度 5.环境中设备与器材符合个体需要的情形
社会因素	家庭	1.家庭的组成 2.家人的性别、年龄、受教育程度、职业、健康情形、障碍情形等 3.家庭社会经济地位 4.父母的态度、期待、教育方式 5.家人与个体间的关系与互动情形 6.家人对个体行为的看法 7.家中压力事件和重要损失
	学校	1.学校和班级的结构与组成 2.老师的性别、年龄、健康情形等 3.老师的态度、期待和教育方法 4.老师和他的同事对个人行为问题的看法 5.老师的同事的态度 6.老师与个体间的关系与互动情形 7.老师的同事与个体间的关系与互动情形 8.个体参与课程和活动的情形 9.个体选择和决定课程和活动内容的情形 10.课程、活动适合个体能力和需要的情形 11.个体对课程、活动喜欢和感兴趣的情形 12.个体遇到困难时,得到老师明确指示或协助的情形 13.作息的稳定性和可预测情形 14.老师和他的同事与个体沟通系统的建立情形
	社区	1.社区的结构和组成 2.对于社区中的资源,包括人力资源的熟悉程度 3.社区成员对个体行为问题的看法 4.社区成员与个体间的关系和互动情形 5.个体对社区是否有归属感 6.个体遇到困难时能否得到理解和支持

实际上,远程前事和近端前事的区分很难,有时,近端事件有可能成为远程事件,而远程事件也有可能变成近端事件。二者区分的唯一标准就是距离行为发生的远近。

4.内隐前事是指个体内部的影响行为发生的因素,包括个体的生理因素、认知、能力、情绪、需求,它不会立即诱发行为的发生,而是内隐地影响行为。

表15-3　内隐前事的因素①

种　类	因　素
生理因素	1.遗传基因、生物化学/神经（如神经传导、器官和新陈代谢等）状况 2.气质 3.障碍的类别和程度 4.身体发展状况（如身高、体重等） 5.健康状况（如是否有生理疾病、过敏和营养失衡的情形等） 6.睡眠和饮食状况 7.药物使用和其副作用的情形 8.疼痛
认知因素	1.个体的自我概念 2.个体对事件的思考、态度和想法
能力因素	1个人能力状况（如沟通能力、认知和学习能力、自我照顾能力、日常生活的基础能力、居家生活的能力、休闲技能、身体动作的能力、情绪处理的能力、社会能力、职业能力等）
需求和动机因素	1.对基本需求（如生理、安全、爱和隶属、自我实现等）的要求程度 2.对刺激/强化物类型和数量的需要的情形 3.对本身行为的洞察和觉知的情形 4.行为问题的动机（寻求想要的事物、逃避、社会注意、自我刺激）
情绪因素	1.个体的情绪状况（紧张、焦虑、挫折、压力） 2.个体的情绪稳定度

在上述表中所罗列的不是全部的近端事件、远程事件和内隐事件，只是给出一个线索，具体到某个人的某个行为的近端事件、远程事件和内隐事件，还要根据搜集到的资料做具体的分析。

5.行为的后果事件是指行为发生以后得到的结果如何。根据操作性条件反射的理论，如果行为在发生后的结果是愉快的，行为会倾向于再次发生。问题行为之所以一再地发生，是由于得到了愉快的结果。这种愉快的结果一方面来自正强化物的获得（正强化），另一方面来自厌恶刺激的撤除（负强化）。

根据洪俪瑜、钮文英、许家成的观点，问题行为可以归结为如下四种功能：获得社会性正强化；获得社会性负强化；获得自动正强化；获得自动负强化。

获得社会性正强化是指行为从他人或环境中得到了正强化物，即行为在发生后得到了喜欢的食物或物品、活动等原级强化物，或者是他人的注意、拥抱、赞誉等社会性强化物。例如，一个8个月大的婴儿发现在哭以后，妈妈就会来陪伴他，于是他便用哭来得到妈妈的陪伴。所以这个婴儿哭的行为的功能是为了得到妈妈的陪伴这种活动性强化物。例如，一个五个月的婴

① 钮文英：《身心障碍者行为问题处理——正向行为支持取向》，心理出版社，2001，第67页。

儿发现只要频繁地摇头,会引起家人的微笑和亲吻,家长的微笑和亲吻就是频繁摇头行为的强化物,所以频繁摇头这个行为的功能就是为了得到家长的亲吻这种社会性强化物。

获得社会性负强化是指行为发生后,来自他人或环境的厌恶刺激被撤除了。例如中度智力落后儿童小东在被要求完成较为困难的作业时,打自己的头,老师就会要他到一边休息。以后小东就会用打头这种自伤行为来逃避自己讨厌的作业。所以打头这一行为的功能就是逃避来自老师的厌恶刺激——写作业。小永在对妈妈谎称头疼后,妈妈就会让他休息,不让他扫地,所以小永的说谎行为的作用是为了逃避劳动。这是行为获得了社会性的负强化。

获得自动正强化是指行为发生后,会获得来自自己感官上的正强化。例如,某个女孩贪食冰激凌的行为,是因为吃冰激凌香甜可口,即我们所说是为了满足"口腹之欲"。某些人坐在椅子上会晃腿,也多半是因为晃腿会让自己从感官上得到满足。

获得自动负强化是指行为发生后,可以逃避或回避来自行为者个人的厌恶刺激。这些厌恶刺激包括疼痛、饥饿、痒等不舒服的感觉。例如,小民会抓自己的头皮,这是为了避免来自头皮的痒,因此小民抓头皮这个行为的功能就是为了摆脱痒这个厌恶刺激。

二、行为问题的功能性评估的方法

行为问题的功能性评估的方法有三类:间接法、直接观察法和实验法。

1.间接法。间接法也叫调查评估法,是指通过对问题行为的发出者及其相关人员(如家庭成员、老师、同学、邻居等)进行访谈和问卷调查来收集有关信息的方法。间接法的好处是操作方便,不会花费大量的时间。但是它的缺点是被调查者要凭借回忆来回答问题,因此收集到的信息有可能由于被调查者的遗忘或偏见而不准确。

间接法的目的是为了找到问题行为的前事和后果的有效信息。因此在访谈时一定要确保被调查者知道:应该具体描述事件和行为,并尽量减少推测。例如,在描述小湖的咬手指行为时,应该这样描述事件和行为:"在妈妈去值班的晚上,小湖在做完作业没事可干的时候就会咬他的大拇指。"而不能这样描述:"小湖一感到委屈就会做不好的事。"

在进行调查和访谈时,可以使用事先设计好的表格来对行为相关人员进行访谈。表15-4就是一个对相关人员功能访谈的调查表。

表15-4 行为问题功能访谈表——相关人员部分[1]

A、描述问题行为

问题行为是什么?

问题行为的周期性是多长?

对问题行为,界定其表现、频率和持续时间。

问题行为从什么时候开始出现?

对问题行为使用过哪些行为处理策略?

B、界定问题行为的内隐前事

当事人是否正服用药物,如果有,药物的副作用对其行为有何影响?

当事人的睡眠时间是多长,睡眠质量如何? 睡眠对其行为有影响吗?

当事人的饮食情况如何,是否对他有某些食物的限制,这种限制对他的行为有影响吗?

当事人是否有疾病? 是否主诉身体某部位的疼痛?

当事人的哪些认知因素和过去经验导致他产生问题行为?

当事人的能力是否与问题行为的产生有关?

其他可能影响问题行为出现的因素有哪些?

在不高兴或不满意的时候能够自我觉察并表达出来吗? 用什么方式表达?

有生理或心理需求时,如渴了,热了,或想和别人玩时会表达出来吗? 用什么方式表达?

当事人最渴望得到的是什么?(例如食物,活动,赞美等)

C、界定问题行为的远程前事

生活环境(学校/家庭)一共有多少人? 环境是否舒适?

人员是否拥挤,周围是否有特别喜欢或特别不喜欢的人?

每日作息安排是否合理? 当事人在哪些时段感到疲劳、不舒服或有不愉快的活动?(例如,中午在当事人想要午睡时安排写作业)。

当事人对于日常起居和学习、工作的顺序是否了解? 如何时起床? 何时上学或上班? 何时上床睡觉?

当事人对于自己的饮食、衣着、活动是否有足够的自由?

教养人员人手是否充足? 教养人员是否经过专业训练? 对当事人的问题行为持何种态度?

同学或邻居对当事人的问题行为持何种态度?

遇到困难时能否得到理解和支持?

D、界定问题行为的近端前事

问题行为发生的时间(有无季节性,一天或一周的什么时间最容易出现)。

问题行为发生的场所(经常发生在什么场所,或不会发生在什么场所)。

问题行为发生时谁在场?

问题行为就要发生时别人说了或做了什么事?

---

① 钮文英:《身心障碍者行为问题处理——正向行为支持取向》,心理出版社,2001年,第429页。

什么活动最可能引发问题行为发生？什么活动最不可能引发其发生？

在问题行为出现是否发生了下列事件：

（1）基本的生理需求或心理需求是否得到满足，如饥饿、寒冷、缺乏与别人的交流与沟通。

（2）缺乏用适当方式表达需求的机会。

（3）工作或作业是否过难？

（4）从事一种活动是否过久？

（5）家中是否有特别的活动？如有客来访，到饭店吃饭等。

（6）学校里有特别的安排，如有人听课，全校郊游，集会等。

（7）处在无人注意的状态。

（8）受到批评、责难、误解或非议，或与他人发生冲突、口角。

（9）每天的作息时间被打乱，如早晨比以前早起。

（10）喜欢的活动如看电视，被强行中止。

（11）环境中有特别的诱惑，如喜欢的漫画书，有喜欢的异性在身边。

（12）身体突然不舒服。

（13）独处一室。

其他会诱发问题行为发生的时间或情况。

E、界定问题行为的后果事件

出现问题行为后，其他人做了什么？

出现问题行为后得到了什么？如别人的注意或喜欢的物品。

出现问题行为后逃避或回避了什么事？如逃避了写作业。

如果问题行为发生后得到了报酬，那么从问题行为发生到获得报酬之间相隔多长时间？是立即得到报酬还是相隔一段时间才得到报酬？

F、问题行为的功能替代行为是什么？

当事者做的哪种社会性的适宜行为或技能可以取得与问题行为相同的作用？

表15-5　行为问题功能访谈表——当事人部分[①]

A、界定问题行为的远程前事

在你表现良好时，最喜欢得到什么奖励？

如果有机会，什么事情是你现在想做的但一直没机会做的？

你对学校的课程内容感兴趣吗？

最喜欢的课程和活动是什么？为什么？

最不喜欢的课程是什么？

你觉得在学校度日如年。

教室里有让你分心的事物。

在做作业时，如果有人协助你，你会做得比较好。

如果得到更多的奖励或注意，你会表现得更好。

---

① 钮文英：《身心障碍者行为问题处理——正向行为支持取向》，心理出版社，2001，第434~435页。

你最喜欢学校的哪个老师,最不喜欢哪个老师?

你觉得哪个老师对你特别喜欢?

你喜欢班级里的同学。

你觉得班级里的同学喜欢你。

你喜欢你的家人。

你觉得你的家人喜欢你。

B、行为的内隐前事

你有什么兴趣和爱好?

当你不愉快或不满意时,你能察觉到并表达出来吗?

你用什么方式表达自己的不愉快或不满意?

当你特别想和同学玩的时候,或者特别想要一件东西的时候,你会说出来吗?如果不能说出来,你会用什么方法让别人知道?

你如果在外面遇到不开心的事,会和妈妈说吗?

C、了解问题行为的近端事件

最近有无下列情况发生:

环境发生了变化,如家中是否有特别的活动或学校里有特别的安排。

每天的作息时间被打乱,如早晨比以前早起。

作业太难或太多。

长时间从事一种活动。

喜欢的活动如看电视,被强行中止。

受到周围人的批评、责难、误解或非议,或与他人争吵或争斗。

环境中有特别的诱惑,如喜欢的漫画书,有喜欢的异性在身边。

D、对自己的问题行为的认识

你觉得什么时候会做出某种行为?那时有什么事情发生?有谁在?

你做出某种行为的目的是什么?

什么时间不会做出某种行为,为什么?

通过上述的访谈和调查,就可以对问题行为建立一个初步的假设:什么是问题行为的前事,问题行为的功能是什么。

对于行为的功能假设还要因人、因地具体分析,不能一概而论。例如,同样是晃腿,对于A来说具有自娱的功能,行为的功能是为了获得自动正强化;而对于B来说,却是获得别人的注意,即获得社会性正强化。同样是抓头皮,小民是避免痒这个厌恶刺激,他的行为的功能是获得自动负强化;而对于小军,抓头皮是为了在无聊的时候打发时间,具有自我娱乐的功能,行为的功能是为了获得自动正强化。

在间接法中,行为的功能性评估的流程可以用图15-1来表示:

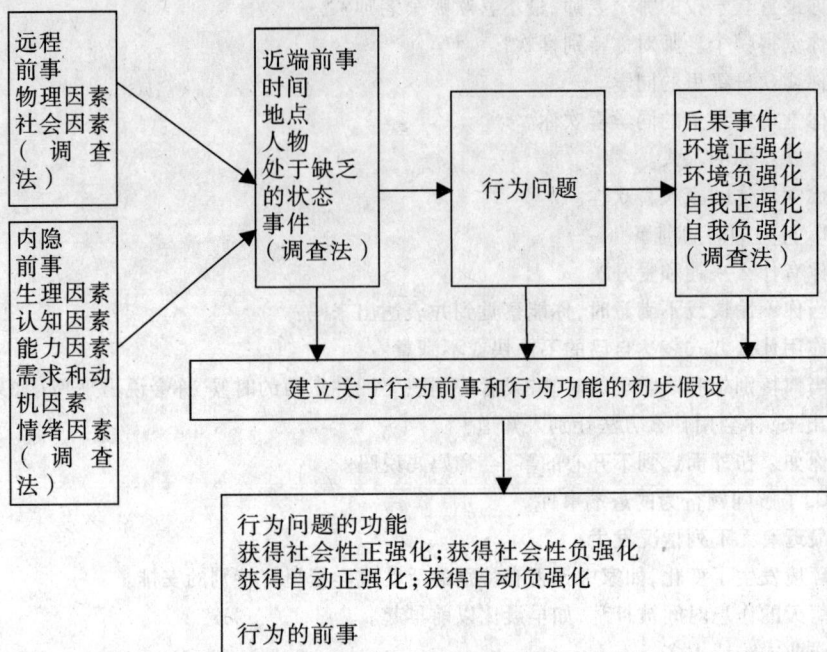

图15-1　用间接法对行为进行功能性评估流程图

例如一个二年级的学生小力,他的主要行为问题是摔打书包或铅笔盒,经过访谈得知,他每次摔打书包或铅笔盒都是在数学课上。而且只要早晨爸爸送他上学而妈妈没有送（妈妈会带他在学校附近的餐厅吃他喜欢的馄饨,而爸爸由于上班较远,只是买好面包和牛奶让他在学校吃）,数学老师又没有在他举手时叫他回答问题的时候,摔打书包或铅笔盒的行为就会发生。而小力自己是个粗心的孩子,数学经常得不到满分,看到同桌的小方屡次得到了数学老师发给的五角星,他都十分羡慕,他举手回答问题是为了得到数学老师的五角星,所以他举手时老师没有叫他回答问题他都十分焦急。而他摔打书包或铅笔盒后,数学老师会叫他回答一次问题。在这个例子里,可以对小力的摔打书包或铅笔盒这个行为问题进行功能评估。结果如图15-2所示。

```
┌─────────────┐
│ 远程前事     │
│ 爸爸送上     │
│ 学而不是     │──┐
│ 妈妈送,没    │  │
│ 有吃到他     │  │
│ 喜欢的馄     │  │
│ 饨          │  │
└─────────────┘  │
                 ▼
┌─────────────┐  ┌──────────┐  ┌──────────┐  ┌──────────┐
│ 内隐前事     │  │ 近端前事  │  │ 行为问题  │  │ 后果事件  │
│ 粗心,数学    │  │ 举手时老师│→ │ 摔打书包  │→ │ 环境正强  │
│ 成绩不佳;    │→ │ 没有叫他回│  │ 或铅笔盒  │  │ 化——老师 │
│ 渴望得到     │  │ 答问题    │  │          │  │ 让他回答  │
│ 数学老师     │  └──────────┘  └──────────┘  │ 一次问题。│
│ 奖励的五     │                              └──────────┘
│ 角星        │
└─────────────┘
```

建立关于行为近端前事和行为功能的假设
对摔打书包或铅笔盒的行为的功能建立假设:
行为的功能是为了获得社会性正强化
近端前事:
举手时老师没有叫他

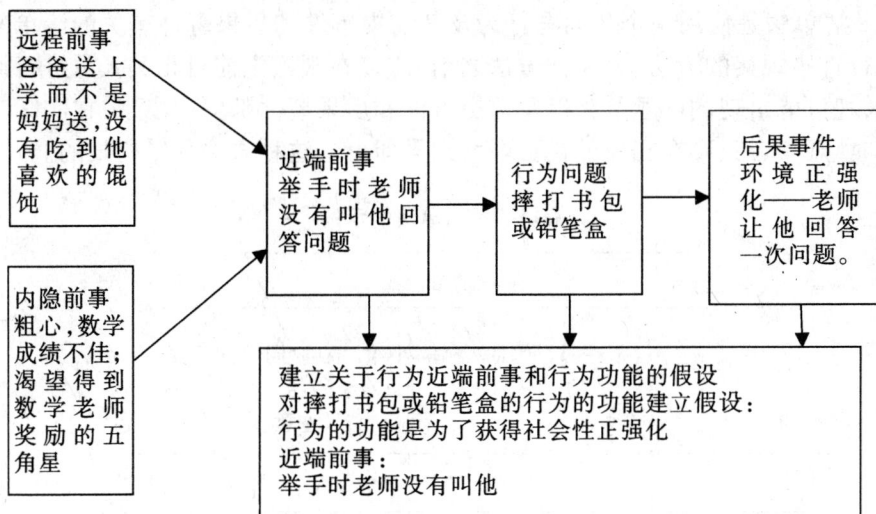

图15-2　用间接法对行为进行功能性评估示例

2.直接观察法。通过间接法所得到的行为的前事和功能的假设只是初步的,是研究者在现有的调查和访谈基础上得到的,调查和访谈依赖于被调查者的记忆力,准确性还有待提高。为了进一步确定行为的功能,还要在真实情境中进行直接观察,即ABC观察。

直接观察法是由观察者随时记录行为的前事、行为和后果的一种方法。也叫ABC法。其中A是指问题行为的前提事件（Antecedent）;B是指行为（Behavior）,C是指行为的结果（Consequence）。

直接观察法的优点是观察者随时记录下和问题行为相关的情况而不凭借记忆力,使信息的准确性提高。但是它的缺点是花费的时间较间接法多,而且也不能提供前事、后果与行为问题的因果关系,只能说明具有相关关系。

直接观察法的主要方式有两种:描述法;清单法。

描述法就是在问题行为出现时,观察者要描述前事、问题行为以及问题行为的结果。表15-6就是一个描述法的记录表。

表15-6　直接观察法中描述法行为记录表

日期 时间	地点	A前提事件	B行为	C行为的结果

在这个表中,要求观察者把与问题行为有关的所有事件都记录下来,所记录的内容是非结构式的或开放式的。

清单法是使用一个与问题行为及其前提事件和后果事件有关的清单来进行直接观察的方法。使用此方法之前,应该在观察之前对相关人员进行调查,把可能出现的问题行为以及前提事件和后果事件都罗列出来,在实际观察时,观察者只要在相应的栏目中做记号即可。这种方法是结构式的。

表15-7　清单法的示例

行为			前事						后果		
尖叫	打人	教师帮助其他人	一对一的时间	休息	午睡	小组活动	教师给予注意	同学给予注意	得到东西	人间	时间
√						√	√	√			8:05
	√	√				√	√	√			9:12
√						√	√		√		10:02
√		√				√		√			10:17
	√					√	√				10:36
√		√				√	√				11:07

根据表15-7所列的清单,可以初步做出这样的假设:问题行为的功能是为了得到他人的注意。

上述间接评估法和直接评估法都属于描述性评估,这种描述性评估可以形成关于前事、后果这两个变量与问题行为关系的假说。但不能证明这两个变量与问题行为之间存在必然联系。

3.实验法(功能分析)。如果通过观察法所得到的结果与调查和访谈所做假设一致的话,就可以确定行为的前事与功能。这时就可以完成对行为的功能评估了。如果通过观察法所得到的结果与调查和访谈所做出的假设不一致的话,还要用实验法进行功能分析。

实验法就是控制问题行为的前事和后果,以证明这两个变量与问题行为之间的关系。

在实验法中,可以对前事和后果同时进行控制,也可以只控制前提或后果。

在对问题行为的后果进行控制实验时,研究人员所做的实验主要有两种:第一种对问题行为的功能没有假设时,要探索问题行为所有的可能功能,例如,当研究者不能确定一个儿童频繁抖动双腿行为的功能是什么的时候,可以设计三个不同的条件:获得社会性正强化如异性的注意;获得自动正强化如为了满足感官刺激;获得自动负强化如为了逃避寒冷,以确定问题行为的功能是这三个之中的哪一个。

对后果所进行的第二种实验是对问题行为所做的假设进行的验证性实验。这个实验不是为了探索所有的可能性,而是为了对假设进行肯定或否定。

卡尔曾对两个男孩的攻击行为进行了功能分析,对这两个男孩的攻击行为做了如下假设:攻击行为的前事是难度很大的学习任务,攻击行为是为了社会性负强化即逃避学习。为了验证此假说,研究者设计了两种实验条件:第一种是对两个孩子下达教学指令,第二种是没有下达教学指令。研究发现在下达教学指令时攻击行为出现的频率较高,而在第二种条件即没有下达教学指令时攻击行为固定地减少。[①]

都让和卡尔对孤独症和智力落后儿童上课时出现的摇晃和拍手两种问题行为进行功能分析。研究人员假设:问题行为的前事是难的学习任务,行为的功能有两个:老师的注意和逃避学习。为了验证此假设,在功能分析的实验中,研究者操纵了两个变数:学习任务的难度和老师的注意水平。为此,研究人员设计了三个条件:基本条件,学生完成简单工作并得到固定的注意;减少注意条件,完成简单工作但得到较少的注意;加大工作难度条件,得到固定注意但完成较难的工作。图 15-3 显示了功能分析的数据。[②]

图15-3的结果使研究者的假设得到了肯定的验证,即孤独症和智力落后儿童的问题行为的前提事是较难的学习任务,问题行为的功能是为了逃避较难的学习任务,与教师的注意无关。

① [United States] Carr,E.G.,Newsom,C.D.,& Binkoff,J.A.:*Escape As a Factor in the Agrressive Behavior of Two Retarded Children*,*Journal of Applied Behavior Analysis*,1980,13,P101–117.

② [United States] Durand,V.M.,& Carr,E.G.:*Functional Communication Trouning to Reduce Challenging Behavior*:*Maintenance and Application in New Settings*,*Journal of Applied Behavior Analysis*,1991,24,P251–264.

基线　任务难度增加　基线　注意减少　基线　注意减少　基线　任务难度增加　基线

50

摇晃

被试1

0　　　　　10　　　　　20　　　　30

基线　注意减少　基线　任务难度增加　基线　任务难度增加　基线　注意减少　基线

15

拍手

被试2

0　　　　　10　　　　　20

间隔百分比

基线　注意减少　基线　任务难度增加　基线　任务难度增加　基线　注意减少　基线

50

摇晃

被试3

0　　　　　10　　　　　20　　　　30

基线　注意减少　基线　注意减少　基线　注意减少　基线　任务难度增加　基线

25

拍手

被试4

0　　　　　10　　　　　20　　　　30

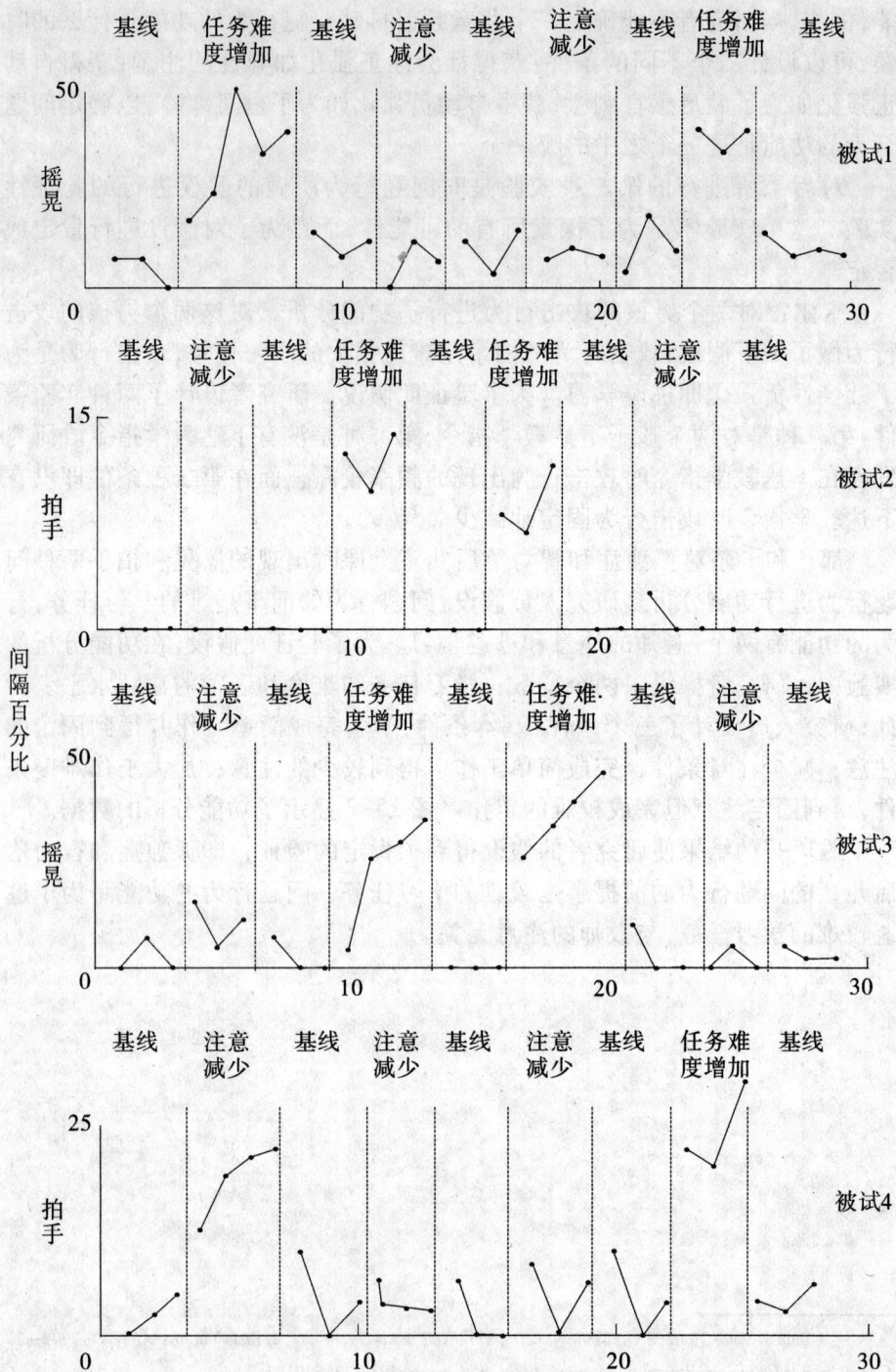

图 15-3　功能分析的数据

三、功能评估的流程

在实际操作中,行为的功能评估是从间接法即调查法开始,通过一系列的访谈,可以对问题行为的前事和功能做出一个基本的假设。

由于被调查者的记忆失真以及城府和偏见,影响了假设的精确性。因此在形成假设之后,还应该用观察法验证。在观察法中,观察者要在行为问题发生的真实情境里进行ABC观察,通过ABC观察会得到关于行为的前事及功能的结果。这个结果如果与间接法所得到的假设契合的话,那么就可以据此得出行为的前事和功能的结论,这时,行为的功能评估可以结束并根据行为的功能来指定相应的行为改变的方案。

如果通过ABC观察法所得出的结论与调查得到的假设相左的话,还要再次进行调查和观察。如果再次进行的调查与ABC观察能够得出一致的结论,就可以结束评估。如果第二次的调查与ABC观察得出了不一致的结论,就必须用实验法进行功能分析。因此,行为的功能评估的流程可以用图15-4来表示。

总之,问题行为的功能评估是进行行为改变的第一步,应该严谨、客观地实施,惟此才能使行为改变的处理策略富有成效。

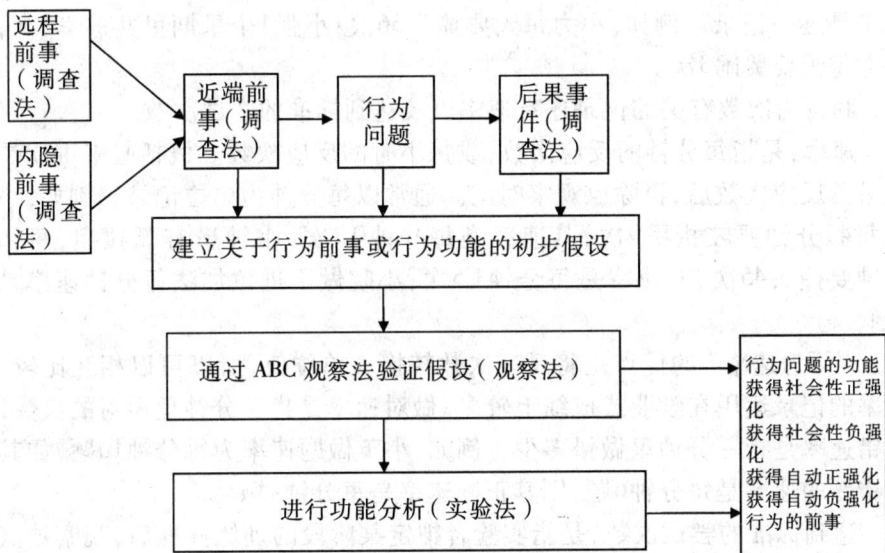

图15-4　行为的功能评估流程

第二节　行为的观察与记录

　　问题行为的观察与记录是行为处理的基础性工作，它可以提供问题行为的相关信息，供相关人员做参考，以决定是否应该对行为进行处理。

　　问题行为的观察与记录还可以为行为的功能评估做准备。在功能评估中，不仅要对行为本身做观察和记录，还要对行为发生的前事做详尽的观察，并如实地记录。只有这样，才能对问题行为的功能做出合理的假设和推论。

　　另外，精确地记录程序并绘制图表，可以使研究人员及时和直观地看到行为改变的情况，当行为改变的效果达到预想的要求时，会激励研究人员把行为改变程序继续进行；当行为改变的效果没有达到预想的要求时，会让研究人员修改处理方案，使行为向着期望的方向改变。

　　行为记录的方法主要有四种。

一、次数记录法

　　1.次数记录的类型及含义。次数，指在特定时间内所发生的行为次数，有时也称为频率。次数的量化必须规定时限并确定问题行为，然后选用适当的工具逐一记录。例如，小力每天要撞头36次；小强1个星期里共逃学2次；小方每天要哭闹3次。

　　和行为次数有关的记录还有速率以及达到标准的尝试次数。

　　速率，是指每分钟的反应次数，或每小时的反应次数。概括起来讲就是记录总反应次数后，再除以观察时间。通常以每分钟为单位记录。例如，小娟每45分钟要咬指甲9次，其速率是每分钟0.2次；小钟患有孤独症，每30分钟要撞头45次，其速率是每分钟1.5次；小晓做不进位加法每分钟速率是6题。

　　"行为速率"的优点是将反应次数转换成单位值，所以可以相互比较。速率的记录运用在学业或成绩上较多。做对速率是指一分钟里做对的次数，做错速率是指一分钟里做错多少。例如，小英做题速率为每分钟10题，如其做错题的速率是每分钟6题，则其正确速率是每分钟4题。

　　达到标准的尝试次数，是指实验者拟定某阶段的训练标准后，观察被试要尝试几次方能达到这一标准。例如，小莹学习穿袜子，达到指定标准的尝试次数是3次，小凤学习刷碗，达到指定标准的尝试次数是3次。尝试次数越多，显示终点行为越难，或者表示被试的练习效果越差。

　　2.次数的记录方法。次数记录较简单，通常可以使用"数—数""划—

划"的记录方式。但若要进行长期而精密的观察,可利用下列记录表方式。

记录表方式一:这种记录表的使用要限定于同一观察场所、同一观察时间以及同一被试(如表15-8)。

表15-8　发生次数记录表

被矫正者:小刚　观察时间:　　10月20日9时到9时40分			
观察者:李新			
观察场所:　一(2)班教室			
问　题　行　为	划　记	小计	备注
(1)上课时离开座位 (2)上课时会发出怪声	正一 正正正	6 15	常走到后面丢纸屑

记录表方式二:这种形式的表适用于针对一种问题行为的持续一段时间的观察和记录(如连续2周)。这种表格的优点是可以直接看到每次行为记录结果的变化情况,而且每周或每个处理阶段使用一张即可,非常简便。下表就是对小力一周内打人行为的记录。

表15-9　小力一周内打人的行为记录

被矫正者:小力　观察时间:　　10月9日至15日			
观察者:李新			
观察环境:操场			
问题行为:打人			
观察日期	划　记	小计	备　注
10月9日	正正一	11	
10月10日	正正一	11	
10月11日	正正正	15	
10月12日	正一	6	
10月13日	正正正一	16	
10月14日	正正正	15	
10月15日	正正正一	16	

用次数记录问题行为后,可将表中数据按需要绘成行为频率图,以便观察。画图方式为:将治疗程序划分成不同阶段即基线阶段、治疗阶段以及跟踪阶段,分别记录。图的横坐标标记程序施行次序或日期,纵坐标记录问题行为的次数。

另外,还可以绘制行为的累频图和柱行图来反映行为的频率改变的情况。

二、时间记录法

1.时间记录的类型及含义。有时仅用次数记录,并不能详尽地描述一种行为。例如小强在每节课只有一次看课外书,仅从行为的发生次数来看并无大碍,但看课外书的时间共有20分钟,因此从行为的持续时间来看,行为就比较严重了。因此,库兰德、蒙达和威尔指出,只有当目标行为是"具体的,持续时间是一致的,短暂的和可重复的"时候,才能使用次数记录。时间记录可以弥补次数记录的不精确性。时间记录有两种类型:

（1）行为的持续时间。一种行为的发生总有一段时间,这种发生行为反应的总时间称为持续时间。小英发脾气一次可达20分钟;小艳哭闹可持续18分钟;小张每天做作业的时间为1小时等。

（2）反应时或潜伏期。指个体从特定刺激呈现到产生反应的时间间隔。例如,有的学生的工作潜伏期很长,教师或家长叫他做事,他总是要隔很长时间才开始。小张每天就寝总要其母亲一再催促,延缓50分钟后才去睡;小那在老师要求收回玩具的指令发出1分钟后,才会把玩具放回原处。

2.时间的记录方法。记录时间的工具一般用手表或跑表或手机等计时工具。

三、百分比记录法

百分比记录有三种形式:

1.发生百分比:指发生次数与应有的总发生次数的比率,或发生时间和应有的总发生时间的比率。小鸥在一节课的40分钟内,有10分钟在看漫画书,因此,他的课堂上看漫画书的行为的发生率是25%。

2.做对百分比:指做对次数与反应总数之间的百分比。小洁在80道算术题中,做对了64道,她的算术题做对百分比是80%。

3.做错百分比。指做错数与反应总数之间的比率。小洁在80道做算术题中,做错了16道,她的算术题做错百分比是20%。

四、质量记录的数量化

1.什么是质量记录数量化。上述的时间、次数和百分比记录的方法都是对于数量的记录,但是,有些行为只能从好坏、强弱等质量维度来衡量。

质量行为的不同程度的评定,可根据一定标准来划分等级。例如,在记录一个儿童的"独立用膳"这一行为时,用时间、次数和百分比记录都不能反映出一个儿童在独立吃饭时的表现如何,这时,就可以用1~3级的等级来表示独立用膳这个行为的质量。

等级1,饭前会清洁双手;能够根据自己的需要独立盛饭、菜到自己的餐具中;能够在吃饭过程中始终保持餐桌的整洁;吃得适量。

等级2,饭前会清洁双手;需要别人把饭、菜盛到自己的餐具中;不能始

行为改变技术

终保持餐桌的整洁;吃得适量。

等级3,饭前需要别人帮助清洁双手;需要别人把饭、菜盛到自己的餐具中;需要别人喂饭;不能始终保持餐桌的整洁;不能做到吃饭适量。

2.质量数据的量化方法。(1)在对行为的质量量化的过程中,通常可以使用器材或仪器进行测量。例如用听力仪来测量听力的好坏;用握力计来测量握力的强弱。(2)使用评定量表。除了上面提及的由研究人员自己划分行为的等级外,还可以使用现成的评定量表。如作文评定量表、书法评定量表等。表15–10是行为问题等级记录表。

表15–10　行为问题等级记录表

个案姓名:_____　观察者:_____　观察情境:_____

目标行为:_____

观察时间	观察时间	目 标 行 为 等 级					备注
		1	2	3	4	5	

第三节　观察时间分配记录法

观察时间分配记录法是针对用次数或频率记录行为而言的。有下列三种方法来记录行为的出现次数或频率。

一、连续记录法。将某一时间内所发生的行为从头到尾记录下来。有人将这种记录法称为轶事记录或日记式记录。连续记录法的优点是精确性高,但所用的时间和精力较多,所以也难以大规模使用。(参见表15–11)

表15–11　连续记录表

个案姓名:_____　观察者:_____　观察情境:_____

目标行为:_____

观察日期	观察时间	次 数 或 持 续 时 间	记　分

二、时距记录法。根据需要,先选定一段特定的时段为观察时间,然后将这段时间划分成相等的很短的小时间段,观察在每个时间段中问题行为出现的次数。在这种记录方法中,在所观察的每个小时间段里,只要问题行为已发生,不论行为发生多少次,也不论行为持续时间有多长,都只计为一次。

由于这个特点,时距记录法和连续记录法相比,精确性要差些。而且在时距记录法里,如果小时段的时距分得太少,则缺乏精确性,分得太多又变成连续记录法。但是时距记录法的优点是节省时间,操作简便。(参见表15-12)

表15—12　时距记录表

个案姓名:_____　观察者:_____　观察情境:_____
目标行为:_____
时距长度:_____

观察日期	观察时间	1	2	3	4	5	6	7	8	9	10	计　分

三、时间取样记录法。时间取样记录法要划分观察时段,它对小时段的划分较时距记录法要长,而且只在这小时距的开始阶段很短时间内予以记录。

例如以一节语文课的时间(35分钟)做观察,可以把这一节课划分成7个小的时段,那么每个时段是5分钟,每次记录行为的发生率只是在每一时距的开始10秒钟进行。

和时距记录法一样,在所抽取的时间样本中,只要有问题行为发生,不论行为发生多少次,也不论行为持续时间有多长,都只计为一次。

时间取样法的优点是观察时间更为经济节省,可以通过时间取样的不同,在一个固定的时间段内观察一个或多个学生的一种行为。但这种方法的缺点也是显而易见的:失于精确。

一般地,可以把时距记录法和时间取样记录法结合使用,其优点是既不漏记发生的行为,又能观察众多对象的同一种行为。(参见表15-13)

表15-13 时间取样记录表

个案姓名:＿＿＿＿＿＿＿ 观察者:＿＿＿＿＿＿＿ 观察情境:＿＿＿＿＿＿＿
观察日期:＿＿＿＿＿＿＿＿＿＿＿＿＿ 目标行为:＿＿＿＿＿＿＿＿＿＿

观察时间	发生	未发生	计　　分

第四节 观察信度的检验

一、影响观察结果的因素

造成观察结果容易产生误差的主要原因:

1.问题行为的定义不具体,无操作性,使观察者无所遵循,造成不同观察者的观察结果不能完全一致。例如,把问题行为界定成"养成良好的学习习惯",就是个无法操作的问题行为。可以根据情况,改为"每天要100%地完成课后作业"。

2.观察环境受到干扰。有些行为虽然定得较具体,若受到情境的干扰,亦会影响结果。

3.观察者本身的条件不足。观察者本身缺乏专业训练,能力薄弱,不能做到手快眼明,容易漏记,或身体不好,注意力分散等。

4.记录表的设计不良。有的记录表设计得太繁太长、不够明确,这直接影响着观察或记录结果。

为了避免上述现象,减少观察的不精确性,可以采取以下措施:

1.核对观察。这种方式是观察材料由一人主记,同时安排一位核对者进行抽样核查。比较两人的结果的一致性。

2.同时观察。

在条件允许的情况下,每天每次在同一个时段,安排两位观察者同时观察,并分别记录观察结果,然后再计算两人观察结果的一致性。

二、计算信度的粗略方法

在两位观察者同时观察的情况下,由于诸多原因,两个观察者的观察结果可能并不相同。观察信度就是衡量两位观察者的观察结果的一致程度的一个数据。

1.计算信度的粗略方法。信度的粗略方法的计算公式为:

一致百分率=较少次数(时间)÷较多次数(时间)×100%

例如,小东在语文课上会抓同桌同学,两个观察者观察他的问题行为,得到了如下的观察结果。(参见表15-14)

表15-14

真实发生次数(16次)	1	2	3	4	5	6	7	8	9	10	11	12	13	14	15	16
甲观察者(12次)	√	√	-	√	√	√	√	-	√	√	√	√	√	√	-	√	-
乙观察者(14次)	√	√	√	√	√	√	√	√	-	√	√	√	-	√	√	√

按照信度的粗略方法,可以得到甲、乙二位观察者间的信度是:

12÷14×100%=86%。

计算信度粗略方法虽然计算简便,但不是最佳方法。从表15-14可以看出,甲、乙真正记录到同一行为的次数只有10次,即真正的信度只有63%。为了克服这个缺陷,可以采用逐距核对信度信度检验法。

三、逐距核对信度检验法

逐距核对信度检验法是在时距记录的基础上建立起来的,由甲、乙二位观察者分别逐一记录每个时段内行为是否出现,然后根据记录的情况进行信度检验。

在这种方法里,可以进行如下的信度检验:

1.发生次数信度系数。发生次数信度系数以计算两位观察者同时记录目标行为发生次数的判断一致性百分率来表示,也叫发生次数一致性百分率。计算方法是:

发生次数一致性百分率=甲、乙记录的一致次数÷(甲、乙记录的一致次数+两人不一致次数)×100%。

如表15-14中,甲、乙记录的一致次数是10次,两人不一致次数是6次,由此可以计算出:发生次数一致性百分率=10÷(10+6)×100%=63%。

发生次数信度系数越高,就说明两位观察者真正记录到同一问题行为的次数就越多,信度也就越高,行为资料的准确性和可靠性也就越大。

2.未发生次数信度系数。未发生次数信度系数以计算两位观察者目标行为未发生次数的判断一致性百分率来表示,也叫发生次数一致性百分数。计算方法是:

未发生次数一致性系数=甲、乙判断一致未发生次数÷(甲、乙判断一致未发生次数+甲、乙判断不一致次数)×100%。(参见表15-15)

表15-15

真实发生次数	1	2	3	4	5	6	7	8	9	10	11	12	13	14	15
甲观察者	√	√	-	√	-	√	√	-	√	√	√	√	-	-	√
乙观察者	√	√	-	√	-	√	√	-	√	-	√	√	-	√	√

在表15-14的记录中,甲、乙判断一致未发生次数是2次,甲、乙判断不一致次数是4次,所以:未发生次数一致性系数=2÷(2+4)×100%=33%。

3.发生与否判断一致性百分率:判断一致性百分率=(O+N)÷T×100%

O是指甲、乙观察者判断目标行为发生的一致次数,N是指甲、乙观察者判断目标行为未发生的一致次数,T是指观察的总时段数。

表15-14的记录中,甲、乙观察者判断目标行为发生的一致次数O是9次,判断目标行为未发生的一致次数N是2次,观察的总时段数是15次,所以:判断一致性百分率=(9+2)÷15=73%

发生与否判断一致性百分率更能够反映不同观察者记录结果判断的一致性水平和信度的高低。一般地,不论采用何种信度计算方法,观察信度系数在80%至100%,就可以认为行为资料的记录结果是可靠可采信的。

【思考题】

1.问题行为的功能有哪些?

2.行为的功能评估的方法有哪些?

3.小新在讲一个故事,他的同学正在注意他并发出会心的微笑,小新讲故事行为的功能是什么?

小华患有沙眼,她在强光下会觉得眼睛发胀,于是在室内,她都要把光线调暗。小华调暗灯光的行为的功能是什么?

小敏不喜欢物理课,于是在物理课上,她经常给同学发短信,小敏发短信这个行为的功能是什么?

4.对一个人的问题行为进行功能分析。

第十六章

实 验 设 计

第一节　倒返实验设计

行为科学家提出实验设计的关键是引进何种方法，以在教育情境中有效控制有关变量，然后由实验者适当地操作自变量以便清楚地观察、测试，合理地解释因变量的变化。这种教育上的需要促使了行为分析法的迅速发展。

行为分析法是用来分析与评估行为改变技术的研究方法。它为检验行为矫正程序的有效与否提供手段，其特点是可以在自然条件下包括在实际教育环境中进行，既客观有效，又简易可行。其具体方法是，在实验处理前后以及处理或治疗阶段，取得多次观察值并把多次观察值绘成曲线图，再根据曲线内容，评估出行为的平均水平，以及阶段与阶段间的发展情况。

一、倒返实验设计的基本原理

倒返实验设计中最典型的模式是A—B—A—B（或标为A1B1A2B2）。该模式属于单一被试设计。

A1：代表第一个基线阶段。就是说在没有实验处理的情况下，观察问题行为的出现率或持续时间，经过系统地几次观察后可绘出曲线，从曲线上可以看出未经矫治前问题行为出现的平均水平；

B1：代表实验处理（或矫正）阶段问题行为的出现率或持续时间。将实验处理阶段的曲线和基线阶段的曲线进行比较，观察其上升或下降情况，可判断实验处理后是否有效；

A2：是第二个基线阶段。即当实验处理显出效果后，把实验处理取消，使程序回到没有实验处理的自然情况。从理论上讲，第二个基线阶段应回复到第一基线的水平。但实际应用中往往做不到这么精确；

B2：是第二次引进实验处理后的行为变化情况。

为什么说A—B—A—B模式是最典型的倒返实验模式呢？怎样的实验模式才能证明自变量（处理条件）与因变量（问题行为）的因果关系呢？如果在基线状态A1后，引入实验处理B1，行为发生率上升，不同于基线阶段，则可认为B1的处理条件有可能影响到被试行为的改变，但不能确保两者的因果关系。因为B1曲线的上升很难排除其他因素的介入，很可能是另外因素

行为改变技术

与实验处理的同时介入而影响了行为。

例如,对儿童的攻击同伴行为,采用消退法来处理,在经过B1的消退处理后,攻击行为频率明显下降,但是仅此还不能说明是由于消退处理策略造成的,不排除其他原因导致攻击行为减少,例如,有可能是由于同伴的还击导致的,也可能是调换座位导致的。

由此可见,仅有A—B的实验设计是不够完善的,为了验证是消退的处理策略对攻击行为的作用,就要再回复到基线阶段即撤除实验处理,回复到基线A状态。这就是再引入A2,成为A1—B1—A2设计。

如果经过这一步骤安排,被试的问题行为又确实返回到基线阶段(A)的水平,则实验者有根据说:所介入的处理条件(或矫正方案)确实影响了问题行为的改变。

如果再度引入消退策略即B2之后(A—B—A—B设计),攻击行为又再度减少,就可证明消退策略对攻击行为的改变确有绝对的影响。

总之,A—B—A—B模式包括了两种条件(即A与B条件)的反复安排,观察处理条件这一自变量与问题行为这一因变量的因果关系,可以推测、评判行为变化情况。这就是倒返实验设计的主要原理。

二、倒返实验设计的不同模式

1.A—B设计。A—B设计也称"单一时间序列设计",属于最基本的单一受试准实验设计。

因为此种设计不能严格控制成熟因素、历史因素等变量,所以A—B设计的结果不足以说明自变量与因变量之间的关系。但是在有些情况下,如果只需了解前后结果,不必调查原因,就可以用此方法。

2.A—B—A设计。和A—B设计相比,A—B—A设计可以进一步证明自变量与因变量的因果关系。有些行为矫正设计,如欲想了解某种处理策略对某种行为的是否有效,或两者的因果关系,就可采用这种模式。

3.A—B—A—B设计。这是倒返实验设计的最常用、较典型的一种单一被试实验设计法,可充分证明自变量与因变量之间的因果关系。

开尔等人(Carre)曾经用A—B—A—B设计研究教师的要求对一位智障青年的影响。[①]结果如图16-1所示。

---

① [United States] Carr, E.G., Newsom, C.D., & Binkoff, J.A.: *Escape Aa a Factor in The Aggressive Behavior of Two Retarded Children*, *Journal of Applied Behavior Analysis*, 1980, 13, P101-117.

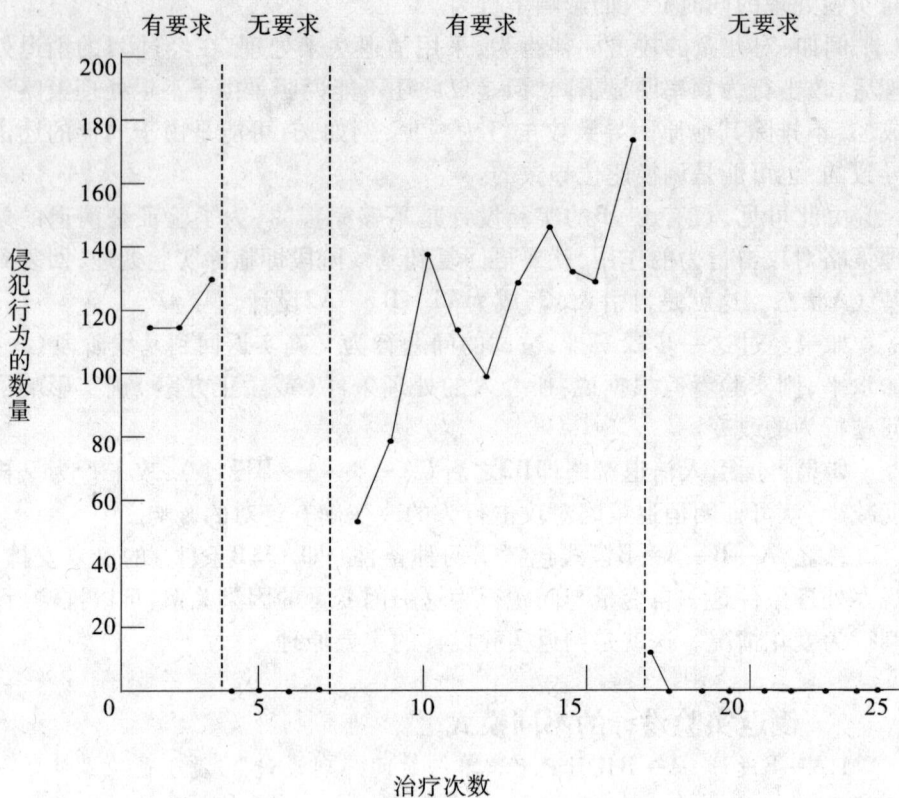

图16-1 A—B—A—B设计改变智障青年侵犯行为效果图

从图16-1所示的结果分析，老师的要求是鲍勃的行为发生的主要影响因素。

4.多重处理设计。多重处理设计的目的是探讨不同的处理策略对行为的影响程度，从而可以找到行为的最佳处理策略。多重处理设计有不同的变式，如A—B—C—B设计、A—B—BC—B设计以及一种A—B—C—D—A设计模式。在行为的功能分析中，可以采用利用多重处理设计，以了解问题行为的功能。

三、有效运用倒返实验设计的原则

1.对问题行为下一个操作定义。

2.基线的建立。必须使记录的次数上下波动渐趋平稳一段时间后，以算出的平均数为基础。一般基线阶段至少要连续观察5天或5天以上。

3.问题行为的基线数据趋于稳定后，才可以引入自变量B，即进入实验处理阶段。

4.继续搜集在处理阶段和以下阶段的问题行为数据，每个阶段都要待情况比较稳定后，才可转入下一阶段。

5.倒返实验模式应根据要求和搜集到的资料情况灵活设计，使之符合和接近所确定的目标行为要求。例如，在对某儿童的尖叫行为采用消退策略不奏效后，可以改用低比率区别强化程序来处理，使问题行为减少到期望的水平。

6.根据问题行为的性质，选择不同的设计模式。从理论上讲，A—B—A—B是倒返实验设计的最佳模式，但是，它不能够用于所有问题行为的处理上。有些问题行为在经实验处理提高效果后，尽管倒返到基线阶段（A2）时已不再采用实验处理或矫治方式，但它也不会返回到原来引入实验处理前的基线水平了，即A2的行为发生不会再回到A1的水平。因此矫治这些不能返回基线水平的行为，不能运用倒返实验设计。

例如，在用正强化法使儿童掌握了十以内加法后，即使在倒返阶段不对儿童的行为加以强化，儿童也回不到A1阶段的不会十以内加法的水平的。对于学业性行为问题，就不适合用A—B—A—B这种方式。

另外，有些行为，就伦理或教育观点来看是不容许应用倒返实验的。例如吸毒行为，儿童的自伤行为，倒返到基线阶段（A2）后，不仅不利于行为的消除，还会有生命危险，因此，这类行为也不适合A—B—A—B这种方式。

因此，在对行为进行处理时，应该根据问题行为的性质，选择不同的设计模式。例如，对于学业性问题和吸毒行为，可以采用最简单的A—B设计。

四、倒返实验设计的效果评估

1.对基线阶段的评估。基线应保持在稳定状态，还要考虑基线应该多长才好。

（1）从科学角度考虑：①实验中重复的次数越多，治疗效果越好；②基线和治疗阶段重迭越少，效果越好；③引进治疗后，曲线与基线比较，上升或下降越快，治疗效果越好；④治疗过程和反应的测量越精确，就会发现现存材料和可接受行为的理论就越一致。

（2）从实践角度考虑，治疗效果好坏是根据病人和亲友在日常生活中的交往及具体的行为表现，而不是根据行为治疗的实验上的结果来评估的，所以治疗者必须请求病人家庭也负担一定的责任。上述标准也适用于观察一个人的数据时，以判断行为矫正是否产生了显著疗效。

五、倒返实验设计案例

改善学生不注意行为实验方案[①]

研究人员:徐高凤　　指导教师:陈荣华

研究日期:1985年4月~5月

问题分析:被试郑×,现年11岁,男孩,在二年级就读。由于学习障碍及过度好动,常有不良行为发生,而对其他同学的学习活动造成干扰。

实验方法:

(一)确定目标行为

将被试在课上表现出下列行为时,作为目标行为——不注意行为。

(1)走动。未经老师允许而站起来或到处走动。

(2)在椅子上的动作。在椅子上前后滑动,把椅子推来推去,把椅子倒过来坐等。

(3)身体的动作。如抓头,伸懒腰,摇动双腿,变换位置等。

(4)无聊的动作。如用手玩弄物品,敲桌子,用刀片刻桌椅。

(5)妨碍他人学习的动作。如大笑,说话,未经允许拿别人的物品等。

(二)确定终点行为

使被试每节课不注意行为的发生率从98%降低到25%。不注意行为发生率的计算方式如下:

不注意行为的次数=不注意行为发生率/不注意行为的总次数×100%。

用下述记录格式,每个格子以2分钟为单位,在每2分钟内随机观察被试的行为1次。若有不注意行为发生,就在记录纸的格子内打×;如行为良好,则打○。每节课一共记录20次。

(三)实验设计及程序

本实验采用复制—还原设计法。实验分为以下阶段。

1.基线阶段A1。这一阶段6天,只记录被试的不注意行为,不做处理。

2.实验处理阶段B。此阶段用正强化。当被试减少其不注意行为时,给予正强化。此阶段又分为下列三个小阶段:

B_1:这一阶段持续6天,用牛奶作为强化物。

B_2:这一阶段5天,用盖有"奖"字的苹果荣誉卡作为强化物。

B_3:这一阶段8天,用口头赞扬、喊口令整队作为强化物。

3.还原阶段A_2。这一阶段5天,停止B段的实验处理,只对被试的行为做记录。

---

① 陈荣华:《行为改变技术》,五南图书出版公司,1986年,第513~516页。

4.再处理阶段B′。仍用B₃阶段的口头赞扬及喊口令做强化物,此阶段持续8天。

实验结果:实验结果如图16-2所示。

1.基线阶段A₁

被试的不注意行为的平均发生率为98.3%。

2.实验处理阶段

(1)B₁:被试起初对食物性强化物的给予有所疑惑,后经实质性的行动保证才有所改变。此阶段不注意行为平均发生率降低到了72.5%。

(2)B₂:这一阶段的强化物苹果荣誉卡是由老师亲手做的,通常是奖给学科成绩优秀或行为表现优良的学生。被试因功课差且行为不良,平常很难得到。因此,以苹果荣誉卡做强化物,对被试有很大吸引力,因而这一阶段的不注意行为的平均发生率已降到了53%。

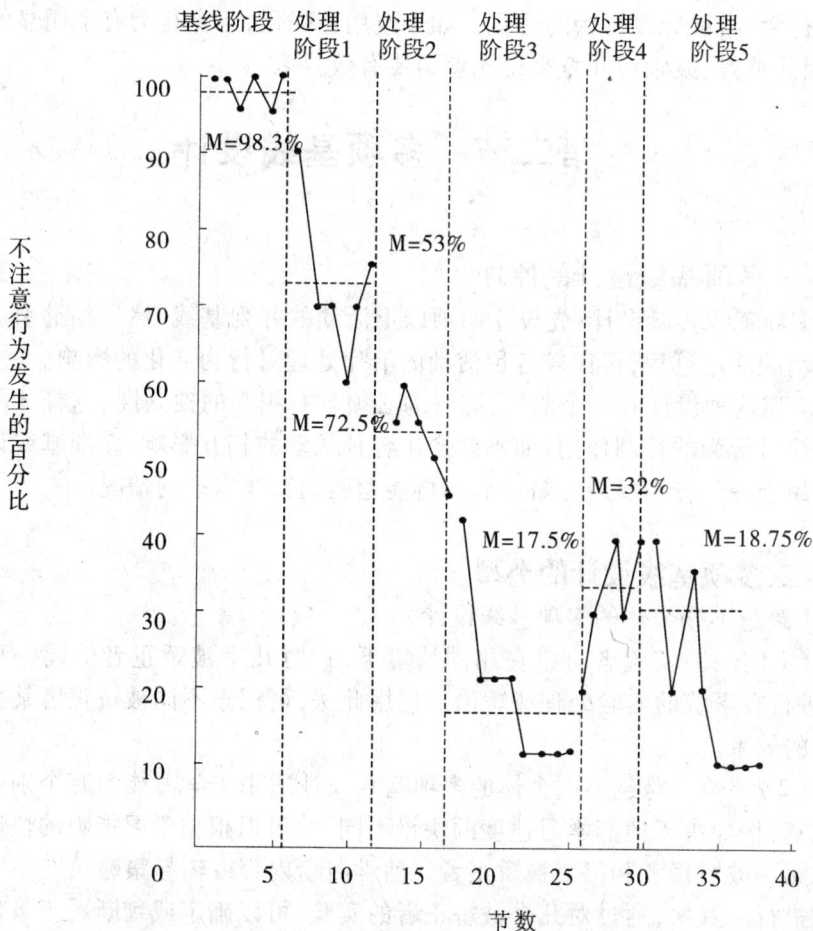

图16-2　用正强化减少被试的不注意行为效果图

（3）B₃：这一阶段采用社会性强化物。平时在集会及上学路上，都由班长喊口令整理队伍，而被试从未担任过班干部，因此未喊过口令。但他声音宏亮，常常喜欢学班长发号施令。为此，用喊口令整队作为该阶段的强化物。结果，这一阶段被试的不注意行为的发生率已降低到平均17.5%。

3.还原阶段A₂

这一阶段被试的不注意行为的发生率渐渐提高，平均达到32%。

4.再处理阶段B′

这一阶段被试的不注意行为的平均发生率为18.75%。

分析和讨论：

1.被试上课不注意行为减少后，人际关系也得到了改善，同学逐渐地喜欢他。

2.以前老师总把被试作为愚笨爱闹事的人，因此也总使用惩罚来改变他的行为，结果导致行为的恶化。如今改用正强化，不良行为有了明显的改变，因此赞美、鼓励对儿童来说比惩罚要有效得多。

第二节 多项基线设计

一、多项基线设计的原理

多项基线实验设计：先设立两项以上活动的并列基线，然后相继引进各项活动的治疗过程，再比较各种活动的治疗处理对行为变化的影响。

应用这种设计有一个前提，即行为必须具有相互的独立性。这样才能观察治疗对行为的控制作用，而不致产生各种活动的相互影响。多项基线设计较适用于一些行为反应在矫治后不再能返回到基线水平的情况。

二、多项基线设计的类型

1.跨越不同个体的多项基线设计

（1）含义：实验者可以在相同情境下，针对几个被矫正者的同一种行为，进行有系统的实验处理或矫治。运用此法，可探索不同被矫正者某方面学习的效果。

（2）评价。跨越不同个体的多项基线设计适用于学习能力有个别差异的儿童。例如由于他们学习速度的快慢不同，故可以根据学习能力的快慢来安排第一被矫正者和第二被矫正者，使学习新内容或辅导策略可在不同时间内进行。其次，通过对几个被矫正者的实验，可以确定或判断矫正策略对问题行为的改变的因果关系。

但是跨越不同个体的多项基线设计也有很多局限,主要表现在:

A、被矫正者必须具有相似的学习背景以及相等水平的问题行为,因条件限制,这样的选择有时比较困难;每位被矫正者的问题行为非同时开始,但必须同时观察和记录,所以花费时间较长;

B、由于以后几位被矫正者的基线拉得太长,故易介入诸如疲劳等其他因素,影响实验结果;

C、易发生被矫正者的相互影响,即有时凭借实验处理来影响其中某一个人的行为后,其他被试的行为也会受到影响。

(3)案例。1970年,美国心理学家卡尔斯顿使用跨越不同个体的多项基线设计处理学业问题。[①]

被试是3位高中学生Dave,Roy,Debbie,共同的问题是法文成绩较差。按照A　B　C　D　E五个等级来计,这三位学生的法文成绩大多在D和E级。

处理策略采用"放学后留校辅导策略",采用跨越不同个体的多项基线设计。结果如图16-3显示。

2.跨越不同行为的多项基线设计

(1)含义。实验者(教师或父母)对同一被矫正者在相同情境下的几种不同行为,进行有系统的实验处理,以观察自变量(辅导策略)对因变量(被矫正者的不同行为)的影响。在使用跨越不同行为的多项基线设计时,应该注意不同的问题行为在功能上必须互相独立,以保证在基线的测量保持相对稳定,不致由于引入实验处理而影响其他行为,即所选择的不同行为,不应属于同一反应类型的项目。

(2)评价。跨越不同行为的多项基线设计的优点主要有:A不必经过倒返阶段亦可控制有关变量;B不必顾虑到由倒返措施引起的实际困难,如有些行为从伦理角度看,不宜倒返。例如有些知识获得类行为,一旦掌握了某些知识,就不会在倒返阶段回到原来未获得知识的基线阶段。

局限性:有时被试的A种行为因实验处理而发生变化之后,往往对B种行为也产生类化作用。在这种情况下,B种行为的改变实际上已受到A行为实验处理的影响,而不是直接受到B行为本身的实验处理的影响。这时就容易错误地证明其因果关系。例如,如果所选择的行为一个是学拼音的行为,一个是读写行为,如果读写能力增强了,那么就不能够推断是行为改变策略的作用,还是学拼音的行为对读写行为的作用。

(3)案例。实验对象是一个青年,目标行为是害羞行为,采用的处理策略是社会技能训练。是一个跨越不同行为的多项基线设计,采用社会技能训

① 陈荣华:《行为改变技术》,五南图书出版公司,1986年,第415~416页。

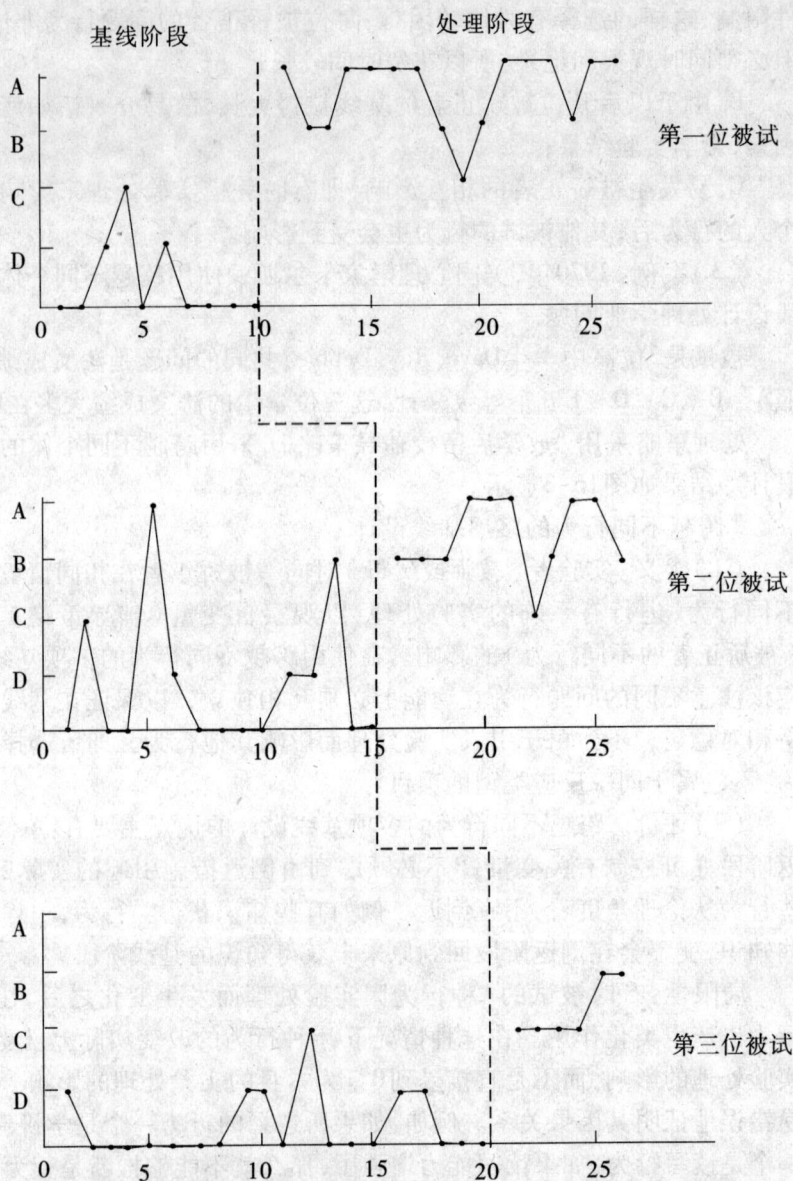

图16-3 跨越不同个体的多项基线设计提高三位高中生法文成绩效果图

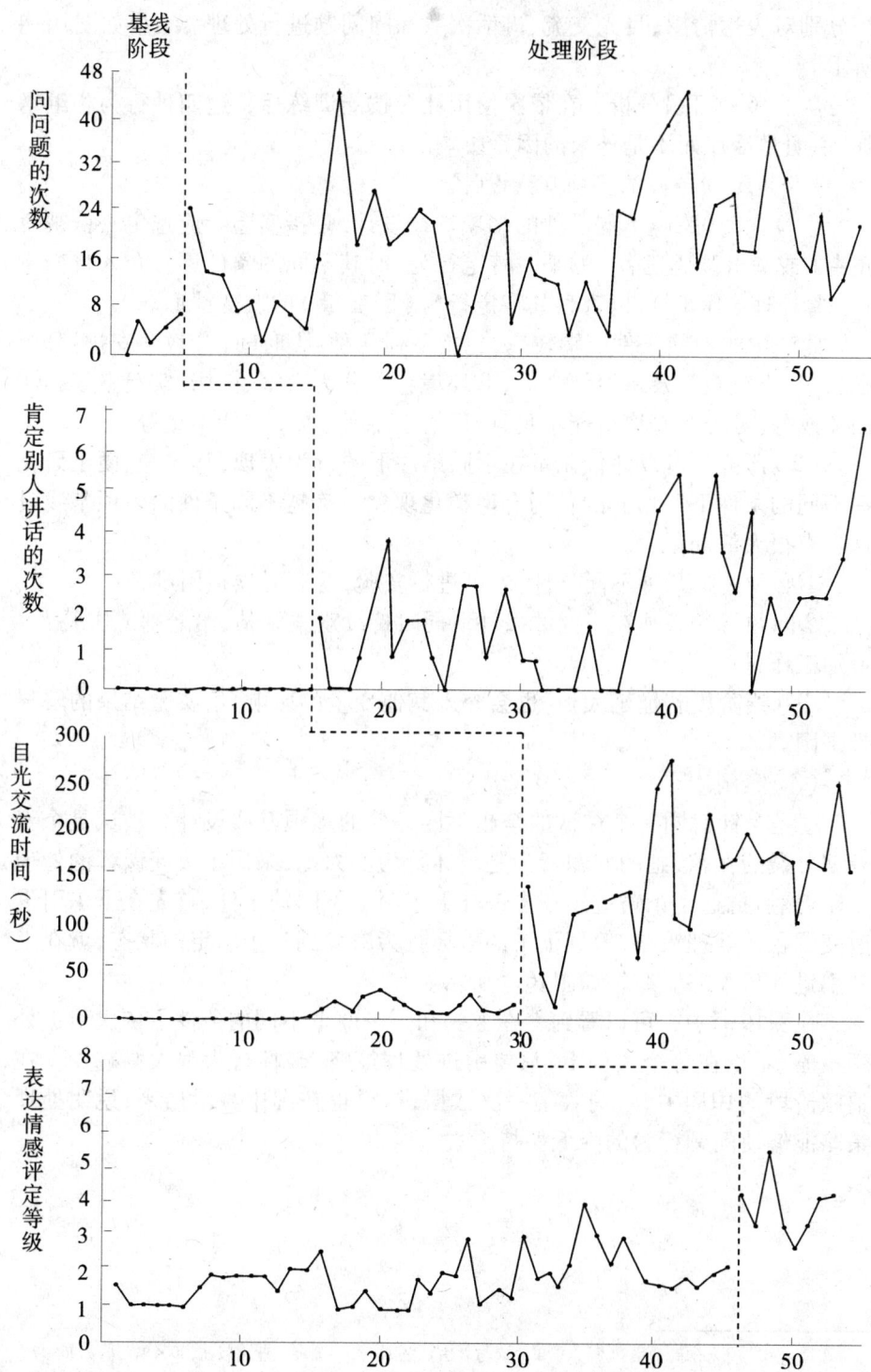

图16-4　跨越不同行为的多项基线设计效果图

练分别对表达情感、目光交流、讲话次数和问问题进行处理。结果如图16-4所示。①

从图16-4可以分析，在依次使用社会技能训练后，这四种行为相继增加，说明是治疗而不是外来的因素影响的。

3.跨越不同条件的多项基线设计。

（1）含义。跨越不同条件的多项基线设计，是指实验者应选定一位被矫正者（或一组被矫正者）的某项特定行为，对其不同的条件逐一介入自变量（实验处理或策略），以观察其特定行为（因变量）的改变情形。

此法中的不同条件范围较广，包括下列几种：①时间；②教学安排：分个别教学、小组教学及班级教学等；③环境：可分为教室、操场、实验室等；④团体成分：可分为轻度智能不足、中度智能不足、重度智能不足等。

（2）评价。可以评价儿童在不同条件下的行为表现；其次，它便于研究在不同的条件下所培养的行为有何类化现象。跨越不同条件的多项基线设计也有很大的局限：

①必须选定几种不同条件，方可进行实验，这有时候很困难；

②问题行为必须在不同的条件下同时持续观察评估，给老师或实验者增加工作量；

③基线阶段若拖延太长，也会介入其他变量的影响，给实验结果的解释带来困难。

（3）案例。

这是个针对同一个被试的跨越不同条件的多项基线设计，被试是个青春期分裂的女孩，她的问题行为是破坏行为。为此，采用了改变课程的处理策略，然后把这个策略应用在上午和下午两个不同的条件，首先在下午引进改变课程的处理策略，等到下午的破坏行为减少到一个稳定的状态，就在上午引进处理策略。结果如图16-5所示。②

在图16-5中，可以看到，在上午和下午两个不同的条件下依次引进处理策略，不论在哪个条件下，只要引进处理策略，破坏行为都大幅减少。在追踪阶段的10周中，每周收集一次数据，结果也在图中显示出来，说明处理策略能够使问题行为的降低保持下去。

①② ［美国］米尔腾伯格：《行为矫正原理与方法》，石林译，中国轻工业出版社，2004年7月，第46~47页、48页。

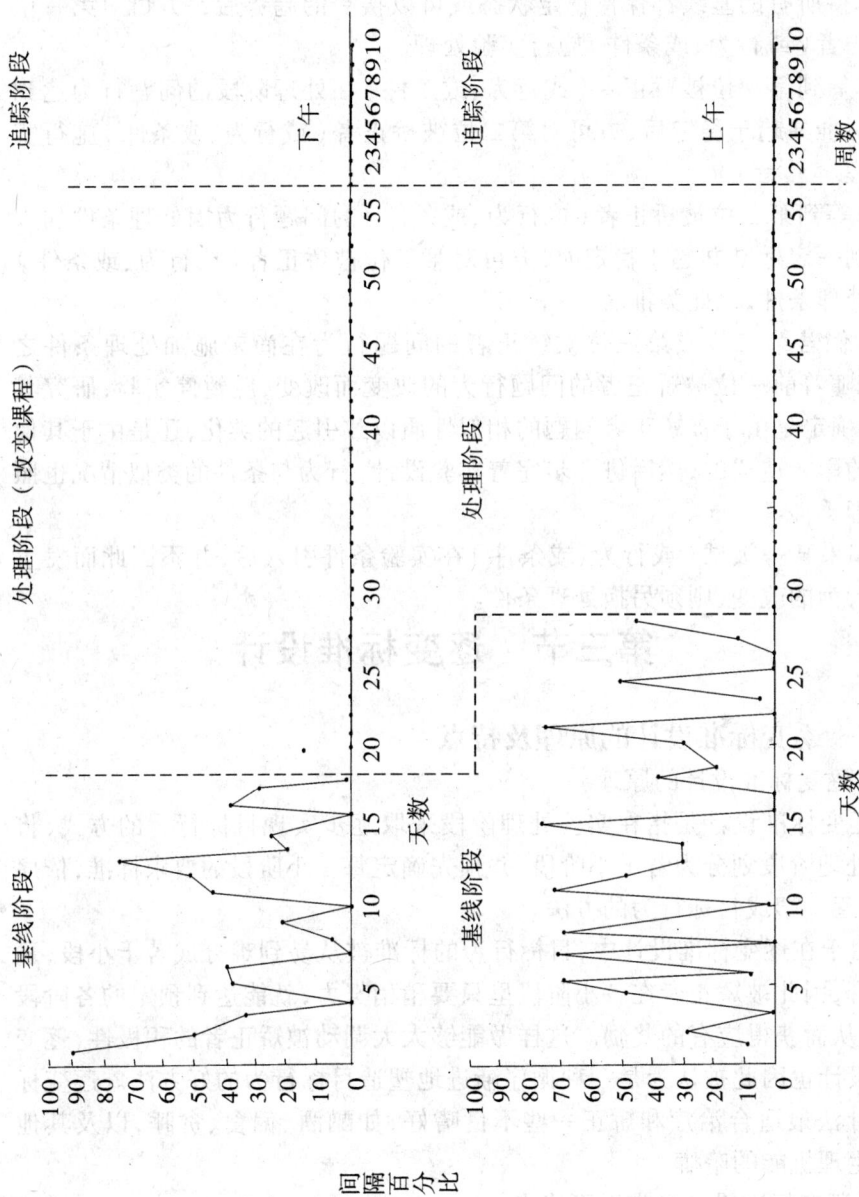

图16-5

三、有效运用多项基线设计的原则,正式开始实验之前,先要明确定义目标行为

1.待所有的基线都保持稳定状态或可以接受的趋势后,方可对第一位被矫正者(或行为、或条件)施行实验处理。

2.等到第一位被矫正者(或行为、或条件)在处理阶段的问题行为达到预定标准并趋于稳定后,方可对第二位被矫正者(或行为、或条件)施行实验处理。

3.等到第二位被矫正者(或行为、或条件)的问题行为因处理条件加入而达到一定标准并趋于稳定时,方可对第三位被矫正者(或行为、或条件)施行处理条件,以此类推。

4.倘若第二位或第三位被矫正者的问题行为在尚未施加处理条件之前,就随着前一位被矫正者的问题行为的改变而改变,应暂停实验,研究其原因,确定是由于被矫正者问题的相似性质以致引起的类化,还是由于其他变量的影响造成的,然后进一步完善实验设计。行为与条件的类似情况也照此处理。

如果某一被试(或行为、或条件)在实验条件引入后,并不因此而发生问题行为的改变,则须另换处理条件。

第三节 逐变标准设计

一、逐变标准设计的原理及特点

1.逐变标准设计的原理

逐变标准设计是指在实验处理阶段采取逐步实现目标行为的方式,将整个处理阶段划分为若干小阶段,并预先确定每一小阶段的要求标准,依序提升,逐步塑成目标行为的方法。

由于在逐变标准设计中,目标行为的标准被从易到难分成若干小段,逐段提升,因此被矫正者在各小阶段里只要稍稍努力,就能达到预定的各阶段标准,从而获得应有的奖励。这样做能够大大调动被矫正者的积极性,逐变标准设计也因此被认为是一种循序渐进地塑造目标行为的好方法。逐变标准设计法最适合治疗和矫正一些不良嗜好,如酗酒、偏食、贪睡,以及其他涉及生理机能的嗜癖。

2.逐变标准设计具有以下优点

①每次针对一项问题行为,因此问题行为简单;

②它不仅可用于增强行为,也可用于减少不良行为;

③由于各阶段标准逐渐提升,被矫正者在实验中承受的压力不会很大,所以他们乐意尝试,成功的可能性高。

3.逐变标准设计的局限

①由于逐步提升各阶段的标准,故达到目标行为的时间较长,这就给程序进行带来了一定的麻烦;

②各标准的规定,主观性较强。

二、有效运用逐变标准设计的原则

1.要等基线阶段的行为显示相当稳定后,方可介入自变量,进入实验处理阶段。

2.实验处理阶段要按照目标行为的难易,划分成4—8个小阶段,每个小阶段确定的标准亦应由易到难,并告诉该矫正者,好让他有努力的目标。最理想的小阶段是被矫正者稍加努力就可完成的标准。

3.只有当第一小阶段达到标准后,再进入第二小阶段,以此类推。若第一小阶段一时不能完成,可再重复做一次,若再完不成,则应考虑降低任务标准,或者改变强化策略。

4.各小阶段的长短标准应根据被矫正者的能力而定。一般以一星期为一阶段,至少不少于三观察时段。

三、逐变标准设计案例[①]

改善儿童赖床行为的研究

研究人员:黄富美 指导教师:陈荣华

研究日期:1983年11月7日~12月9日

被试的问题分析:

被试黄×,现年11岁,男生。每天应在7点以前出门上学,若过7点就会迟到。黄×应在早上6点20分闹钟响后起床,但他把闹钟按止后并不起床,任母亲催促、责骂也不起床,直到6点45分不能再拖延时,才很慢起床,并匆忙穿衣,抹一把脸,也不刷牙就去上学。黄×的母亲为了叫儿子起床每天情绪不好,母子两人天天为此事争吵,使全家不得安宁。为改善黄×这一行为,其母强迫他晚上9点钟就入睡,但第二天依然如故,可见其赖床并非睡眠不足。黄×既非身体疾病,亦非睡眠不足,实无赖床的理由。在本实验之前,黄×的母亲用责打、训诫的手段,只能收到短暂的效果,隔天又恢复故态。为此设计此实验。

① 陈荣华:《行为改变技术》,五南图书出版公司,1986年,第489~492页。

实验方法：

（一）确定终点行为

终点行为定为黄×在每天早上6点20分闹钟响后，1分钟内下床，超过1分钟就算赖床。

（二）实验设计及程序

本实验采用变动标准设计，分成下列阶段。

1.基线阶段

这一阶段6天，不给黄×任何强化，只记录其每天赖床时间。

2.实验处理阶段

共3星期，分成3个阶段。将每天赖床时间逐一图示于总表，并把总表贴在黄×房间内明显位置，使他躺在床上就可以看到。B1阶段6天，连续6天赖床时间不超过10分钟，送2套外国邮票。B2阶段6天，连续6天赖床在5分钟以下，送一本精美的集邮簿。B3阶段6天，闹钟响1分钟内起床，星期天带他到动物园，并且到百货公司饮茶。

3.维持阶段

观察黄×已养成的习惯在取消正强化物后，能否继续维持。此阶段共6天。

（三）实验结果

本实验采用变动标准设计，因为事先征得家长及被试的同意，强化物也是共同讨论后确定的，所以实验进行得很顺利。

1.基线阶段

观察黄×在6天中，平均赖床时间为22.5分钟。

2.实验处理阶段

实验结果如图16-6所示。

（1）强化阶段I。被试平均每天赖床8分钟，低于此阶段终点行为赖床时间10分钟，因此给予2套外国邮票，同时每天给予口头表扬。

（2）强化阶段Ⅱ。本阶段的终点行为是在5分钟以内，而黄×每天平均赖床只有3.7分钟，达到此阶段的终点行为，除了每日的口头表扬外，还得到了集邮册1本。

（3）增强阶段Ⅲ。终点行为为赖床1分钟以内，但结果其赖床时间只有0.3分钟，因此获得了此阶段的正强化物。

（4）维持阶段。虽然不再给强化物，但每天还是可以在1分钟内起床。

在这个变动标准设计中，儿童每个阶段都有不同的标准，而且标准在逐步提高，这样，渐次地使儿童的赖床行为减少到期望的水平。

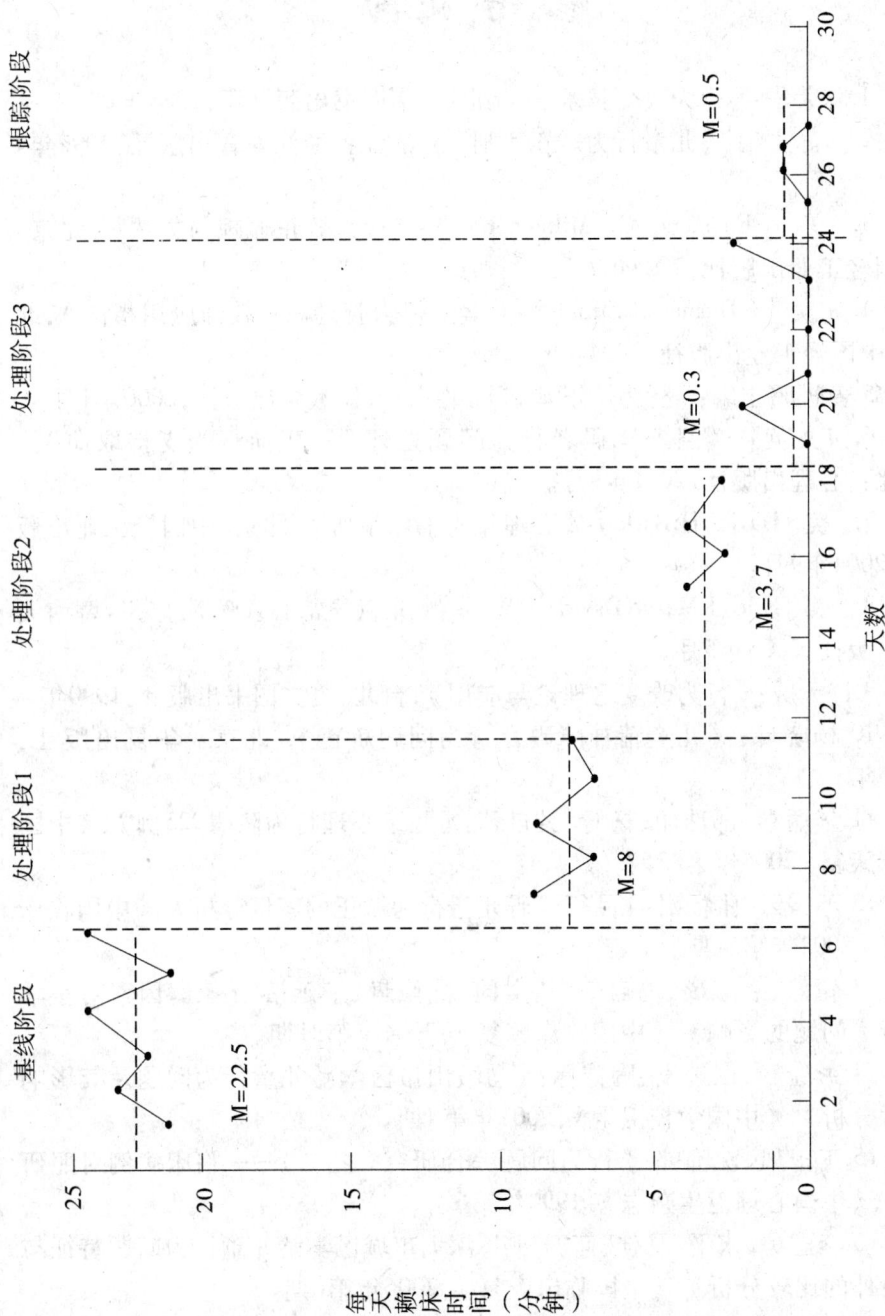

图 16-6 用正强化改变儿童赖床行为效果图

参 考 文 献

1.陈荣华:《行为改变技术》,台北:五南图书出版公司,1986年。

2.吕静主编:《儿童行为矫正手册》,浙江:浙江教育出版社,1992年1月。

3.[美](Raymond G. Miltenberger):《行为矫正原理与方法》,北京:中国轻工业出版社,2004年7月。

4.[美](Thomas J.Zirpoli):《学生行为管理——教师应用指南》,北京:中国轻工业出版社,2004年9月。

5.麦进昭主编:《行为矫正基础》,北京:人民教育出版社,2000年1月。

6.钮文英:《身心障碍者行为问题处理——正向行为支持取向》,台北:心理出版社,2001年9月。

7.[美]David H.Barlow:《心理障碍临床手册》,北京:中国轻工业出版社,2004年9月。

8.[美]Eric J.Mash&David A.Wolfe:《儿童异常心理学》,广州:暨南大学出版社,2005年5月。

9.许天威:《行为改变之理论与应用》,台北:复文图书出版社,1990年。

10.杨晓玲:《儿童精神障碍及行为问题矫正》,北京:华夏出版社,1995年。

11.华炳春、郑珠丽、杨膺、吴自蓉:《儿童心理行为障碍925例》,《中国临床康复》2004年第33期。

12.苏雪云、张福娟:《品行障碍儿童行为矫正的案例分析》,《中国临床康复》2002年第11期。

13.翟静、袁家璐、冯启美、刘金同、陈修哲、王延祜:《家庭因素对小学生行为问题的影响》,《中国临床康复》,2004年第21期。

14.彭迎春、倪进发、陶芳标:《马鞍山市区学龄儿童行为问题及其影响因素分析》,《中国学校卫生》,2002年第4期。

15.王玉凤、沈渔邨:《行为问题综合研究(之二)——临床病例对照研究》,《中国心理卫生杂志》,1990年第6期。

16.李志勇、宋平、马佳、何珊茹:《深圳市城区学龄儿童行为问题特征与国内外的比较分析》,《中国临床康复》,2006年第6期。

17.张迪、陈容、顾国家、王容君:《儿童多动症危险因素分析》,《中国学校卫生》,第2005年第9期。

18.卢林、施琪嘉、何汉武、徐松菊、陈吉安:《武汉市4~16岁儿童青少年行为问题发生情况的调查与分析》,《中国临床康复》,2005年第20期。

19.祝丽玲、李兴洲、马燕、刘爱书、王明富:《儿童行为问题的典型相关研究》,《中国校医》,2005年第2期。

20.张勤、王欣欣、朱海峤:《儿童注意缺陷/多动障碍与血铅、微量元素水平关系的探讨》,《浙江医学》,2002年第9期。

21.朱中平、沈彤、杨永坚、俞翠莲、邹武庆、刘俊玲、姜玉屏、朱启星:《血铅、镉等6种元素对幼儿行为问题影响的横断面研究》,《安徽医科大学举报》,2005年第6期。

22.金真、臧玉峰、张磊、曾亚伟、王玉凤、王彦:《儿童注意缺陷多动障碍的脑磁共振氢谱研究》,《中华放射学杂志》,2002年第6期。

23.马融、李亚平:《多动症儿童的脑电图变化机制》,《中国临床康复》,2005年第28期。

24.江三多、何玫、钱伊萍、江栋祥、张野、李飞、田红军、忻仁娥、汤国梅、吴晓东:《注意缺损多动障碍的X染色体基因组扫描分析》,《遗传》,2006年第1期。

25.赵光、白智泳、杜玉霞、李健梅、刘媛媛、袁宝强、耿德勤:《471名城区小学生行为问题和情绪障碍研究》,《中国校医》,2005年第4期。

26.王素青:《儿童行为偏异与情绪障碍30例分析》,《中国临床康复》,2005年第20期。

27.孔敏、翟静、宫爱华、盛永慧:《济南市某社区中学2392人发生行为问题的相关调查》,《中国临床康复》,2005年第20期。

28. ［United States］Bijou,S.W. and Redd,W.H.:*Behavior Therapy for Children*,*American Handbook of Psychiatry*,vol.5,1975.

29. ［United Kingdom］Rutter,M.:*A Children's Behavior Questionare For Completion By Teacher:Preliminary Finding*,*Journal of Child Psychology And Psychiatry*,1967,8.

30. ［United States］Achenbach,T.M.:*The Child Behavior Profile:I.Boys Aged 6-11*,*Journal of Consulting And Chinical Psychology*,1976,46.

31. ［United States］Bandura,A.,Ross,& Ross,S.:*Imitation of Film Mediated Aggressive Models*,*Journal of Abnormal and Social Psychology*,1963,66.

32. ［United States］Kazdin,A.E. & Klock,J.:*The Effect of Nonverbal Approved on Student Attentive Behavior*,*Journal of Applied Behavior Analysis*,1976,6.

33. ［United States］Liberman, R.P. etc：*Reducing Delusional Speech in Chronic Paraniod Schizphrenics*, *Journal of Applied Behavior Analyusis*, 1973, 6.

34. ［United States］Sigh, N.N. Watson, J.E. & Winton, A.S.：*Treating Selfinjury： Water Mist Spray Versus Facial Screening or Forced Arm Exercise*, *Journal of Applied Behavior Analysis*, 1986, 19.

35. ［United States］J. Rapp, R. Miltenberger, T. Galensky, S. Ellingson, E. Long, J. Stricker, M. Garlinghouse：*Treatment of Hair Pulling Maintained by Digitaltactile Stimulation*, *Behavior Therapy*, 2000.

36. ［United States］Ayllon, T.：*Intensive Treatment of Psychotic Behavior by Stimulus Satiation And Food Reinforement*, *Behavior Reserach and Therapy*, 1963, 1.

37. ［United States］D.K. Giles, M.M. Wolf：*Toilet Training Institutionalized, Severe Retarded：An Application of Operant Behavior Modification Techniques*, *American Journal of Mental Deficiency*, 1966, 70.

38. ［United States］Williams, C.D.：*The Elimination of Tantrum Behavior by Extinction Procedures*, *Journal of Abnormal and Social Psychology*, 1959, 59.

39. ［United States］E.G. Carr, C.D. Newson & J.A. Binkoff,：*Escape As a Factor in The Aggressive Behavior of Two Retarded Children*, *Journal of Applied Behavior Analysis*, 1980, 13.

40. ［United States］N.N. Sigh, M.J. Dawson & Maining：*Effects of Spaced Responding DRL on The Stereotyped Behavior of Profoundly Retarded Persons*, *Journal of Applied Behavior Analysis*, 1981, 14.

41. ［United States］E. Goetz, D. Bear：*Social Control of Form Diversity and The Emergence of New Forms in Children's Blockbuilding*, *Journal of Applied Behavior Analysis*, 1973, 6.

42. ［United States］Horner, R.D.：*Establishing Use of Crutches By a Mental Retarded Spina Bifida Child*, *Journal of Applied Behavior Analysis*, 1971, 4.

43. ［United States］L. Fleece, etc：*Elevation of Voice Volume in Young Developmentally Delayed Children Via An Operant Shaping Procedure*, *Journal of Applied Behavior*, 1981, 14.

44. ［United States］R.H. Horner, I. Keilitz：*Training Mentally Retared Adolescents to Brush Their Teeth*, *Journal of Applied Behavior Analysis*, 1978, 8.

45. [United States]Durand,V.M. and Carr,E.G.:*Functional Communication Training to Reduce Challenging Behavior*:*Maintenance and Application in New Settings* ,Journal of Applied Behavior Analysis ,1991 ,24.

参
考
文
献